Papa, du bist schachmatt!

Murray Chandler

Aus dem Englischen übertragen von Karsten Müller

GAMBIT

Die Originalausgabe erschien unter dem Titel *How to Beat Your Dad at Chess* bei Gambit Publications Ltd 1998 (eine frühere deutsche Ausgabe dieses Buches wurde unter dem Titel *Erfolg im Schach* in 2002 veröffentlicht)
Deutsche Erstausgabe bei Gambit Publications Ltd 2012

ISBN-10: 1-906454-35-3
ISBN-13: 978-1-906454-35-7
(Englische Ausgabe ISBN-10: 1-901983-05-6; ISBN-13: 978-1-901983-05-0
Spanische Ausgabe ISBN-10: 1-901983-64-1; ISBN-13: 978-1-901983-64-7).

VERTRIEB:
Weltweit: Central Books Ltd, 50 Freshwater Road, Chadwell Heath,
London RM8 1RX, England.
Tel +44 (0)20 8986 4854 Fax +44 (0)20 8533 5821. E-Mail: orders@Centralbooks.com

Gambit Publications Ltd, 50 Freshwater Road, Chadwell Heath, London RM8 1RX, England.
E-Mail: info@gambitbooks.com
Website (wird regelmäßig aktualisiert): www.gambitbooks.com

Englische Ausgabe editiert von Graham Burgess
Deutsche Bearbeitung und Satz: Petra Nunn
Gedruckt und gebunden von TJ International, Padstow, Cornwall, England

10 9 8 7 6 5 4 3 2

Dieses Buch ist meinem Vater Graham Chandler und meinem Bruder Keith, der alle Stellungen überprüft hat, gewidmet.

Gambit Publications Ltd
Direktoren: Dr. John Nunn GM, Murray Chandler GM und Graham Burgess FM
Deutsche Redakteurin: Petra Nunn WFM

Danksagung: David Stanley (Umschlag), Harvey Lister (Zeichnung), Tim Wall, Sheila Jackson, Ken Whyld, Alex Meynell, Keith Chandler und Paul Harrington

Inhaltsverzeichnis

Die Muster der 50 tödlichen Schachmatts

Einleitung

Dieses Buch wurde für all die Schachspieler geschrieben, die regelmäßig gegen Gegner spielen – und verlieren –, die stärker sind als sie. Das kann auf der Arbeit sein, im Schachclub, in der Schule, oder, was für viele junge Spieler zutrifft, zu Hause, wenn sie gegen Papa spielen. In der Tat steht Papa für all diejenigen, die dich überspielen, dir deine Figuren wegnehmen und dich schachmatt setzen.

Jedes der „50 tödlichen Schachmatts"[1], das hier katalogisiert ist, erklärt ein spezielles *Angriffsmotiv* gegen den gegnerischen König. Diese Motive sind wichtig, denn sie kommen in Schachpartien immer wieder vor – fast unabhängig von der Stärke der Spieler oder der genauen Aufstellung der Figuren. Spitzenspieler können diese grundlegenden Muster sehr schnell erkennen. Das Erlernen dieser Schlüsselmotive macht es viel leichter und schneller, gewinnbringende Kombinationen aufzuspüren.

Ein sehr wichtiges Kriterium für die Aufnahme eines Motivs in die 50 tödlichen Schachmatts war, dass es zumindest recht häufig in der Praxis auftaucht. Einige kommen ständig vor. Wie stark du auch spielen magst, es werden sich viele Möglichkeiten bieten, diese Angriffskonzepte anzuwenden.

So, wenn du dich wirklich an Papa rächen willst, hier ist deine Gelegenheit!

Murray Chandler

---

1 Es sind 47 Strategien zum *Schachmatt*, um ganz genau zu sein. Nummer 11 zeigt, wie man eine schwierige Stellung durch Dauerschach rettet, und die Nummern 10 und 12 erläutern Themen, die Materialgewinn zum Ziel haben.
Nur ein geringer Teil dieser Angriffsthemen hatte bereits existierende Namen (obwohl die Geschichte des Schach bereits einige hundert Jahre zurückreicht). Um zuvor nicht benannte Themen zu beschreiben, habe ich die dichterische Freiheit genutzt, um sie nach berühmten Partien zu benennen, in denen das Konzept vorkam. Das sind *Petrosjans Remis* (Schachmatt 11), *Taimanows Springerschach* (Schachmatt 9), *Kortschnojs Manöver* (Schachmatt 28), *Blackburnes weiteres Matt* (Schachmatt 38) und *Fischers Falle* (Schachmatt 50).

Algebraische Notation

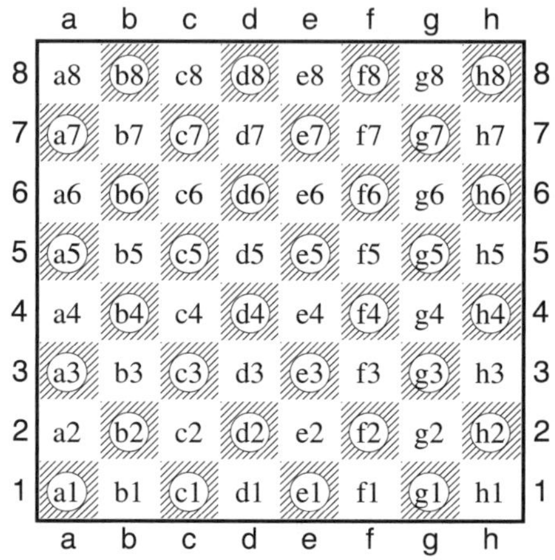

Die in diesem Buch benutzte Schachnotation ist die einfache, algebraische Notation, die weltweit sehr verbreitet ist. Sie kann von jedem in wenigen Minuten erlernt werden.

Wie du an obigem Schachbrett ablesen kannst, sind die Linien (von links nach rechts) mit a-h bezeichnet und die Reihen von 1-8 durchnummeriert. So können jedem Feld seine eigenen beiden Koordinaten zugeordnet werden. Die Figuren werden wie folgt bezeichnet:

Springer = ♘
Läufer = ♗
Turm = ♖
Dame = ♕
König = ♔

Bauern erhalten kein Symbol. Wenn sie ziehen, so wird einfach nur das *Zielfeld* angegeben.

Weiterhin werden noch folgende Symbole benutzt:

Schach	=	+
Doppelschach	=	++
Schlagen	=	x
Kurze Rochade	=	0-0
Lange Rochade	=	0-0-0
Starker Zug	=	!
Schwacher Zug	=	?

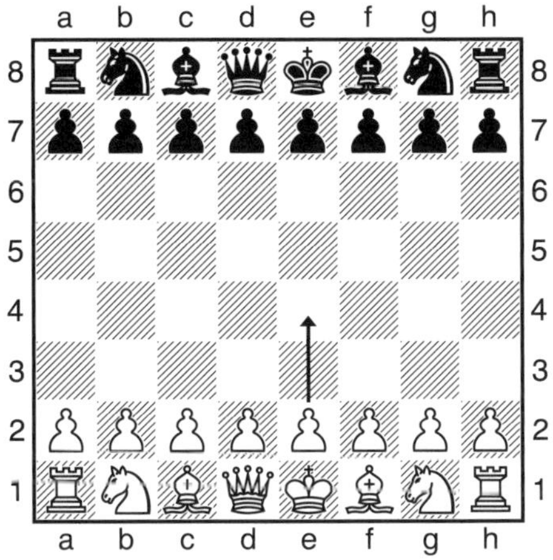

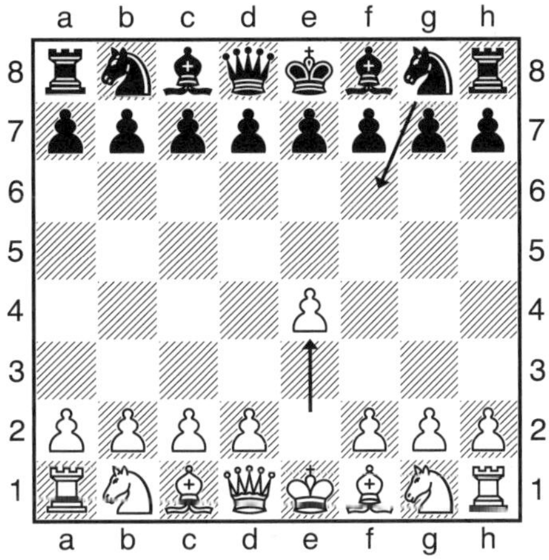

In dem Diagramm links oben spielt Weiß gerade den Zug **1 e4**. Die **1** steht für die Zugnummer und **e4** ist das Zielfeld des weißen Bauern.

In dem Diagramm rechts oben ist der weiße Zug **1 e4** vollständig ausgeführt. Schwarz ist gerade dabei, mit **1...♘f6** zu antworten (indem er in *seinem ersten Zug* seinen Springer auf das **Feld f6** zieht).

Wie Schachmeister denken

Wenn du ein Schachturnier besuchst und einen Großmeister in Aktion erlebst, dann kannst du eine überraschend große Zahl an Gemütsregungen beobachten. Manchmal versinkt der Großmeister in scheinbar einfachen Stellungen in schier endlos lange Konzentrationsphasen und verwendet 10 Minuten oder mehr auf einen einzigen Zug. In anderen Stellungen zieht er sehr schnell, selbst in extrem komplizierten. Vielleicht erlebst du sogar eine große Überraschung, wenn der Großmeister plötzlich die Partie mit einem langen, brillanten Opfer gewinnt – nachdem er nur wenige Sekunden nachgedacht hat. Es ist klar, dass der analytische Prozess nicht immer direkt davon abhängt, wie kompliziert die Stellung oberflächlich betrachtet zu sein scheint.

Der Grund dafür liegt in der Wiedererkennung von Mustern. Wenn sich der Großmeister an ähnliche frühere Stellungen erinnern kann, dann *könnten* dieselben Motive und Konzepte auch in dieser Situation anwendbar sein. Das macht es viel einfacher und schneller, eine Stellung zu analysieren. Dies gilt in besonderem Maße für die grundlegenden Angriffsformationen gegen den gegnerischen König. Sobald man ein Motiv erkannt hat, werden die Züge der potenziellen Kombination analysiert, um zu prüfen, ob sie in der gegebenen Stellung funktioniert.

Es ist klar, dass schachliche Analyse eine Mischung aus *Berechnung einzelner Züge* und *Mustererkennung* ist.

Alle Schachspieler denken so (bewusst oder unbewusst!). Das Verhältnis zwischen diesen beiden Methoden des Denkens ist jedoch für Spieler unterschiedlicher Spielstärke sehr verschieden. Obwohl keine wissenschaftlichen Tests durchgeführt worden sind, schätze ich, dass unerfahrene Spieler etwa 95% Berechnung und 5% Mustererkennung benutzen. Für Spieler mit Meisterstärke sind die Zahlen eher 40% Berechnung und 60% Mustererkennung. Daraus folgt logischerweise, dass das Lernen weiterer wichtiger Muster für die Steigerung der Spielstärke sehr hilfreich ist.

In diesem Buch werden in Kürze die Muster der 50 tödlichsten Schachmatts untersucht, die alle einen direkten Angriff gegen den gegnerischen König beinhalten. Doch zunächst möchte ich kurz erläutern, wie wir „Schachmuster“ erkennen und in Erinnerung behalten.

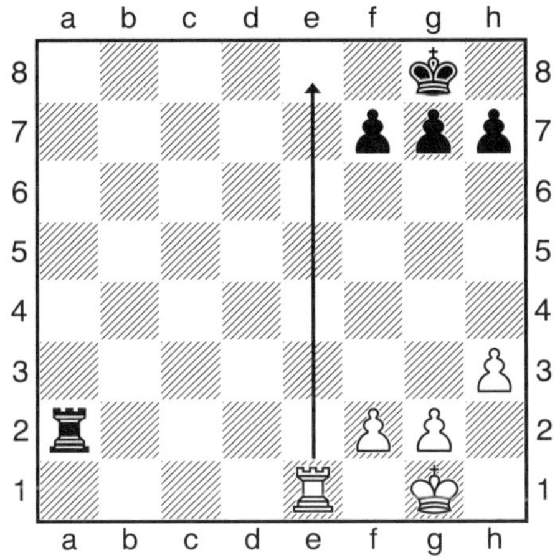

1) Weiß am Zug

In dieser einfachen Stellung spielt Weiß 1 ♖e8 matt, wie vom Pfeil angezeigt. Könntest du die Stellung bis morgen im Kopf behalten, wenn du es versuchen würdest? Das ist recht wahrscheinlich. Selbst wenn du nicht mehr ganz genau weißt, wo welcher weiße Bauer war, so würdest du dich doch an das Hauptmotiv der Kombination erinnern – Weiß setzt mit seinem Turm auf der Grundreihe matt.

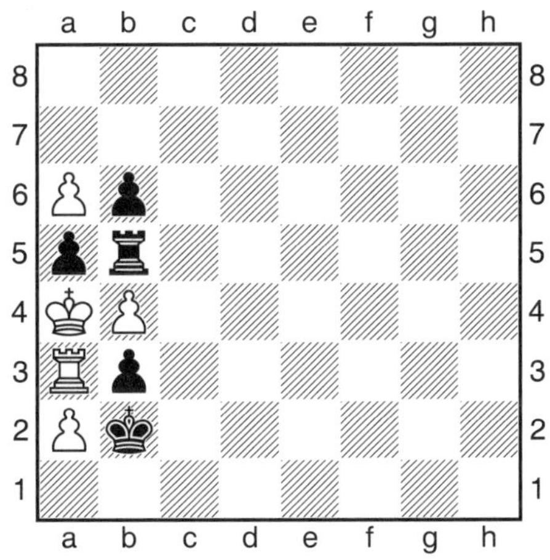

2) Weiß am Zug

Diese Stellung ist sehr künstlich und würde in einer echten Partie nicht entstehen. Obwohl sie dieselbe Anzahl an Figuren und Bauern wie das vorige Diagramm enthält, ist es für einen Schachspieler schwierig, sich diese unlogische Stellung einzuprägen. Anders als Diagramm 1 gibt es hier keine *bekannten Muster*, die einem helfen, und man muss sich jede Figur einzeln merken.

Starke Schachspieler sind in der Lage, die logische Stellung selbst nach Wochen und Monaten noch perfekt zu reproduzieren. Die bizarre Natur der zweiten Stellung macht dieselbe Aufgabe jedoch ungleich schwieriger, und selbst ein Meister könnte Probleme haben, sie am nächsten Tag noch zu reproduzieren. In den letzten Jahren sind immer wieder psychologische Experimente mit Spielern verschiedener Spielstärke durchgeführt worden, die diesen Punkt bekräftigt haben. Die Ergebnisse haben gezeigt, dass starke Schachspieler nicht wesentlich besser als durchschnittliche abschneiden, wenn es darum geht, sich total zufällige Stellungen zu merken. Wenn es jedoch darum geht, sich Stellungen aus tatsächlich gespielten Partien einzuprägen, dann sind die starken Spieler sensationell gut. Ihre Fähigkeit, sich *Muster* einzuprägen – bekannte Formationen oder Ansammlungen von Figuren und Bauern – ist sehr gut entwickelt.

Anatomie einer Kombination

Ein großer Vorteil der Kenntnis der gebräuchlichsten Mattkombinationen im Mittelspiel besteht darin, dass die Berechnung der Varianten dadurch viel einfacher wird. Die Kombination unten wurde von einem starken Clubspieler in einer Schnellpartie gefunden. Sie ist sehr lang und kann, mit mehr Diagrammen versehen, in Tödliches Schachmatt Nr. 8 nochmals nachvollzogen werden.

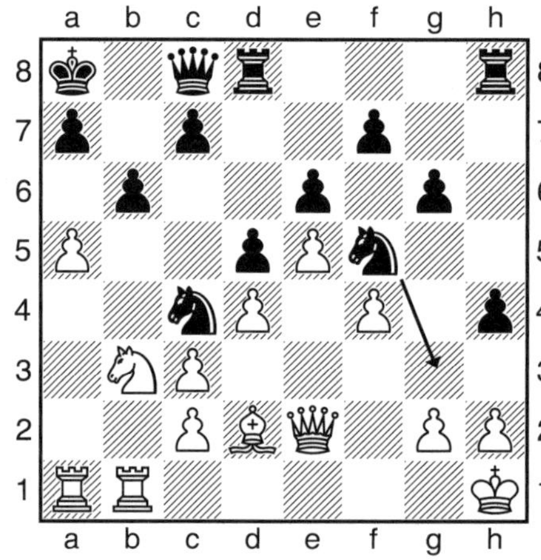

3) Schwarz am Zug

Der Gewinn ist wie folgt zu erzwingen: 1...♘g3+ 2 hxg3 hxg3+ 3 ♔g1 ♖h1+ 4 ♔xh1 ♖h8+ 5 ♔g1 ♖h1+ 6 ♔xh1 ♕h8+ 7 ♔g1 ♕h2+ 8 ♔f1 ♕h1 matt.

Eine achtzügige Kombination, in der ein Springer und zwei Türme geopfert werden, um das Matt zu forcieren. Phantastisch! Doch der berühmte Großmeister John Nunn fand die Lösung *in nur zwei Sekunden*. Interessanterweise ergab ein Test mit einem PC Programm, dass dieses deutlich mehr Zeit benötigte, um den forcierten Gewinn zu entdecken. Es ist bemerkenswert, dass das menschliche Gehirn in der Lage ist, eine solche rein taktische Stellung viel schneller zu lösen als ein mächtiger Computer. Der Grund hierfür liegt im Denkprozess, den erfahrene menschliche Spieler vollziehen. Zunächst erinnern sie sich an ähnliche Angriffsmuster, welche die zu berechnende Menge an Varianten erheblich verringern.

In obigem Beispiel zerlegt ein menschlicher Spieler die Kombination wegen ihrer Länge in *mehrere* grundlegende Motive, die er aus früherer Erfahrung kennt. In diesem Fall kann ich recht genau sagen, in welche vier Teile die Kombination zerfällt:

Matt mit der Dame auf h2/h1

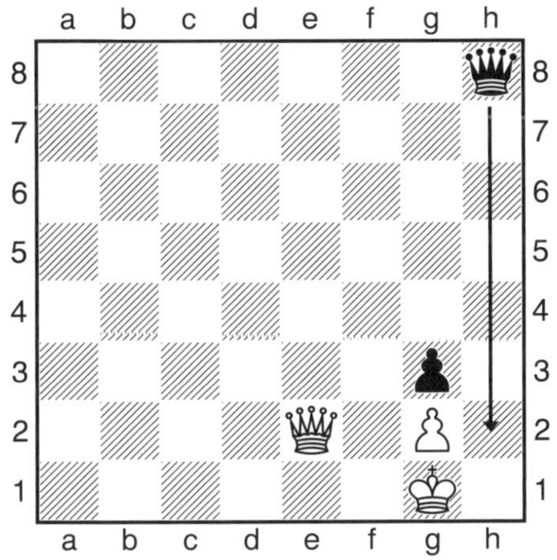

4) Schwarz am Zug

In Diagramm 4 wurden irrelevante Figuren gestrichen, und es zeigt die Schlüsselstellung der Kombination, die nach dem siebten weißen Zug erreicht wird. 1...♛h2+ 2 ♔f1 ♛h1 ist Matt.

Das Hinlenkungsopfer des Turmes

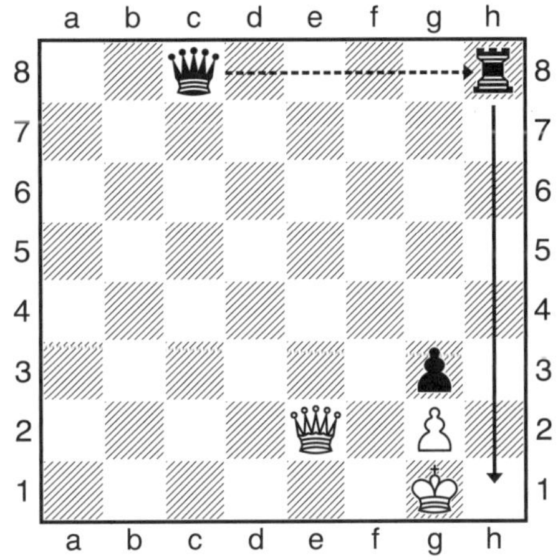

5) Schwarz am Zug

Dieses Angriffsmuster ist ebenfalls bekannt. In Diagramm 5 erlaubt das Hinlenkungsopfer 1...♜h1+ 2 ♔xh1 ♛h8+ Schwarz, seine Dame mit Tempogewinn in den Angriff zu bringen.

Taimanows Springerschach

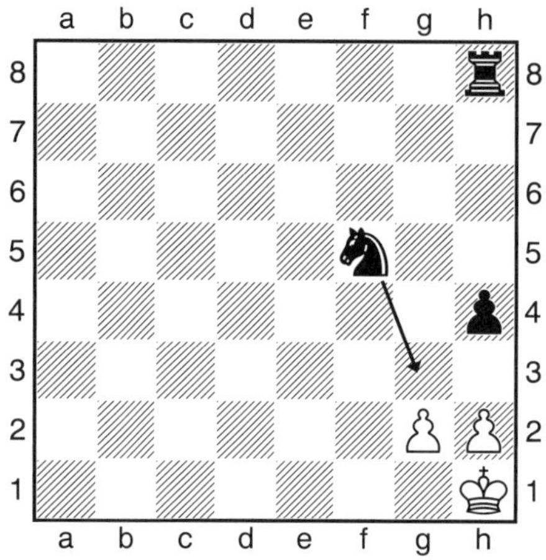

6) Schwarz am Zug

In Diagramm 6 ist 1...♘g3+ 2 hxg3 hxg3+ ein gebräuchliches Motiv, um die h-Linie zu öffnen und dem weißen König an den Kragen zu gehen.

Die Springergabel

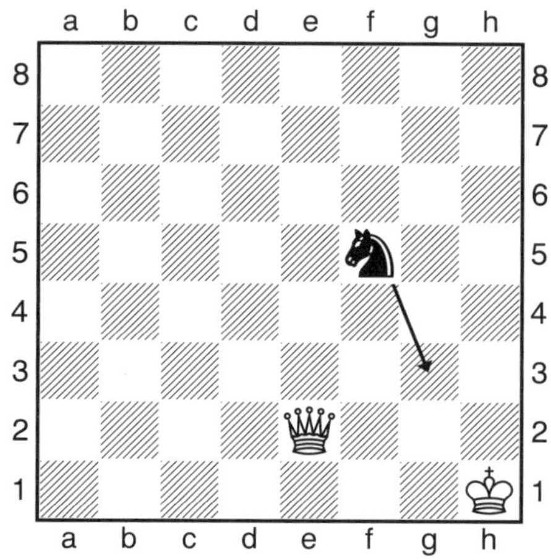

7) Schwarz am Zug

1...♘g3+ gabelt den weißen König und die Dame. Dieses grundlegende taktische Motiv ist für die Kombination in Diagramm 3 relevant, weil es Weiß *zwingt*, den schwarzen Springer zu schlagen.

Wie du sehen kannst, enthalten die Diagramme 4-7 die „Grundbausteine", aus denen die Kombination in Diagramm 3 besteht. Der starke Clubspieler demonstrierte eine sehr lobenswerte Fähigkeit, diese Motive anzuwenden, und entschied zu Recht (durch genaue Berechnung), dass die Kombination *in genau dieser Stellung* durchschlagend ist. Großmeister Nunn nahm aufgrund seiner gewaltigen Erfahrung eine mentale Abkürzung. Er erkannte sowohl Damianos Matt (siehe Schachmatt Nr. 8) als auch alle anderen Muster aus Partien, die er in der Vergangenheit gespielt hatte.

Es ist einfach, sich die grundlegenden Angriffsmuster einzuprägen

Das Erlernen der den 50 tödlichen Schachmatts zugrundeliegenden Motive wird dein Spiel schnell und dauerhaft verbessern:

a) So gut wie *jeder* Königsangriff, den du spielst, enthält Elemente aus einem der tödlichen Schachmatts. Natürlich musst du bei der Berechnung von Kombinationen nach wie vor alle deine Fähigkeiten einsetzen, doch es wird nun viel leichter sein, sie aufzuspüren.

b) Motive und Muster sind viel leichter zu merken als Eröffnungsfallen oder Eröffnungszüge. Sobald sie sich in das Gedächtnis eingebrannt haben, vergisst du sie in der Regel ein Leben lang nicht mehr.

c) Du wirst dich an den eigenen Partien viel mehr erfreuen können. Anstatt im Dunkeln zu tappen und einen Plan zu suchen, solltest du deine Figuren gegen Papas König richten – und angreifen!

Was soll ich machen, wenn Papa nicht rochiert?

Die Mehrzahl der 50 Themen dieses Buches behandelt Angriffe gegen einen kurz rochierten König. Der Grund dafür ist, dass ein verteidigender König sich in aller Regel am Königsflügel befindet. Dort ist er nicht nur am sichersten, sondern die Rochade ist ebenfalls sehr wichtig, um die Entwicklung der Figuren zu vollenden.

Wenn sich dein Gegner weigert, früh zu rochieren, und du trotzdem keine gute Möglichkeit siehst, die Lage des Königs in der Mitte auszunutzen, solltest du dir keine Sorgen machen. Stelle deine Figuren einfach auf aktive Felder und zentralisiere deine Türme, und schon bald wirst du sehr wahrscheinlich einen großen Stellungsvorteil besitzen.

Wenn Schwarz Weiß ist und umgekehrt...

Jede Stellung in diesem Buch (mit Ausnahme weniger elementarer Beispiele) *basiert auf einer tatsächlich gespielten Partie*. Dies vermittelt einen wirklichkeitsnahen Eindruck der Dramatik, verglichen mit „reinen" Stellungen, die nur aufgestellt wurden, um ein Motiv zu illustrieren. Im wirklichen Leben stehen Figuren und Bauern häufig auf ungewohnten Plätzen und du musst lernen, dies bei jeder einzelnen Kombination mit zu berücksichtigen.

Im selben Sinne ist *Schwarz* in vielen Stellungen am Zug (in einigen Schachbüchern ist Weiß in allen Beispielen am Zug). Aus praktischen Gründen bezieht sich der Einleitungstext jedes tödlichen Schachmatts jedoch immer auf die Stellung aus *weißem* Blickwinkel. Wenn ein weißes Turmopfer auf g7 besprochen wird, dann folgt automatisch, dass Schwarz, wenn er der Aggressor ist, das gleiche Turmopfer auf g2 durchführen kann.

In einer geringen Anzahl von elementaren Stellungen wird schließlich nur ein Ausschnitt des Brettes gezeigt (um Platz zu sparen) oder der weiße oder schwarze König fehlt (wenn diese Figur für das Thema unwichtig ist). Dies dient offensichtlich nur dazu, das zu Grunde liegende Motiv zu erläutern. Es wird nicht in einer wirklichen Partie geschehen, es sei denn, Papa bricht aus unerfindlichen Gründen das Brett entzwei und versteckt die Figuren.

Tödliches Schachmatt 1

Anastasias Matt

Deine Geheimwaffe: ein Springer auf e7

Selbst starke Spieler können auf dieses Matt hereinfallen! Der Name Anastasias Matt stammt aus einer 1903 veröffentlichten Novelle, *Anastasia und das Schachspiel* von Wilhelm Heinse, die ein solches Beispiel enthält.

Die Schlüsselbedingungen dieser hübschen kleinen Falle sind:

a) *ein weißer Springer auf e7*;

b) *ein schwarzer Bauer auf g7*; und

c) *ein schwarzer König auf dem Feld h8*.

Diese Formation enthält eine versteckte Gefahr für den Verteidiger. Der weiße Springer auf e7 nimmt dem König zwei wichtige potenzielle Fluchtfelder – das Feld g8 und das Feld g6. Falls es Weiß daher erreichen kann, mit der Dame oder dem Turm auf der h-Linie Schach zu geben und Schwarz keine Figur dazwischenstellen kann, dann ist er matt. *Dies rechtfertigt selbst große Opfer von Weiß, um die h-Linie zu öffnen (beispielsweise auf dem Feld h7).*

Typisches Muster für Anastasias Matt

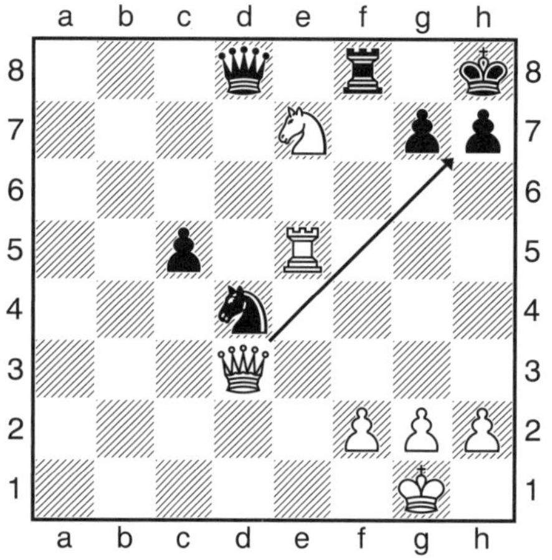

8a) Weiß am Zug

Der weiße Turm steht bereit, auf die h-Linie zu schwenken, die Weiß mit dem Damenopfer 1 ♕xh7+ forciert öffnen kann. Schwarz muss mit 1...♔xh7 zurückschlagen (8b).

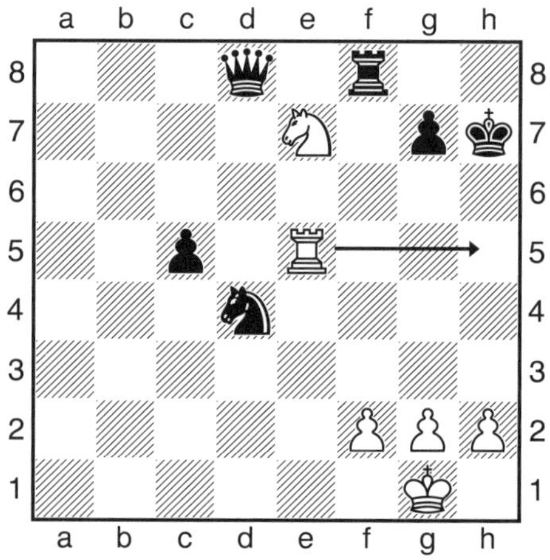

8b) Weiß am Zug

Der Turm schwenkt nun nach h5 und setzt matt. Der schwarze König kann nicht fliehen, denn der weiße Springer auf e7 kontrolliert die Fluchtfelder g8 und g6.

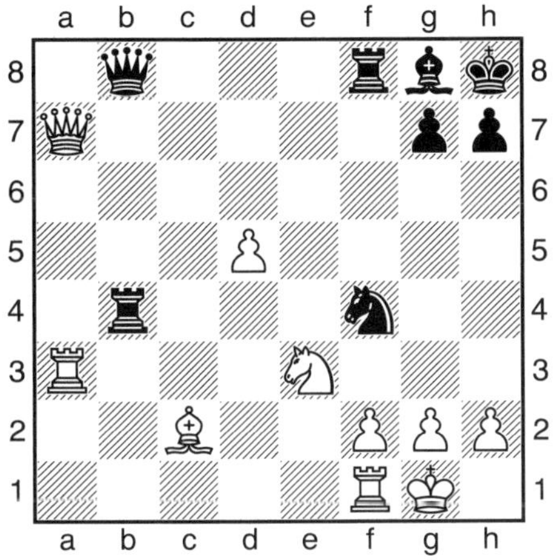

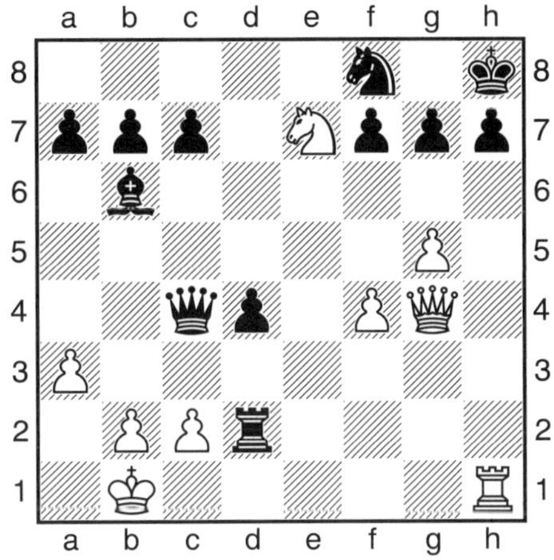

9) Schwarz am Zug

Die weiße Stellung sieht solide aus, aber der Schein trügt, denn Schwarz kann in nur drei Zügen matt setzen: 1...♘e2+ 2 ♔h1 ♕xh2+! 3 ♔xh2 ♖h4.

10) Weiß am Zug

1 ♖xh7+! und nun 1...♘xh7 2 ♕c8+ ♘f8 3 ♕xf8+ ♔h7 4 ♕g8 matt. Es bleibt 1...♔xh7, wonach Weiß zwischen 2 ♕h5, 2 ♕h4 und 2 ♕h3 wählen kann – alle sind matt!

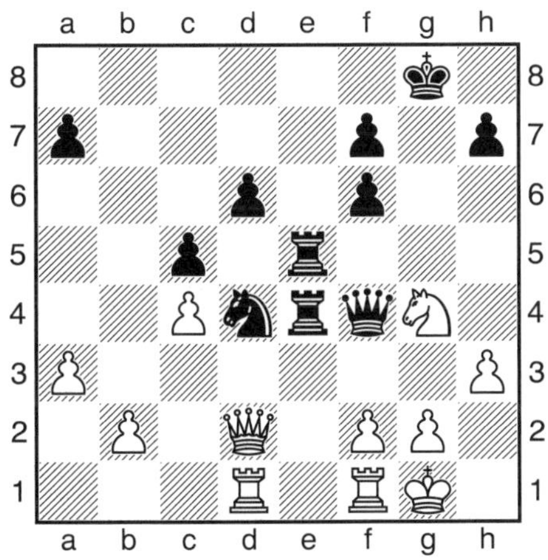

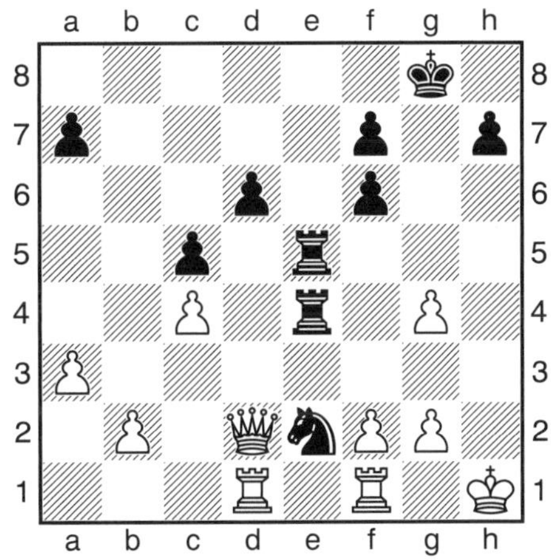

11a) Schwarz am Zug

Weil Matt das Endergebnis ist, sind spektakuläre Opfer möglich, um die h-Linie zu öffnen. Zuerst opfert Schwarz die Dame mit 1...♘e2+ 2 ♔h1 ♕xg4! 3 hxg4 (11b).

11b) Schwarz am Zug

Wie kann Schwarz auf der h-Linie Schach geben, wo doch der Bauer g4 im Weg steht? Die Lösung ist ein faszinierendes Turmopfer: 3...♖h5+! 4 gxh5 ♖h4 matt.

Tödliches Schachmatt 2 Der fehlende verteidigende f-Bauer

Durch einen fehlenden f-Bauern wird die Diagonale länger

Der schwarze Bauer f7 ist für die Verteidigung sehr wichtig. Wenn er gezogen hat, verloren gegangen ist oder abgetauscht wurde, dann ist der kurz rochierte König häufig viel verwundbarer.

Dies ist besonders dann der Fall, wenn Weiß einen Läufer auf der Diagonale a2-g8 postiert hat (normalerweise auf c4 oder b3). Der schwarze König steht dann gewöhnlich auf dem Feld h8 und wird durch die Bauern g7 und h7 vor Angriffen geschützt. Das Problem besteht darin, dass *der schwarze König nur sehr wenige Fluchtfelder hat, denn der weiße Läufer kontrolliert g8.*

Wenn Weiß auf der h-Linie ein Schach mit der Dame oder dem Turm geben kann, dann ist der schwarze König fast unweigerlich in sehr großen Schwierigkeiten. Das Ziel des Weißen besteht daher darin, auf jede erdenkliche Weise die h-Linie zu öffnen, was üblicherweise ein Opfer nötig macht.

Typisches Muster bei einem fehlenden Bauern f7

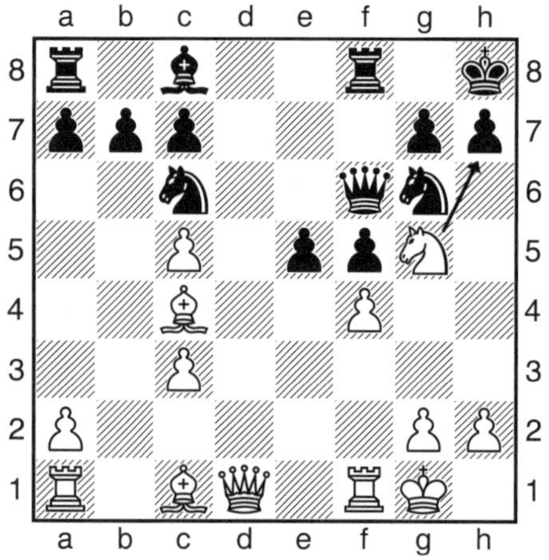

12a) Weiß am Zug

Der schwarze König wird zur Zeit vom Bauern h7 geschützt. Weiß opfert seinen Springer mittels 1 ♘xh7 ♔xh7 *(12b)*, was die h-Linie öffnet.

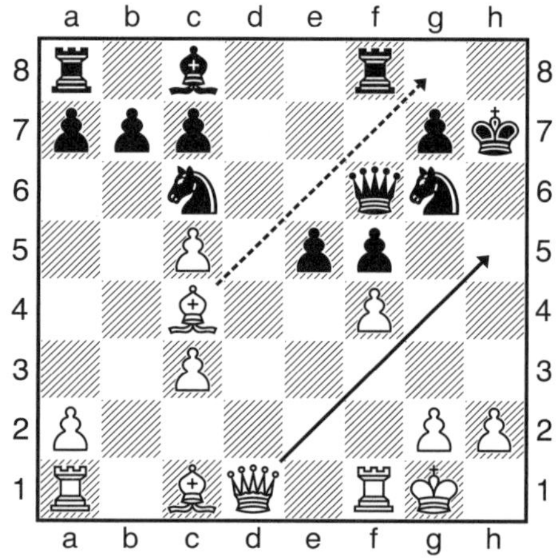

12b) Weiß am Zug

Nun folgt 2 ♕h5 matt. Beachte, dass der weiße Läufer c4 den schwarzen König an der Flucht (via g8) hindert, *weil es keinen schwarzen Bauern auf f7 gibt.*

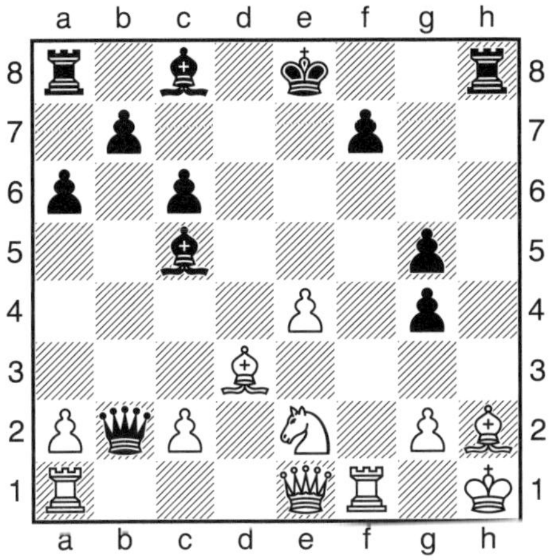

13) Schwarz am Zug

Hier ist die h-Linie bereits halboffen, und der schwarze Turm steht bereit, dies auszunutzen. Nach 1...♖xh2+ 2 ♔xh2 ♕h8+ wird Weiß durch 3 ♔g3 ♕h4 matt.

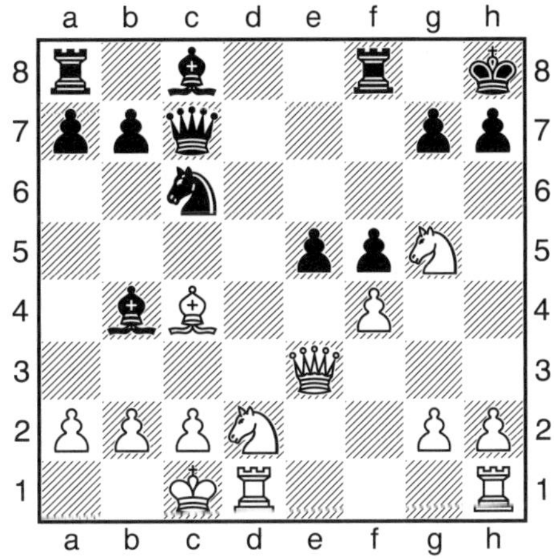

14) Weiß am Zug

Nach 1 ♘xh7 ♔xh7 2 ♕h3+ ♔g6 erledigt die weiße Dame den Rest: 3 ♕g3+ ♔h7 (oder 3...♔f6 4 ♕g5 matt) 4 ♕h4+ ♔g6 5 ♕g5+ ♔h7 6 ♕h5 matt.

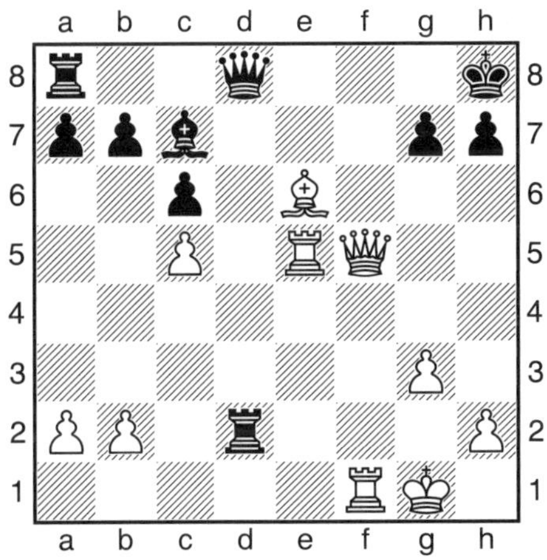

15a) Weiß am Zug

Bevor die Dame geopfert werden kann, muss sichergestellt sein, dass der schwarze König nicht via g6 in Sicherheit gelangen kann. Weiß spielt 1 ♕xh7+ ♔xh7 2 ♖h5+ *(15b)*.

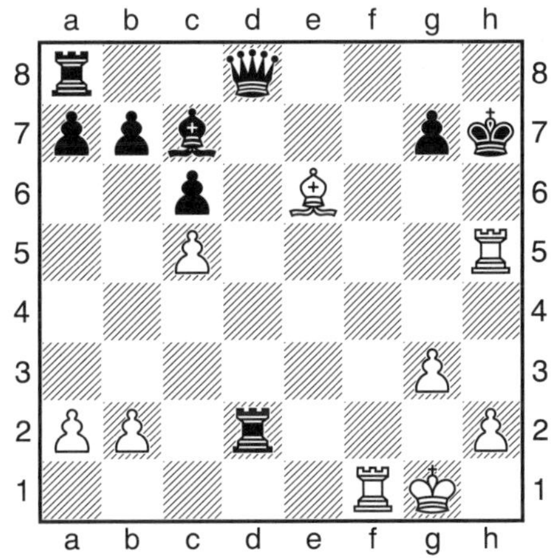

15b) Schwarz am Zug

Der König kann entkommen – aber nur für sehr kurze Zeit. Nach 2...♔g6 kommt das wunderschöne Finale 3 ♗f7 matt.

Tödliches Schachmatt 3

Das arabische Matt

Turm & Springer, zwei Figuren mit Biss

Im späten Mittelspiel und Endspiel können die Türme ihre Stärken ausspielen. Türme sind auf offenen Linien und Reihen am effektivsten, was sich normalerweise in den späteren Partiephasen zeigt (denn zu diesem Zeitpunkt sind viele Figuren und Bauern bereits abgetauscht worden). Wenn ein Turm auf die gegnerische siebte oder achte Reihe eindringen kann, dann setzt er den Gegner häufig unter Druck. Wenn zusätzlich ein weißer Springer *auf dem Feld f6* auftaucht, dann entsteht ein sehr gebräuchliches *Mattnetz*.

Dieses Matt mit Springer und Turm wird gemäß Renaud und Kahn in *Der erfolgreiche Mattangriff* für das älteste bekannte Mattbild gehalten. Das liegt daran, dass die Zugweise der meisten anderen Figuren im fünfzehnten Jahrhundert verändert wurde. Nur der Turm, der Springer und der König haben schon immer so gezogen wie heute.

Grundmuster für das arabische Matt

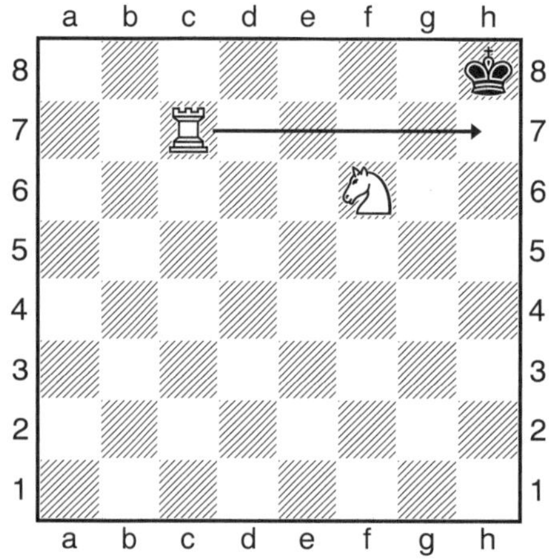

16) Weiß am Zug

Mit seinem Turm auf der *siebten* Reihe kann Weiß mittels 1 ♖h7 matt setzen. Der auf f6 hervorragend platzierte Springer deckt den Turm und hat das Fluchtfeld g8 unter Kontrolle.

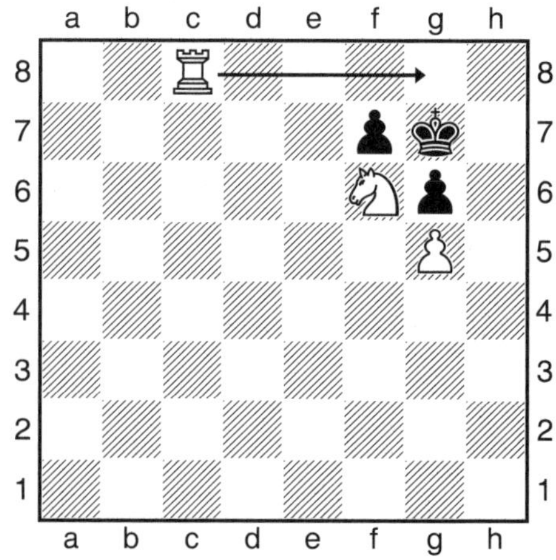

17) Weiß am Zug

Mit seinem Turm auf der *achten* Reihe kann Weiß mittels 1 ♖g8 matt setzen. Der weiße Springer wird vom Bauern g5 gedeckt, der ebenfalls ein Auge auf das Feld h6 wirft.

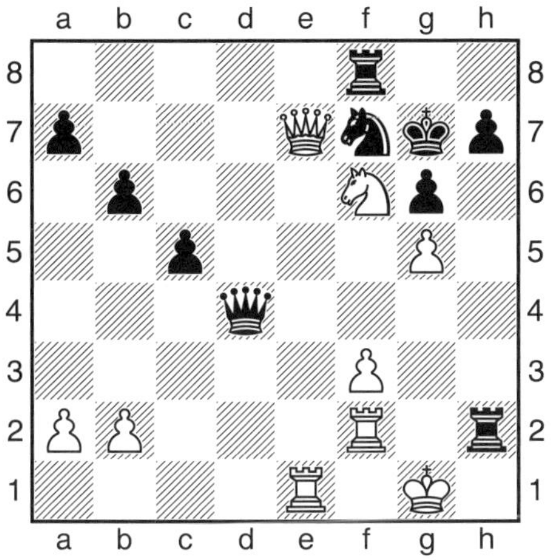

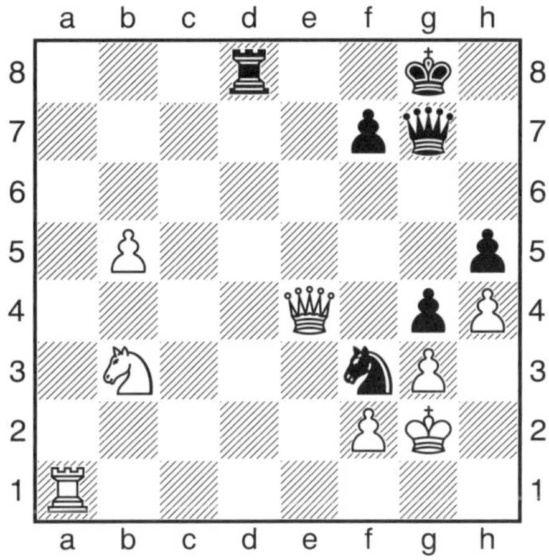

18) Weiß am Zug

Obwohl Schwarz über einige unangenehme Drohungen verfügt, kann Weiß durch eine Folge von Schachgeboten matt setzen: 1 ♕xf8+ ♔xf8 2 ♖e8+ ♔g7 3 ♖g8 matt.

19) Schwarz am Zug

1...♕xa1! eliminiert den Verteidiger der Grundlinie. Nach 2 ♘xa1 ♖d1 verliert Weiß wegen der Drohung 3...♖g1 matt (denn 3 ♕e8+ ♔g7 ändert nichts).

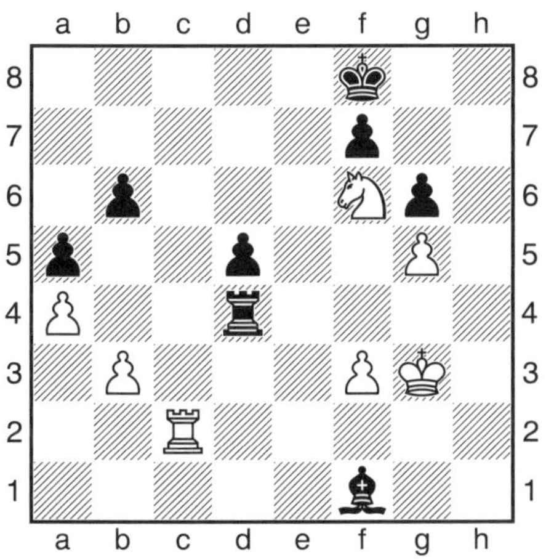

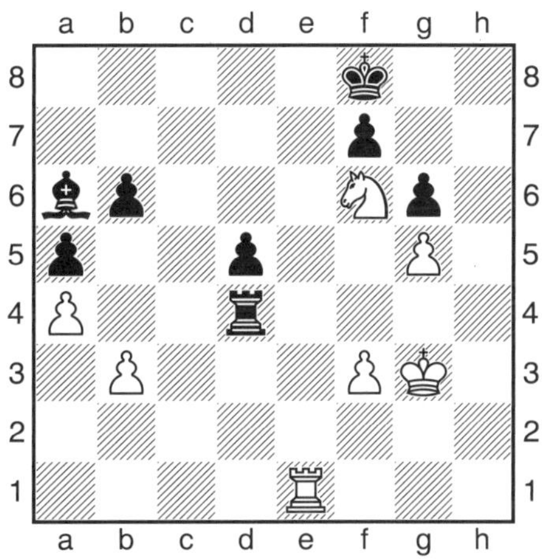

20a) Weiß am Zug

Das subtile 1 ♖c1! stellt Schwarz ein Problem (denn 1...♗c2 2 ♖c8+ ♔e7 3 ♖e8+ spießt König und Läufer auf). Nach der besten Verteidigung 1...♗a6 folgt 2 ♖e1 *(20b)*.

20b) Schwarz am Zug

Weiß hat das Mattnetz im Endspiel gewoben. Schwarz hat keine spielbare Verteidigung gegen die Drohung 3 ♖e8+ ♔g7 4 ♖g8 matt.

Tödliches Schachmatt 4

Philidors Vermächtnis

Ein ersticktes Matt macht den Papa platt

Dieser faszinierende Klassiker hat Generationen in seinen Bann gezogen. Die bekannteste Version ist nach François-André Philidor benannt, einem berühmten französischen Meister aus dem achtzehnten Jahrhundert.

Ein ersticktes Matt entsteht, wenn die Figuren des Verteidigers den eigenen König komplett einsperren – so dass ein gegnerisches Springerschach zum Matt ausreicht. Philidors klassische Version (die tatsächlich zuerst von Lucena 1497 veröffentlicht wurde) enthält ein wunderschönes Damenopfer gefolgt vom Matt mit dem Springer. Es ist vermutlich das berühmteste Mittelspielmotiv im Schach. Das bedeutet leider, dass viele Gegner es kennen und vermeiden werden. Doch auch in diesem Fall beeinflusst es den Verlauf der Partie, selbst wenn es nicht aufs Brett kommt.

Grundmuster für Philidors Vermächtnis

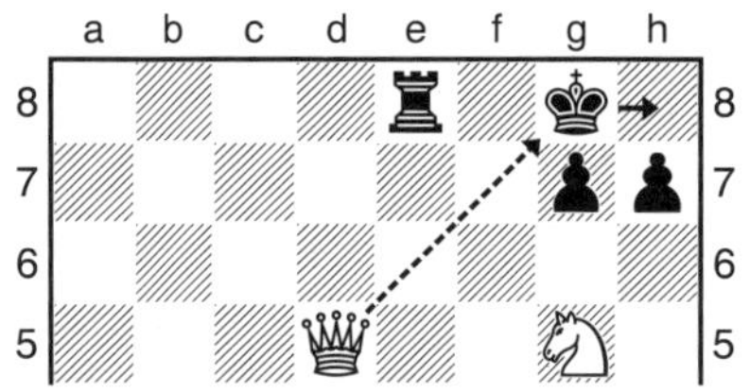

21a) Schwarz am Zug

Die weiße Dame ist gerade nach d5 gezogen und hat Schach gegeben. Nach 1...♔h8 (1...♔f8 2 ♕f7 ist Matt) setzt Weiß mit 2 ♘f7+ ♔g8 3 ♘h6++ *(21b)* fort.

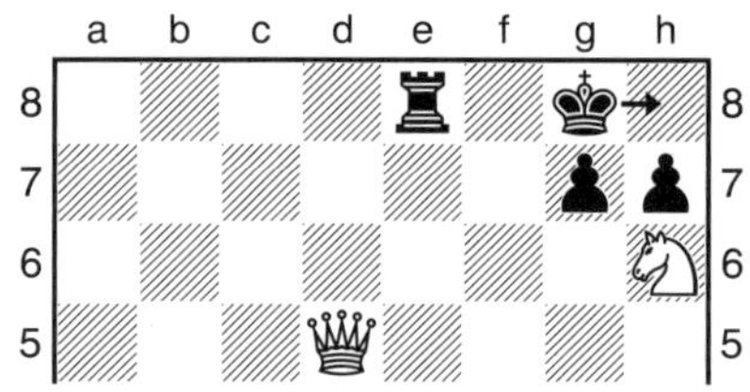

21b) Schwarz am Zug

Weil Schwarz im *Doppelschach* steht (von der Dame *und* dem Springer), muss der König mit 3...♔h8 *(21c)* in die Ecke zurückkehren (denn 3...♔f8 erlaubt erneut 4 ♕f7 matt).

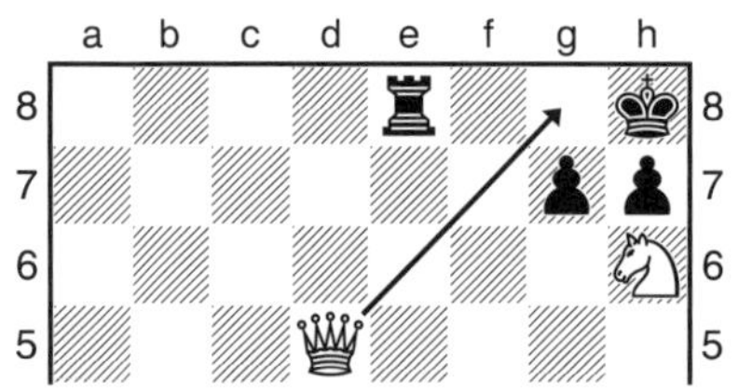

21c) Weiß am Zug

Nun folgt das brillante Damenopfer, das in fast allen Lehrheften angegeben ist: 4 ♕g8+ ♖xg8 *(21d)*.

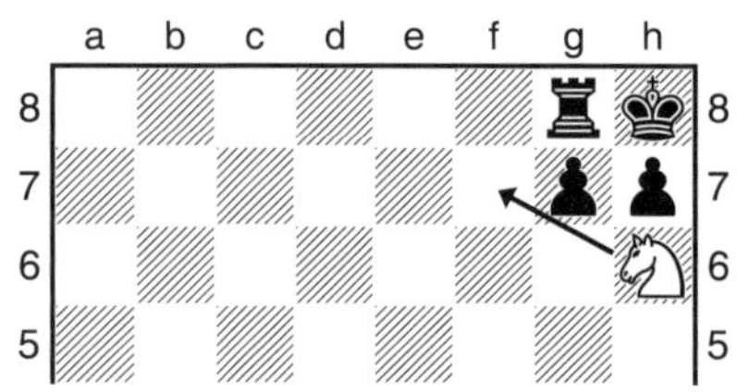

21d) Weiß am Zug

Der schwarze Turm musste seinen eigenen König einzwängen. Der weiße Springer kehrt nun triumphierend zurück: 5 ♘f7 matt.

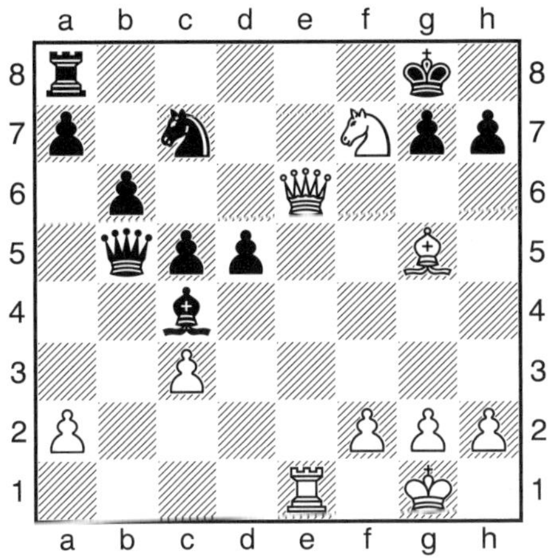

22) Weiß am Zug

Der Angriff auf die weiße Dame durch den schwarzen Springer ist irrelevant, denn der erste weiße Zug gibt *Doppelschach*. 1 ♘h6++ ♔h8 2 ♕g8+ ♖xg8 3 ♘f7 matt.

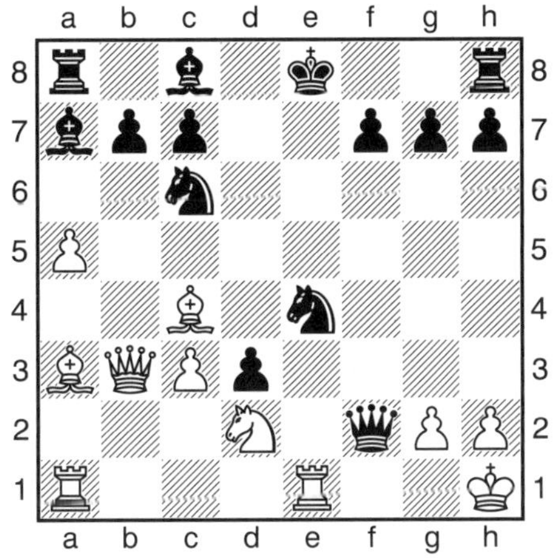

23) Schwarz am Zug

Es sieht so aus als hätte Schwarz Probleme. Doch ein überraschendes *Hinlenkungsopfer* entfesselt den schwarzen Springer und klärt die Lage. 1...♕g1+ 2 ♖xg1 ♘f2 matt.

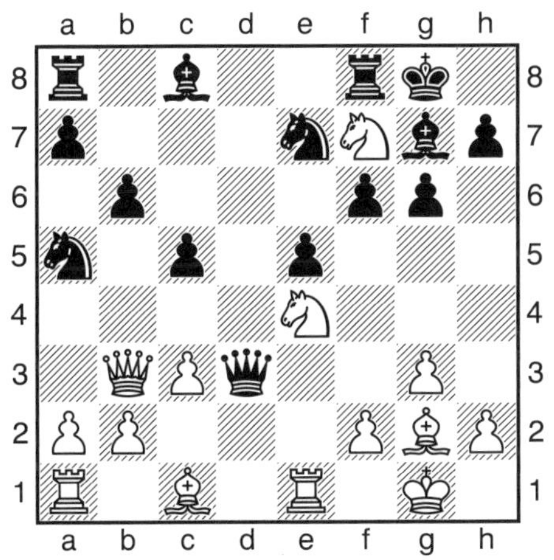

24) Weiß am Zug

Wenn Schwarz das Feld f7 überdeckt halten kann, ist ein Remis durch ewiges Schach mittels 1 ♘h6++ ♔h8 2 ♘f7+ usw. wahrscheinlich. Denn 2 ♕g8+?? ist hier wegen 2...♘xg8! 3 ♘f7+ ♖xf7 ein Fehler.

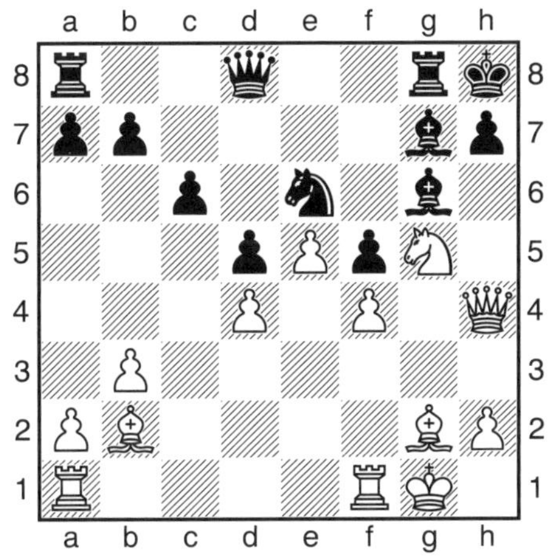

25) Weiß am Zug

Nur der schwarze Läufer auf g6 verhindert ein sofortiges ersticktes Springermatt. Weiß gewinnt durch das Ablenkungsopfer 1 ♕xh7+ ♗xh7 2 ♘f7 matt.

Tödliches Schachmatt 5

Versionen des erstickten Matts

Das vergessene Matt

Weil das Matt „Philidors Vermächtnis“ (Tödliches Schachmatt 4) so weltbekannt ist, sind einige Versionen recht stiefmütterlich behandelt worden.

In einer ist der verteidigende König nur teilweise von seinen eigenen Figuren eingeengt. Die gebräuchlichste Form beginnt (wie beim normalen erstickten Matt) mit dem Donnerschlag eines Damenopfers, um dem König ein Fluchtfeld zu rauben. Danach folgt ein Matt durch den Springer.

Diese Versionen des erstickten Matts kommen seltener vor und sind nicht so bekannt wie das gewöhnliche erstickte Matt, und selbst Meister sind bereits auf sie hereingefallen.

Typisches Muster für eine Version des erstickten Matts

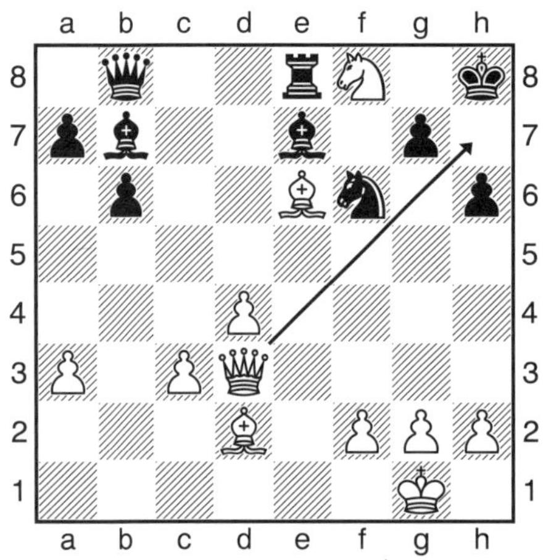

26a) Weiß am Zug

Die weiße Dame wird mit 1 ♕h7+ geopfert. Schwarz muss darauf 1...♘xh7 *(26b)* antworten (denn der weiße Springer f8 deckt die Dame und verhindert somit ...♔xh7).

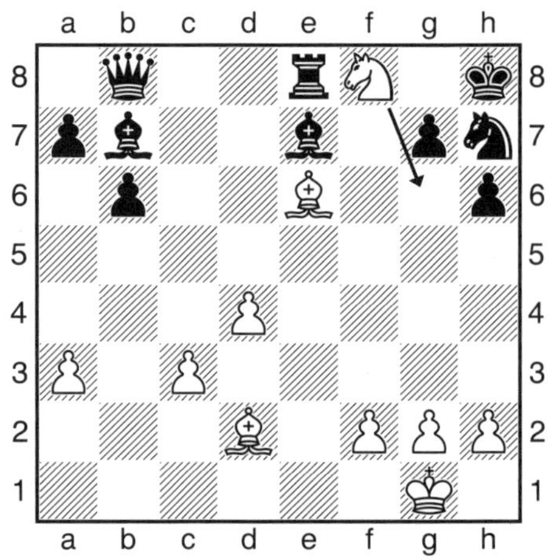

26b) Weiß am Zug

Nachdem Schwarz nun dazu gezwungen worden ist, das Feld h7 selbst zu blockieren, spielt Weiß 2 ♘g6 matt. Beachte, dass der weiße Läufer e6 das Feld g8 kontrolliert.

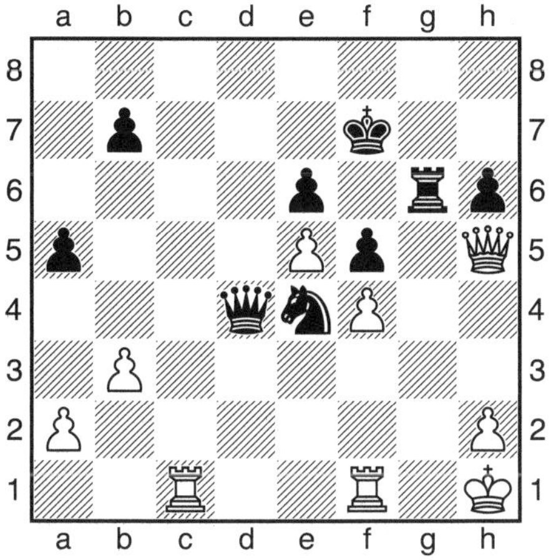

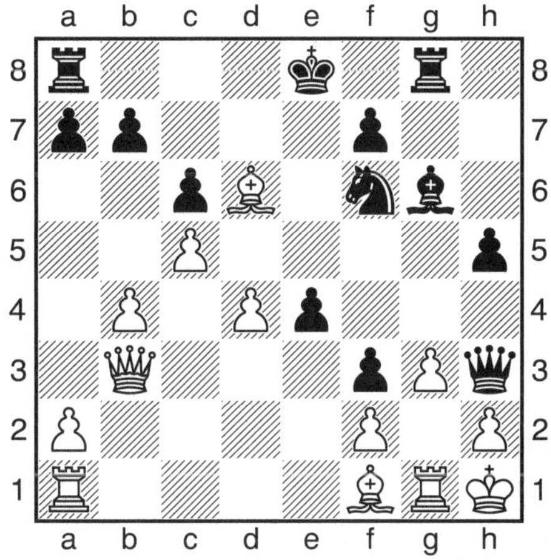

27) Schwarz am Zug

Nach 1...♘f2+ kann Weiß mit 2 ♖xf2 entkommen. Hat Schwarz etwas Besseres? In der Tat, das phantastische 1...♕g1+ 2 ♖xg1 ♘f2 ist eine typische Version des erstickten Matts.

28) Schwarz am Zug

Der weiße Läufer ist gerade nach f1 gezogen, um die schwarze Dame von h3 zu vertreiben. Statt sich zurückzuziehen spielt Schwarz allerdings 1...♘g4 2 ♗xh3 ♘xf2 matt.

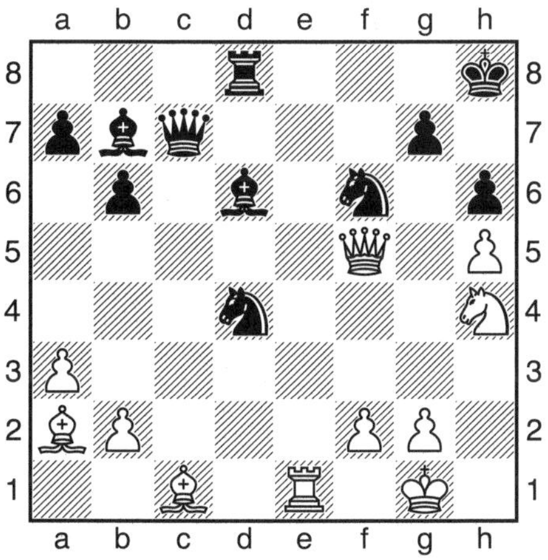

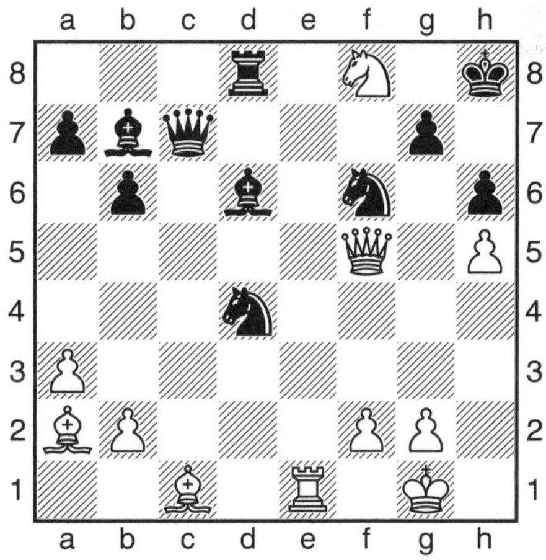

29a) Weiß am Zug

Nach 1 ♘g6+ muss Schwarz das Doppelschach zulassen: 1...♔h7 2 ♘f8++. Doch er geht davon aus, dass Weiß nach 2...♔h8 *(29b)* die Züge mit 3 ♘g6+ wiederholen wird.

29b) Weiß am Zug

Der die Diagonale a2-g8 beherrschende weiße Läufer signalisiert jedoch, dass eine Version des erstickten Matts in der Luft liegt. Weiß erzwingt das Matt mit: 3 ♕h7+ ♘xh7 4 ♘g6.

Tödliches Schachmatt 6

Einfaches Turmopfer auf h8

Beeindrucke deine Freunde mit diesem flotten Hinlenkungsopfer

Dieses Konzept ist einfach und dennoch dramatisch: Ein weißer Turm wird auf dem leeren Feld h8 geopfert. Die Idee besteht darin, dass Schwarz, wenn er schlägt, ein Eingreifen der weißen Dame in den Angriff zulässt. Entweder kommt sie mit Tempo auf die h-Linie oder sie setzt sofort auf h7 matt.

Das einfache Turmopfer auf h8 ist immer entweder 1) oder 2) oder beides:

1) ein Hinlenkungsopfer, wodurch der schwarze König auf ein Feld gelockt wird, auf dem er mit Sicherheit nicht sein möchte;

2) ein Räumungsopfer, bei dem sich der weiße Turm opfert, damit ein Feld für die weiße Dame frei wird.

Dieses taktische Motiv ist dem mutigen Angriffsspieler wohl vertraut.

Typisches Muster für ein einfaches Turmopfer auf h8

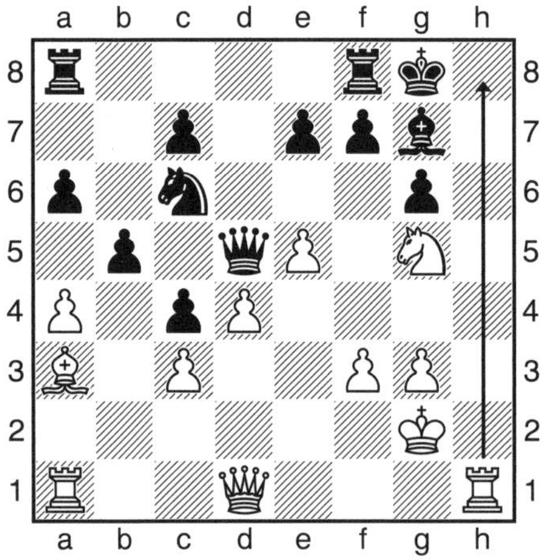

30a) Weiß am Zug

Nach 1 ♖h8+! kann Schwarz das Turmopfer auf zweierlei Weise annehmen. 1...♔xh8 2 ♕h1+ ♔g8 3 ♕h7 ist Matt, so dass Schwarz mit 1...♗xh8 *(30b)* schlägt.

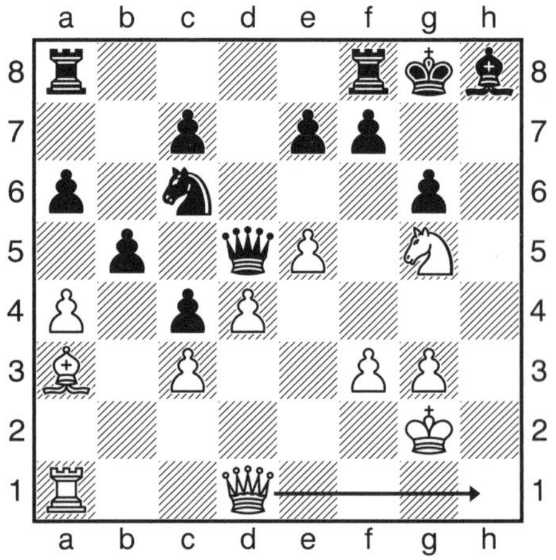

30b) Weiß am Zug

Mit 2 ♕h1 zieht die weiße Dame nun auf das Feld, das der weiße Turm im letzen Zug geräumt hat. Schwarz kann das drohende Matt nicht mehr abwenden, z. B. 2...♖fc8 3 ♕h7+ ♔f8 4 ♕xh8.

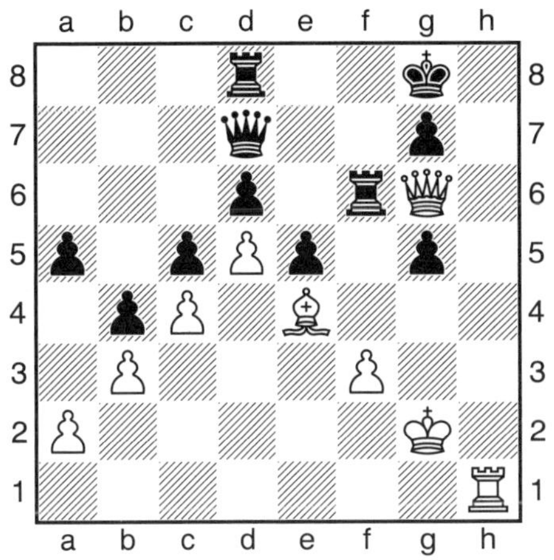

31) Weiß am Zug

Nach 1 ♕h7+ kann der schwarze König einfach nach f8 oder f7 entkommen, so dass Weiß das mörderische Hinlenkungsopfer 1 ♖h8+ einschaltet. Auf 1...♔xh8 folgt 2 ♕h7 matt.

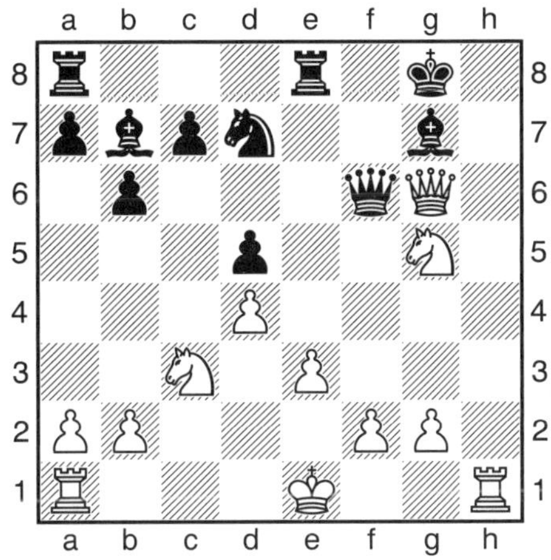

32) Weiß am Zug

Weiß hat hier eine Figur weniger. Er kann jedoch das Blatt mit demselben Hinlenkungsopfer des Turmes wenden: 1 ♖h8+ ♔xh8 2 ♕h7 matt.

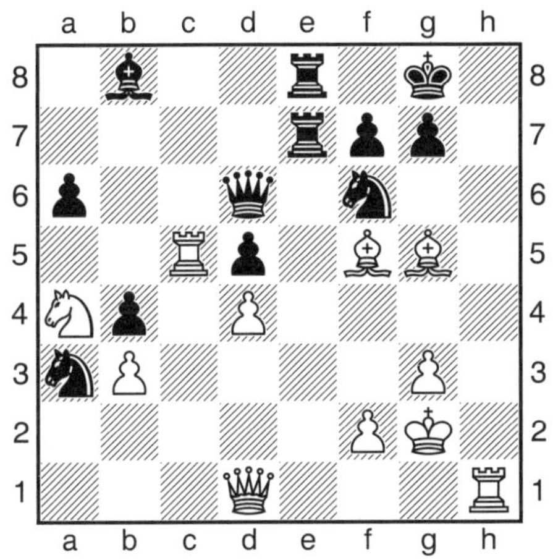

33a) Weiß am Zug

In dieser erweiterten Version ist die Zugreihenfolge wichtig. Nach 1 ♖h8+! ♔xh8 2 ♕h1+ ♔g8 liquidiert Weiß mit 3 ♗xf6 *(33b)* einen wichtigen Verteidiger.

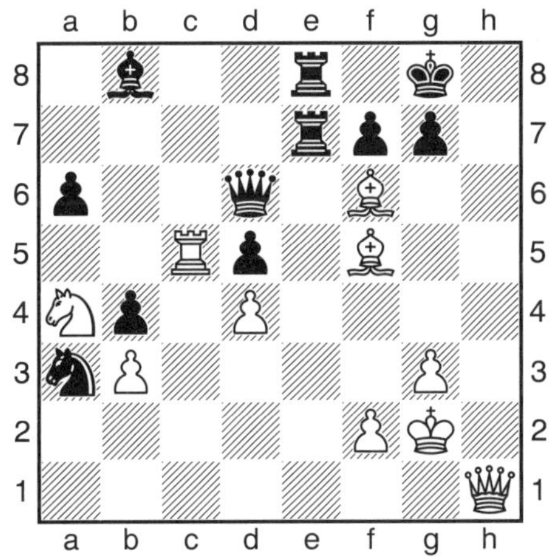

33b) Schwarz am Zug

Schwarz verliert unabhängig davon, was er nun spielt! Die weiße Drohung besteht in 4 ♕h7+ ♔f8 5 ♕h8 matt, und 3...g6 scheitert an 4 ♕h8 matt. Ein sehr erfrischendes Konzept.

Tödliches Schachmatt 7

Doppeltes Turmopfer auf h8

Auf dem Highway ist die Hölle los

Wenn die h-Linie offen (d. h. frei von Bauern) ist, dann sind die Bedingungen für einen direkten Angriff der schweren Artillerie des Schachbrettes – der Dame und der Türme – perfekt. Unter solchen Umständen solltest du immer überlegen, ob es möglich ist, *deine Türme zu verdoppeln* oder *Turm und Dame* auf die offene h-Linie zu stellen. Wenn dies möglich ist, dann verwandelt sich die h-Linie in eine Autobahn, die direkt zum gegnerischen König führt.

Wenn sie einmal aufgestellt sind, dann stellen die Schwerfiguren eine gewaltige Angriffsstreitmacht dar. Abhängig von der Formation, die Schwarz am Königsflügel eingenommen hat, bleibt nur noch die Frage, wie die Verteidigungsfestung eingenommen werden kann. Dies kann große Entschlossenheit erfordern, wenn Schwarz einen fianchettierten Läufer auf g7 hat (eine der solidesten Verteidigungsstrukturen), und es lohnt sich, die verschiedenen Methoden zu kennen.

Typisches Muster für das doppelte Turmopfer auf h8

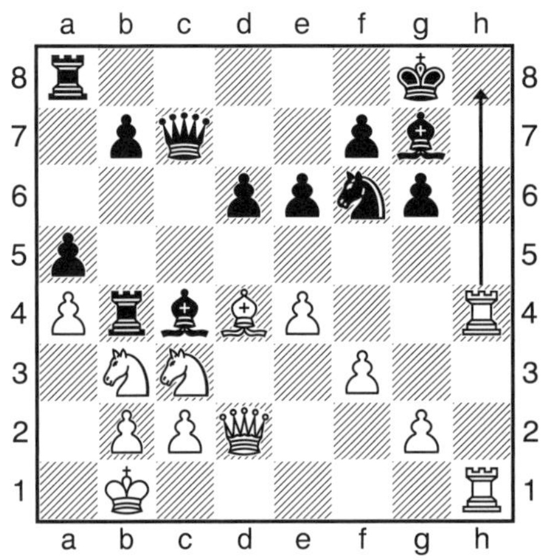

34a) Weiß am Zug

Die Türme sind bereits auf der h-Linie verdoppelt – aber der schwarze Läufer g7 hindert die weiße Dame am Eingreifen in den Angriff. Daher folgt 1 ♖h8+ ♗xh8 2 ♖xh8+ *(34b)*.

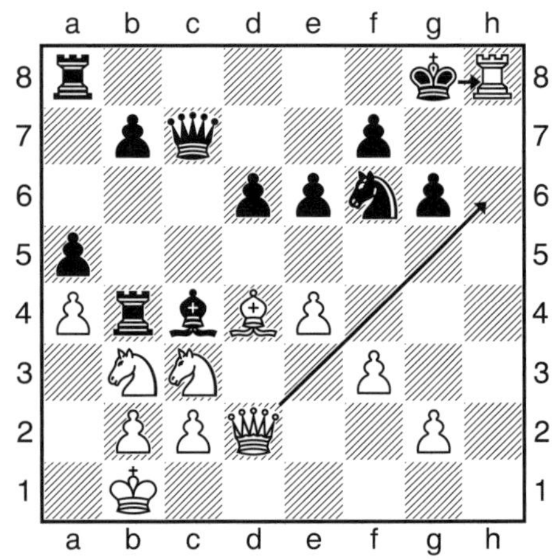

34b) Schwarz am Zug

Auf Kosten der beiden Türme ist der schwarze Läufer eliminiert worden. Nach 2...♔xh8 3 ♕h6+ ♔g8 4 ♗xf6 kann Schwarz ♕h8 matt nicht mehr verhindern.

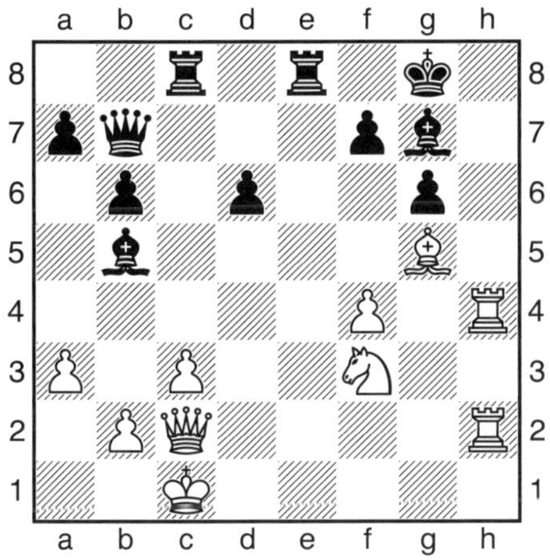

35a) Weiß am Zug

Das überraschende 1 ♖h8+! zielt erneut darauf ab, den Läufer g7 zu beseitigen. Danach ist 1...♗xh8 2 ♖xh8+ ♔g7! *(35b)* der beste Versuch (denn 2...♔xh8 verliert wegen 3 ♗f6+ ♔g8 4 ♕h2).

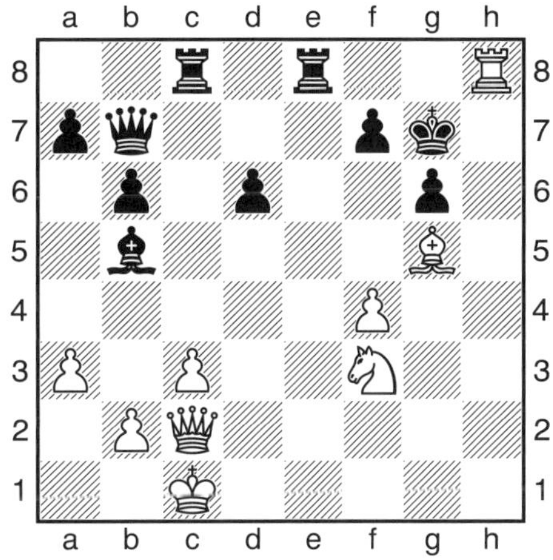

35b) Weiß am Zug

Die Kombination geht mit einem Hinlenkungsopfer des Turmes weiter: 3 ♖h7+! ♔xh7 (3...♔f8 4 ♗f6) 4 ♕h2+ ♔g7 (4...♔g8 5 ♗f6) 5 ♕h6+ ♔g8 6 ♗f6, und gegen das drohende Matt gibt es keine Verteidigung mehr.

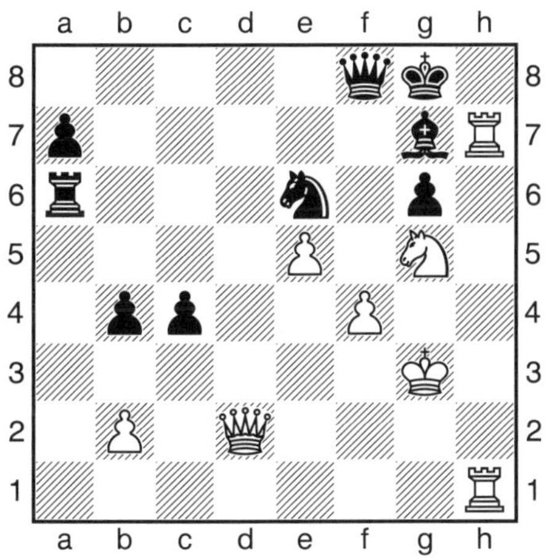

36a) Weiß am Zug

Erneut werden beide Türme für ein einziges Tempo geopfert. Mit 1 ♖h8+ ♗xh8 2 ♖xh8+ ♔xh8 *(36b)* wird der schwarze König auf die h-Linie gelockt.

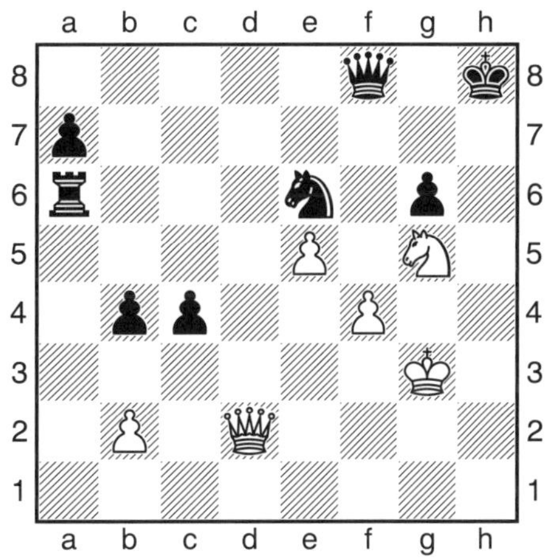

36b) Weiß am Zug

Nun folgt ein weiterer forcierender Zug: 3 ♕h2+ *(mit Schach)*, was Schwarz erneut keine Zeit zur Verteidigung lässt. Auf 3...♔g8 und 3...♔g7 folgt 4 ♕h7 matt.

Tödliches Schachmatt 8

Damianos Matt

Ein Matt, das sogar älter ist als Papa

Pedro Damiano veröffentlichte dieses spektakuläre Schachmatt bereits im Jahr 1512.

Die Bedingungen für dieses Matt sind nicht oft erfüllt, aber jeder Meisterspieler sieht die Idee in wenigen Sekunden. Beide weißen Türme werden im Rahmen einer fünfzügigen Kombination, in der jeder Zug von Weiß Schach bietet, auf dem leeren Feld h8 geopfert. Die Turmopfer erfüllen einen dreifachen Zweck. Der Weg der weißen Dame auf der ersten Reihe wird geebnet, das Feld h1 wird für die Dame geräumt und der schwarze König wird auf die h-Linie gelockt.

Typisches Muster für Damianos Matt

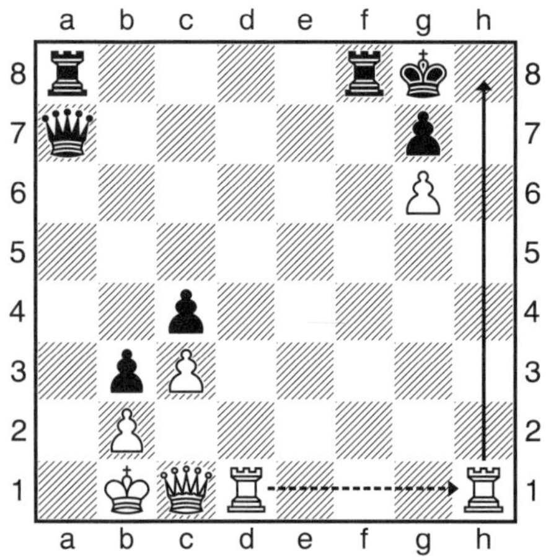

37a) Weiß am Zug

Weil Schwarz selbst über furchteinflößende Drohungen verfügt, muss Weiß mit jedem Zug Schach bieten. Weiß spielt 1 ♖h8+ ♔xh8 2 ♖h1+ ♔g8 3 ♖h8+ ♔xh8 *(37b)*.

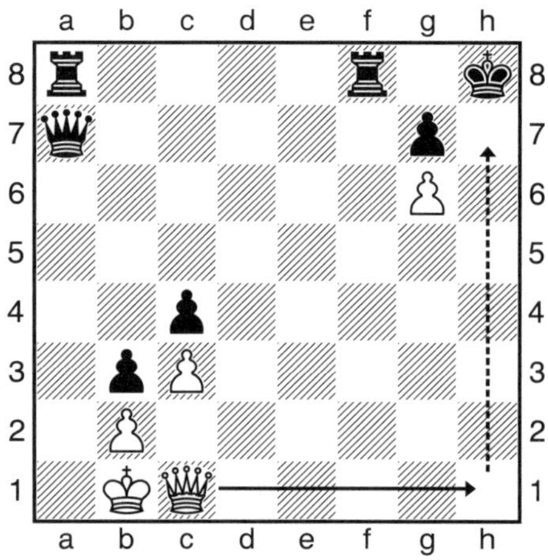

37b) Weiß am Zug

Nachdem beide weißen Türme das Brett verlassen haben, ist der Weg nach h1 für die Dame frei, und es folgt 4 ♕h1+ ♔g8 5 ♕h7 matt.

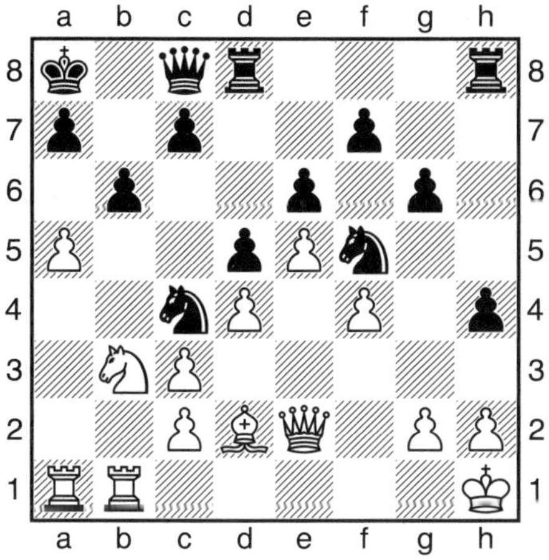

38a) Schwarz am Zug

Sobald du die Motive erkannt hast, können selbst sehr langzügige Kombinationen schnell gefunden werden. Schwarz beginnt mit einem Springeropfer: 1...♘g3+ 2 hxg3 hxg3+ 3 ♔g1 *(38b)*.

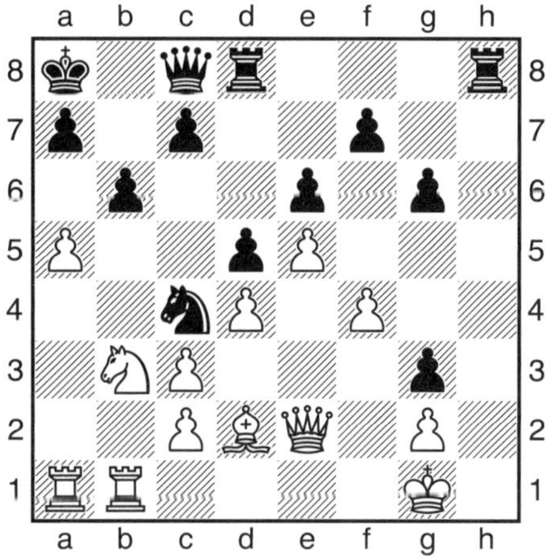

38b) Schwarz am Zug

Nun ist plötzlich das bekannte Muster von Damianos Matt entstanden. 3...♖h1+! 4 ♔xh1 ♖h8+ 5 ♔g1 ♖h1+ 6 ♔xh1 *(38c)*.

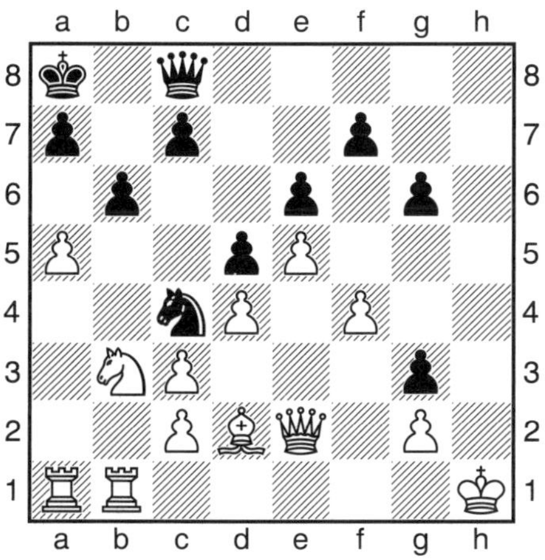

38c) Schwarz am Zug

Nachdem die beiden Türme auf h1 geopfert worden sind, kann die Dame *mit Schach* auf die h-Linie ziehen: 6...♕h8+ 7 ♔g1 ♕h2+ 8 ♔f1 *(38d)*.

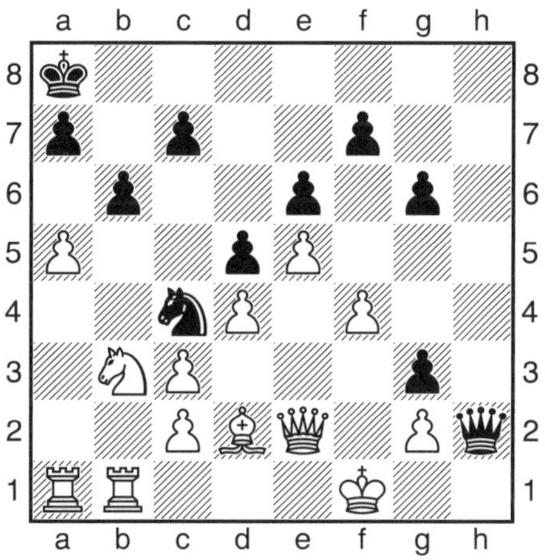

38d) Schwarz am Zug

Nun folgt schließlich 8...♕h1 matt. Weil sie aus mehreren bekannten Motiven besteht, ist diese neunzügige Kombination relativ einfach!

Tödliches Schachmatt 9

Taimanows Springerschach

Ein Springer, an den man sich erinnern sollte

Die Öffnung der h-Linie durch Opfer einer Figur für den gegnerischen h-Bauern ist ein bekanntes Konzept, aber solche plumpen Methoden sind nicht immer verfügbar. Ein subtileres Motiv beinhaltet das Opfer eines weißen Springers auf dem Feld g6, welches diagonal vor dem h-Bauern liegt. Ich habe dies „Taimanows Springerschach" nach der wunderbaren Partie Karpow-Taimanow, Leningrad 1977, getauft, in der das Motiv genutzt wurde, um den amtierenden Weltmeister zu besiegen. Das Konzept ist natürlich älter als jene Partie. So wurde eine Version des Motivs in einem Buch bereits 1619 veröffentlicht!

Eine fortgeschrittene Version dieses Motivs ermöglicht es sogar, eine *ganz geschlossene h-Linie forciert zu öffnen* (d. h. sowohl ein schwarzer als auch ein weißer h-Bauer sind vorher noch auf dem Brett). Für dieses Manöver muss der h-Bauer des Angreifers bis zur fünften Reihe vorgerückt sein, bevor das Springerschach gegeben wird.

Typisches Muster für Taimanows Springerschach (fortgeschrittene Version)

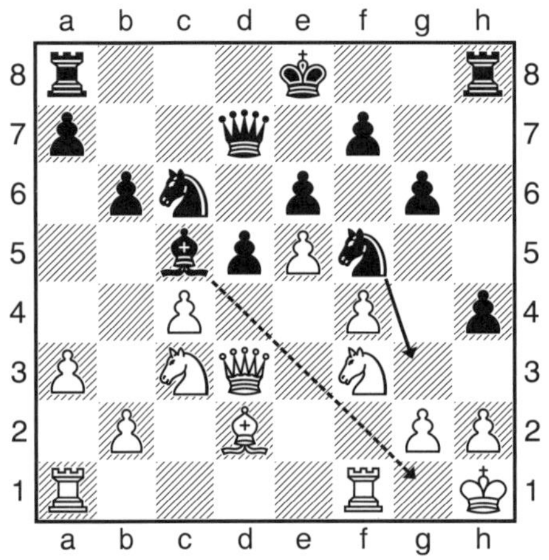

39a) Schwarz am Zug

Eine offene h-Linie wäre für Weiß verheerend, denn der schwarze Läufer kontrolliert das Feld g1. Daher spielt Schwarz 1...♘g3+, was Weiß zwingt, mit 2 hxg3 *(39b)* zu antworten.

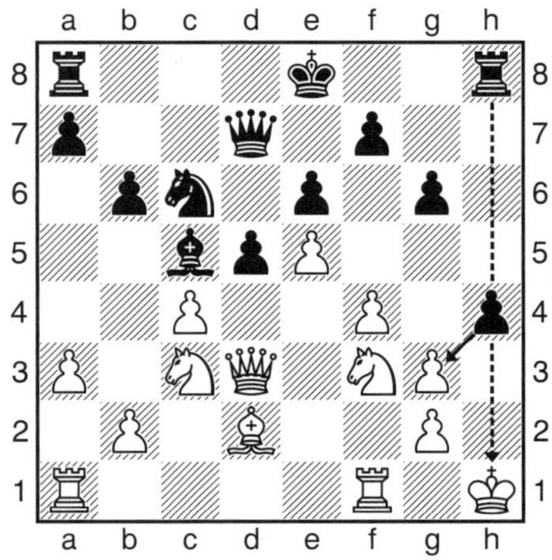

39b) Schwarz am Zug

Nach 2...hxg3+ ist die h-Linie plötzlich offen und Weiß steht in einem tödlichen Schach des schwarzen Turmes. 3 ♘h2 ♖xh2 ist Matt.

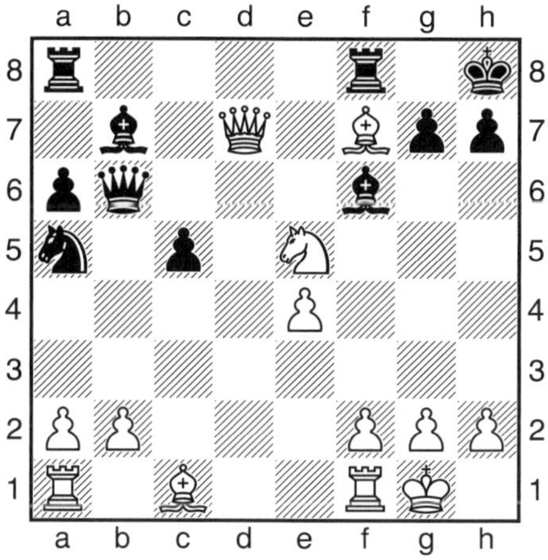

40) Weiß am Zug

Die Kontrolle über das Feld g8 erlaubt es Weiß, die h-Linie durch ein Springeropfer zu öffnen. Es folgt 1 ♘g6+ hxg6 2 ♕h3+ ♗h4 3 ♕xh4 matt.

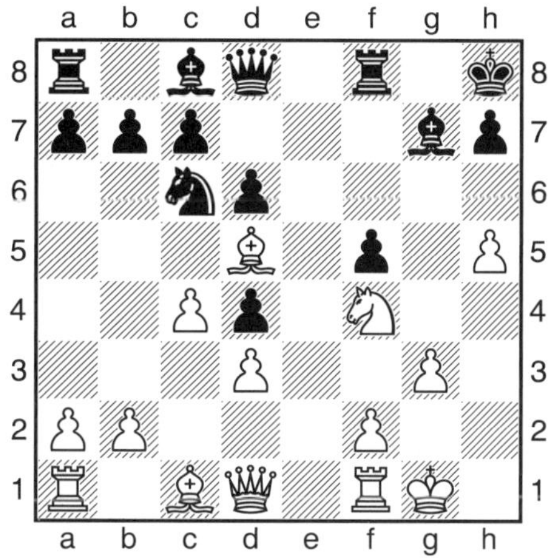

41) Weiß am Zug

Nach 1 ♘g6+ hxg6 2 hxg6 hat Schwarz einen Zug Zeit, um sich zu verteidigen, aber es hilft ihm nichts. Er muss hilflos abwarten, bis Weiß als nächstes den Killerzug ♕h5+ ausführt.

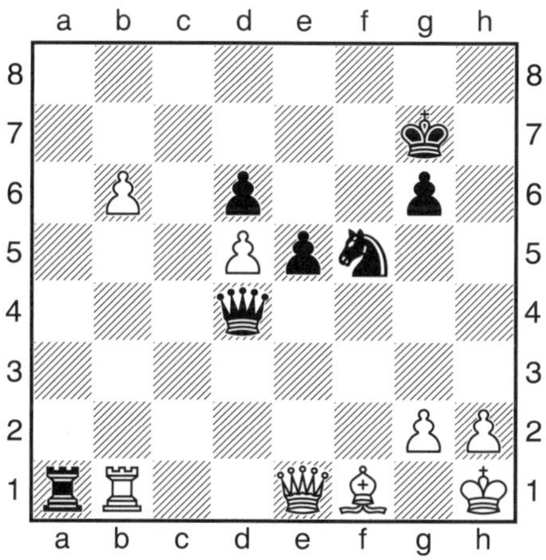

42a) Schwarz am Zug

Dies war die magische Partie Karpow-Taimanow. Nach 1...♘g3+! schlägt Weiß mit 2 hxg3 *(42b)* (denn 2 ♕xg3 lässt 2...♖xb1 zu). Die h-Linie ist nun offen.

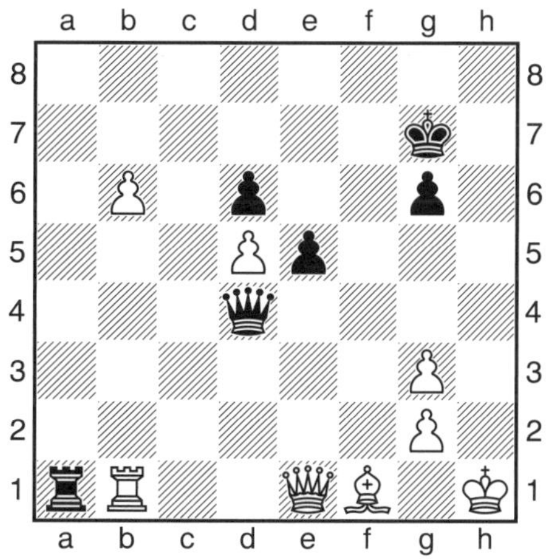

42b) Schwarz am Zug

Nun folgt der brillante Rückzug 2...♖a8!. Schwarz gewinnt, weil Weiß gegen 3...♖h8+ keine Verteidigung hat.

Tödliches Schachmatt 10

Die Zwickmühle

Alles auf Papas zweiter Reihe wird verspeist

Der Turm gibt Schach, der Turm schlägt, der Turm gibt Schach, der Turm schlägt – stell dir vor, dass du so viele Züge nacheinander machen kannst, wie du willst, und dein Gegner kann nur hilflos zusehen. Ob du es glaubst oder nicht, der Traum kann Wirklichkeit werden, wenn du die gefürchtete Zwickmühle aufbaust. Das mächtige Manöver besteht abwechselnd aus Schachs und Abzugsschachs.

Die häufigste Form der Zwickmühle enthält einen weißen Turm auf dem Feld g7 und einen weißen Läufer auf der Diagonale a1-h8. Wenn der schwarze König auf h8 steht, dann muss er in jedem zweiten Zug auf das Abzugsschach reagieren, und der Turm kann sich folglich auf der siebten Reihe schadlos halten. Der unglückliche Verteidiger, der stets seinen König aus dem Schach ziehen muss, kann nur zusehen, wie Figuren und Bauern nacheinander fallen.

Grundmuster für die Zwickmühle

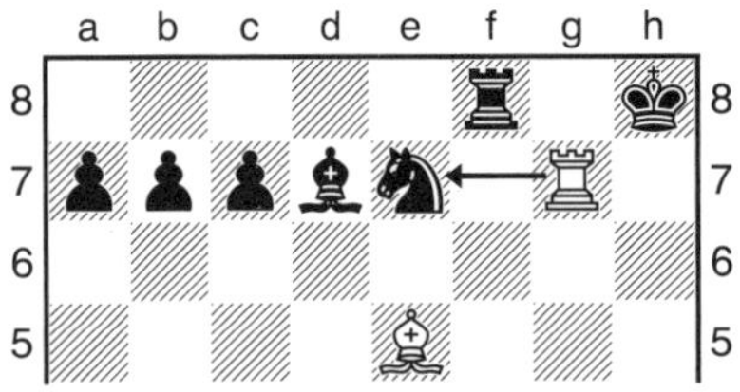

43a) Weiß am Zug

Nach 1 ♖xe7+ steht Schwarz im Abzugsschach des weißen Läufers e5 und ist gezwungen, 1...♔g8 *(43b)* zu spielen.

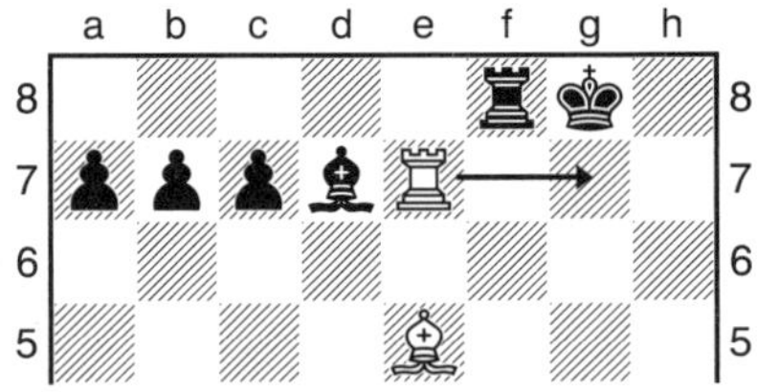

43b) Weiß am Zug

Mittels 2 ♖g7+ ♔h8 bereitet Weiß ein *weiteres Abzugsschach vor.* Es folgt 3 ♖xd7+ ♔g8 4 ♖g7+ ♔h8 *(43c).*

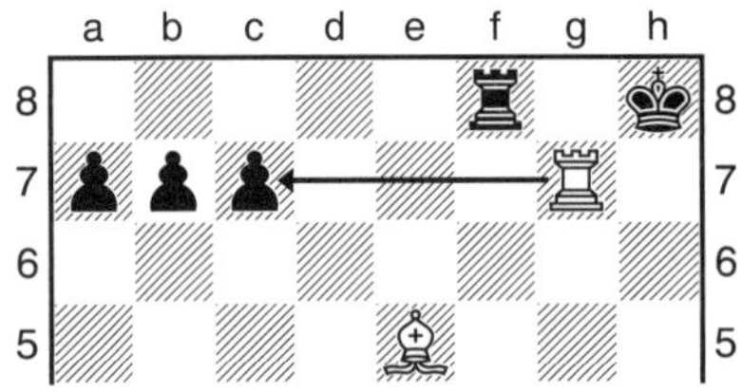

43c) Weiß am Zug

Die Zwickmühle arbeitet auf Hochtouren: 5 ♖xc7+ ♔g8 6 ♖g7+ ♔h8 7 ♖xb7+ ♔g8 8 ♖g7+ ♔h8 9 ♖xa7+ ♔g8 *(43d).*

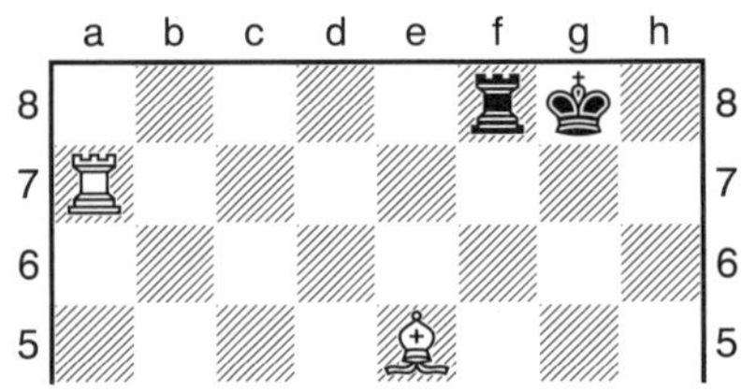

43d) Weiß am Zug

Der weiße Turm hat einen Springer, einen Läufer und drei Bauern geschlagen, und Weiß ist obendrein wieder am Zug.

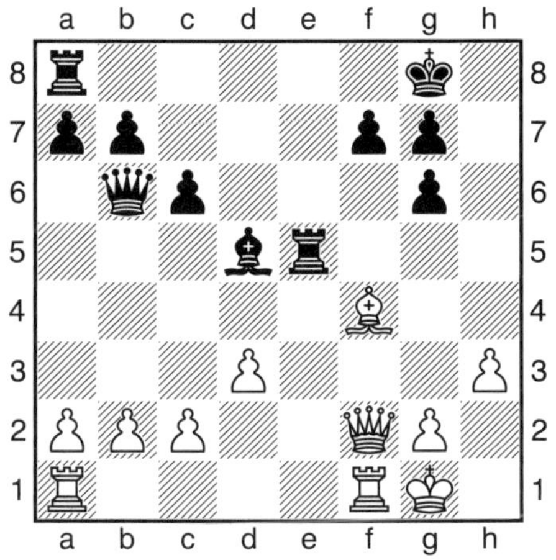

44a) Schwarz am Zug

1...♖e2! nutzt die *Fesselung* der weißen Dame aus, die den Turm nicht schlagen darf. Nach 2 ♕xb6 ♖xg2+ 3 ♔h1 *(44b)* ist die Zwickmühle aufgestellt.

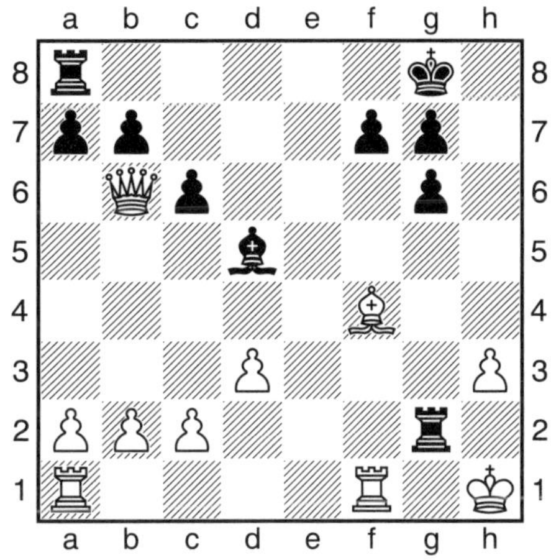

44b) Schwarz am Zug

Es folgt 3...♖xc2+ 4 ♔g1 ♖g2+ 5 ♔h1 ♖xb2+ 6 ♔g1 ♖g2+ 7 ♔h1 ♖xa2+ 8 ♔g1 axb6, und Schwarz hat vier Bauern gewonnen.

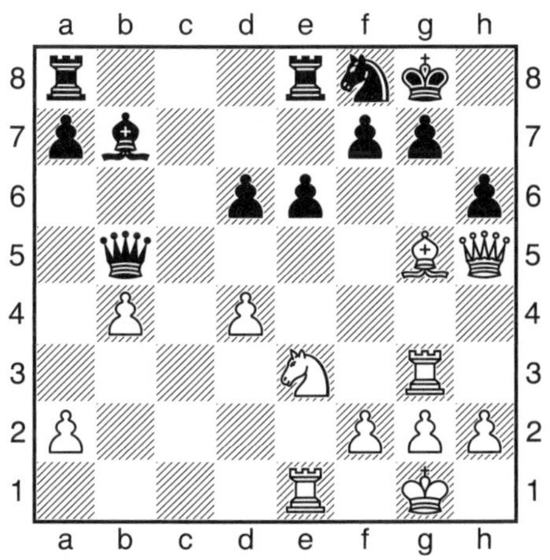

45a) Weiß am Zug

Das Errichten einer Zwickmühle rechtfertigt häufig große materielle Opfer. Hier opfert Weiß seine Dame mittels 1 ♗f6 ♕xh5 2 ♖xg7+ ♔h8 *(45b)*.

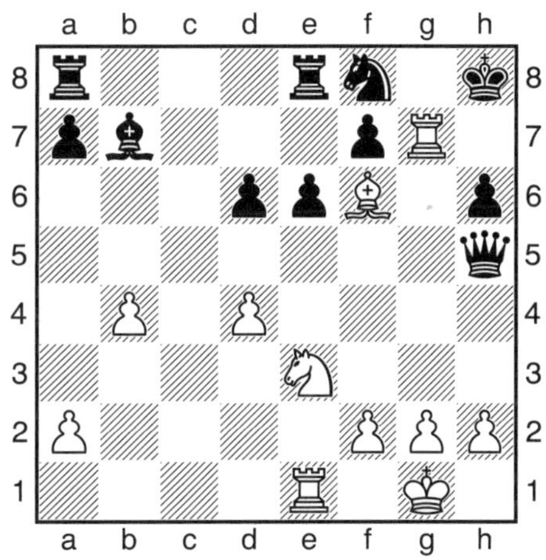

45b) Weiß am Zug

Nach 3 ♖xf7+ ♔g8 4 ♖g7+ ♔h8 5 ♖xb7+ ♔g8 kehrt Weiß zurück, um die Dame einzusacken: 6 ♖g7+ ♔h8 7 ♖g5+ ♔h7 8 ♖xh5 ♔g6 9 ♖h3 ♔xf6 10 ♖xh6+, und Weiß gewinnt.

Tödliches Schachmatt 11

Petrosjans Remis

Nicht ganz im siebten Himmel

Diese Formation ist so stark, dass – paradoxerweise – ein Remis das häufigste Ergebnis ist. Ein berühmtes Beispiel war die 12. Partie des Weltmeisterschaftskampfes 1966 zwischen Tigran Petrosjan und Boris Spasski in Moskau.

Die Stellung mit einem weißen Läufer auf der langen Diagonale und einem Turm auf g7, der den schwarzen König auf h8 einschnürt, kommt in verschiedenen Variationen vor. Die Drohung, den Turm zu ziehen – was zu einem Abzugsschach des Läufers führt – ist sehr mächtig. Warum enden solche Stellungen manchmal remis?

Der Grund dafür ist, dass Weiß häufig bereits sehr viel geopfert hat, um dieses Motiv zu installieren. Wenn sich herausstellt, dass er nicht genügend Material zurückgewinnen kann, dann forciert er in der Regel ein Remis durch Dauerschach.

Grundmuster für Petrosjans Remis

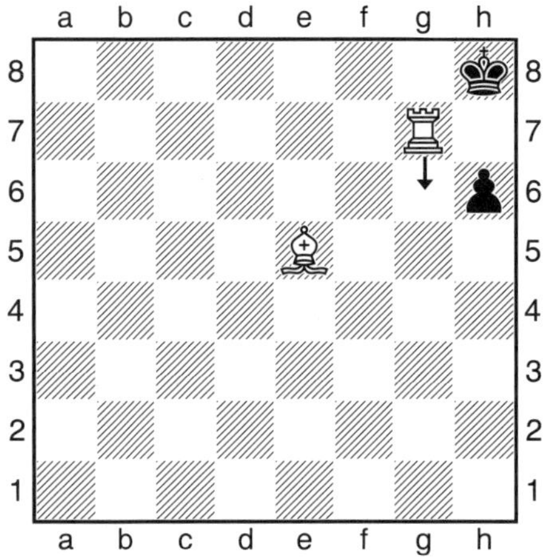

46) Weiß am Zug

In dieser Formation kann Weiß mittels 1 ♖g6+ ♔h7 2 ♖g7+ Dauerschach geben, denn der schwarze h-Bauer hindert den König an der Flucht.

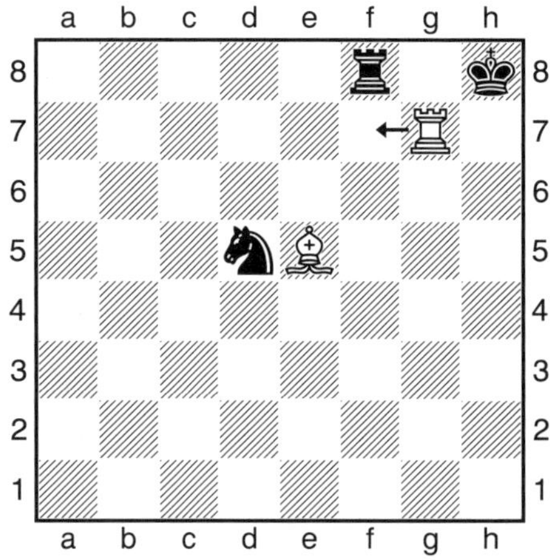

47) Weiß am Zug

An dieser Stelle ist 1 ♖f7+ ♔g8 2 ♖g7+ die richtige Methode, das Remis zu erzwingen, denn der schwarze Turm f8 hindert den König am Entkommen.

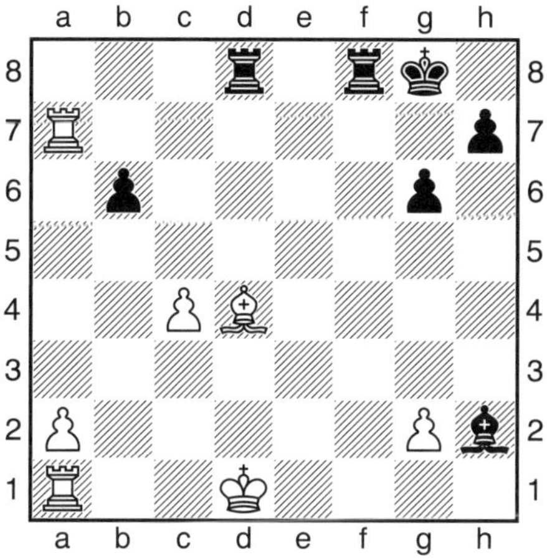

48) Weiß am Zug

Der gefesselte weiße Läufer wird durch Dauerschach gerettet: 1 ♖g7+ ♔h8 2 ♖d7+ (das einzige Feld – 2 ♖xg6+? ♖xd4+) 2...♔g8 3 ♖g7+ mit einem Remis.

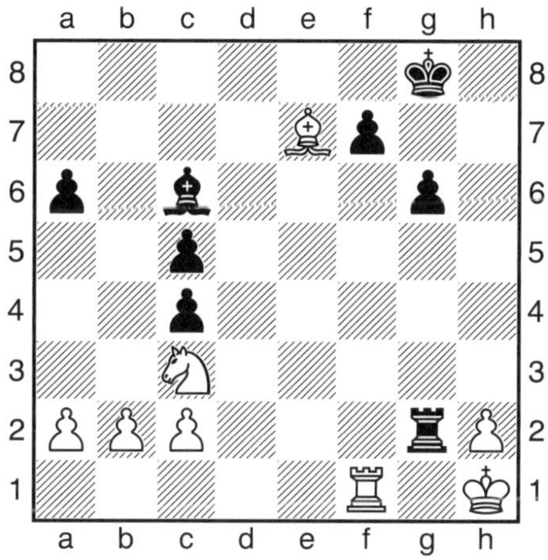

49) Weiß am Zug

Weiß hat zwar eine Figur mehr, doch aufgrund des drohenden Abzugsschachs forciert er das Remis durch ständigen Angriff auf den schwarzen Läufer: 1 ♖f6 ♗b7 2 ♖b6 ♗f3 3 ♖f6 ♗b7 usw.

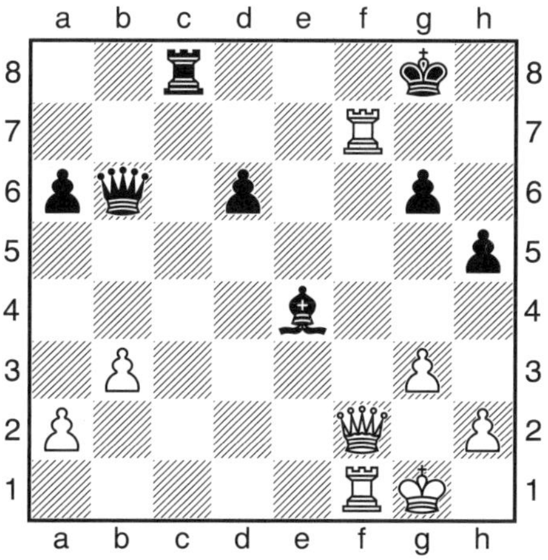

50a) Schwarz am Zug

Es folgt ein eleganter Weg, um in dieser scheinbar total verlorenen Stellung ein Remis zu retten: 1...♖c2! 2 ♕xb6 (2 ♖f8+ ♔g7 macht keinen Unterschied) 2...♖g2+ 3 ♔h1 *(50b)*.

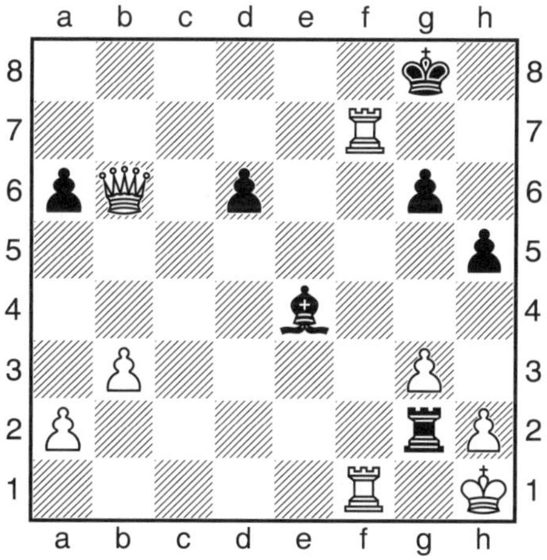

50b) Schwarz am Zug

Hier muss der schwarze Turm sein Feld gut wählen. 3...♖f2+! (nicht jedoch 3...♖xg3+? 4 ♖7f3 ♗xf3+ 5 ♖xf3) 4 ♔g1 ♖g2+ 5 ♔h1 ♖f2+! erzwingt das Remis.

Tödliches Schachmatt 12

Der Trick ♖h8+ & ♘xf7+

Eine verborgene Springergabel, die häufig die Dame gewinnt

Du solltest diese Falle auf der Rechnung haben, wenn:

1) *Weiß einen Springer auf g5 oder e5 hat; und*

2) *Schwarz kurz rochiert hat, und sein h-Bauer fehlt.*

Wie der recht selbsterklärende Titel bereits sagt, enthält das Motiv ein Turmschach auf h8 (um den schwarzen König dorthin zu locken). Danach folgt ein Einschlag eines weißen Springers auf f7 mit Schach, so dass der *Springer den schwarzen König und eine weitere Figur aufgabelt.* Einfach – und effektiv!

Typisches Muster für den Trick ♖h8+ & ♘xf7+

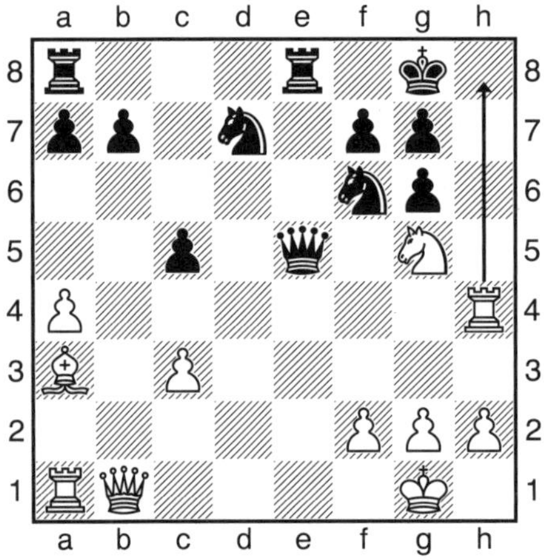

51a) Weiß am Zug

Schwarz hat einen Bauern mehr, doch seine Träume werden vom Hinlenkungsopfer 1 ♖h8+ brutal erschüttert. Der König muss den Turm mittels 1...♔xh8 *(51b)* schlagen.

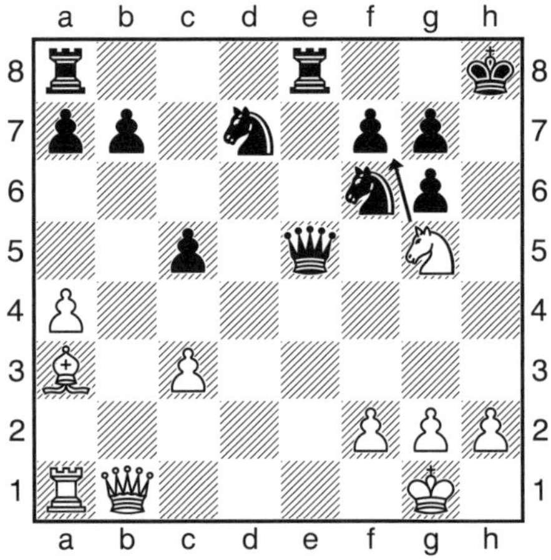

51b) Weiß am Zug

Nun gabelt 2 ♘xf7+ den schwarzen König h8 und die schwarze Dame auf e5. Weil Schwarz seinen König aus dem Schach ziehen muss, verliert er seine Dame.

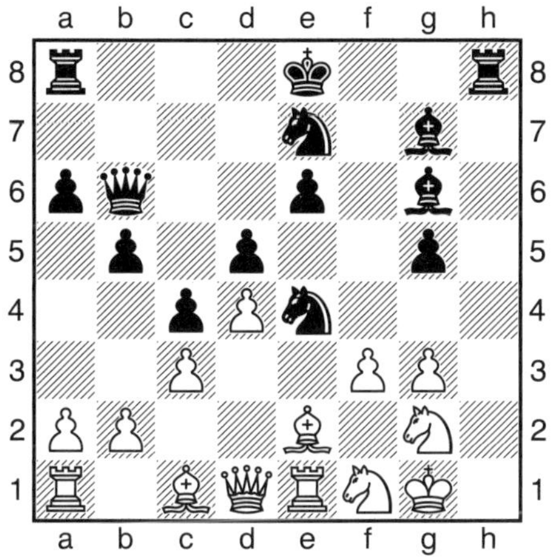

52) Schwarz am Zug

Die Abwesenheit des Bauern f2 macht keinen Unterschied (obwohl die Idee vermutlich schwieriger zu erkennen ist). 1...♖h1+ 2 ♔xh1 ♘f2+ gabelt den weißen König und die Dame.

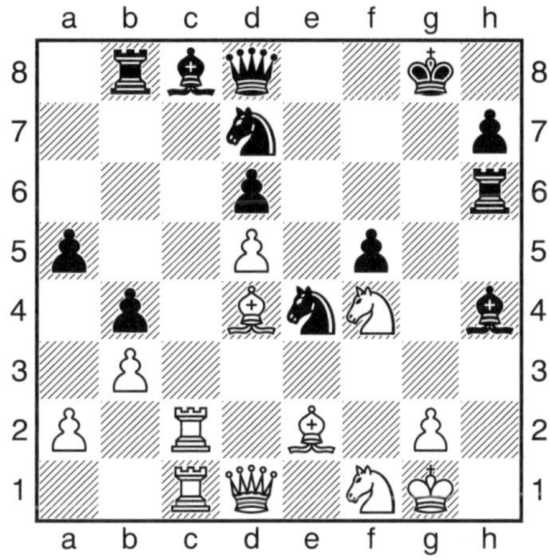

53) Schwarz am Zug

Dies ist eine sehr hübsche Version mit *zwei* Hinlenkungsopfern: 1...♗f2+! 2 ♗xf2 ♖h1+ 3 ♔xh1 ♘xf2+, und Weiß verliert erneut die Dame.

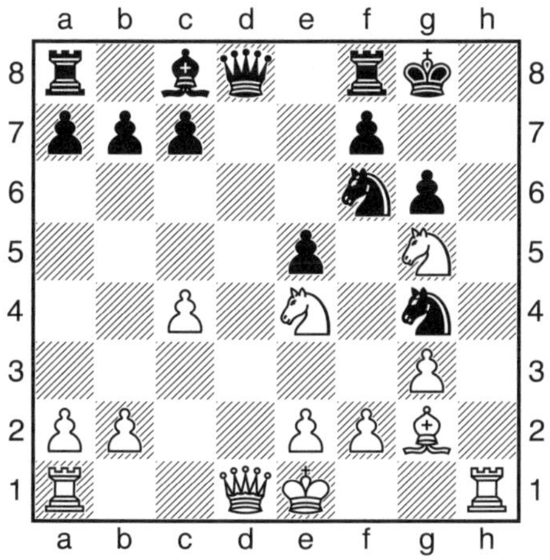

54) Weiß am Zug

Selbst ein überdeckter Bauer f7 bietet keine Sicherheitsgarantie. Mittels 1 ♖h8+! ♔xh8 2 ♘xf7+ ♖xf7 3 ♕xd8+ gewinnt Weiß Dame und Bauer gegen Turm und Springer.

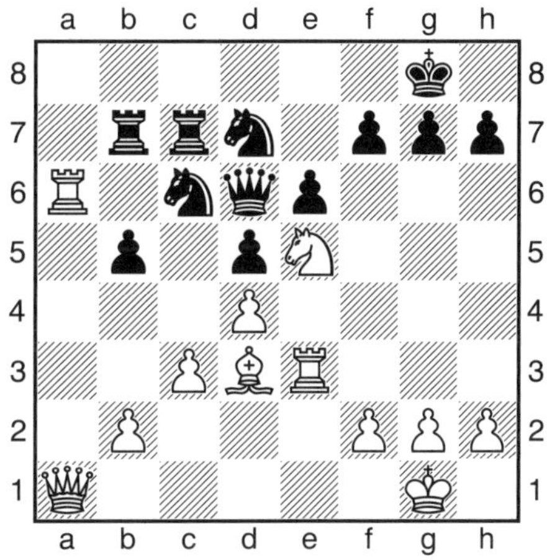

55) Weiß am Zug

Die h-Linie *kann auch durch Opfer geöffnet* werden, um die Kombination zu ermöglichen. Hier gewinnt 1 ♗xh7+! einen Bauern, denn auf 1...♔xh7 folgt die Antwort 2 ♖h3+ ♔g8 3 ♖h8+ ♔xh8 4 ♘xf7+ ♔g8 5 ♘xd6.

Tödliches Schachmatt 13

Blackburnes Matt

So würde ein Pirat matt setzen

Die beiden Läufer arbeiten zusammen, um ein Matt zu geben, das nach dem englischen Spieler Joseph Blackburne (1841-1924) benannt ist. Der Titel dieses Mittelspielmotivs hört sich ein wenig säbelrasselnd an, und die Kombination ähnelt einem Blutbad. Das grundlegende Muster enthält einen weißen Springer auf g5 und die beiden mächtigen weißen Läufer auf den Diagonalen a1-h8 und b1-h7. Normalerweise wird der schwarze König auf g8 nach einem Linien öffnenden Opfer durch einen weißen Läuferzug nach h7 matt gesetzt.

Blackburnes Matt kommt nicht oft vor, aber es ist dennoch lohnenswert, das Konzept zu kennen. Es gibt auch eine noch seltener vorkommende zweite Version, in der der weißfeldrige Läufer auf der Diagonale a2-g8 steht und der schwarze König auf h8 matt gesetzt wird.

Typisches Muster für Blackburnes Matt

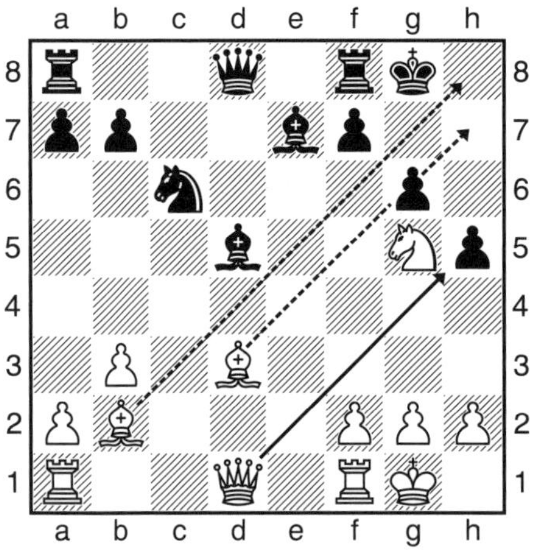

56a) Weiß am Zug

Beachte wie die weißen Läufer (auf b2 und d3) in die schwarze Königsstellung hineinragen. Weiß opfert die Dame mittels 1 ♕xh5 gxh5 *(56b)*.

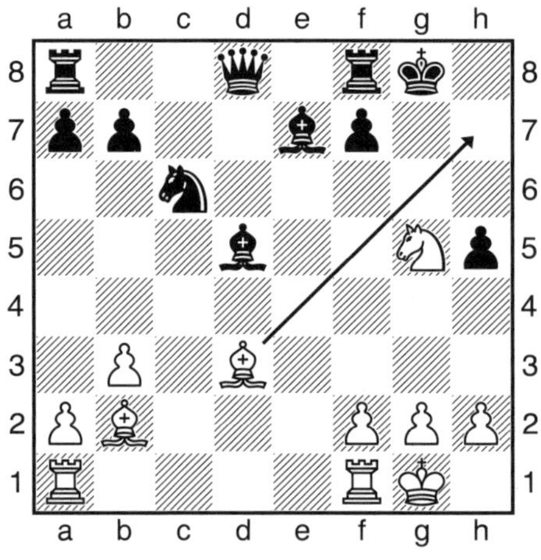

56b) Weiß am Zug

Nachdem nun die zum schwarzen König führende Diagonale geöffnet worden ist, spielt Weiß 2 ♗h7 matt. Der Läufer wird vom weißen Springer auf g5 gedeckt.

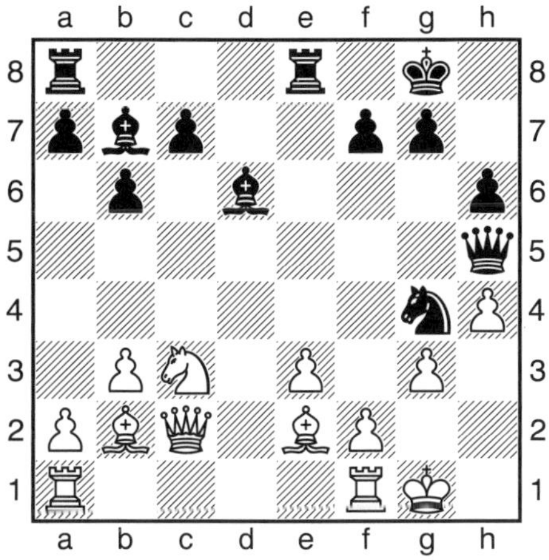

57) Schwarz am Zug

1...♕xh4 gewinnt auf der Stelle, denn 2 gxh4 ♗h2 ist Matt. Weiß kann sich nicht mit 2 ♗xg4 verteidigen, weil ebenfalls 2...♕h1 matt droht.

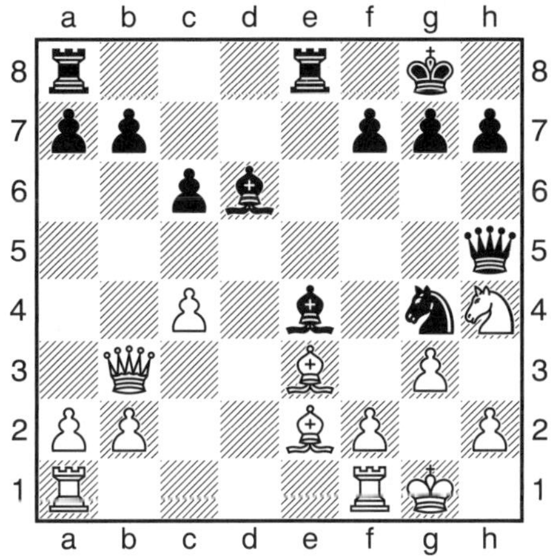

58) Schwarz am Zug

Nach 1...♕xh4 schlägt Weiß mit 2 ♗xg4 den Springer (denn 2 gxh4 ♗xh2 ist Matt). Aber nach 2...♕xg4 wird Schwarz mit seiner Mehrfigur leicht gewinnen.

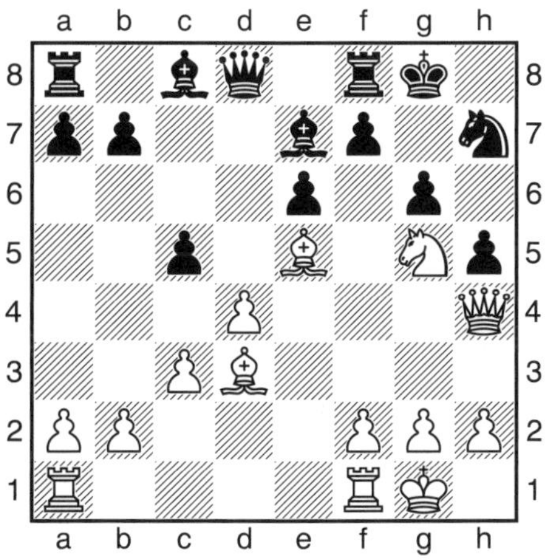

59a) Weiß am Zug

Nach 1 ♕xh5 kann Schwarz hier die auf den ersten Blick vielversprechende Verteidigung 1...♗xg5 versuchen *(59b)* (Schwarz sollte weder 1...♘xg5 2 ♕h8 matt noch 1...gxh5 2 ♗xh7 matt spielen).

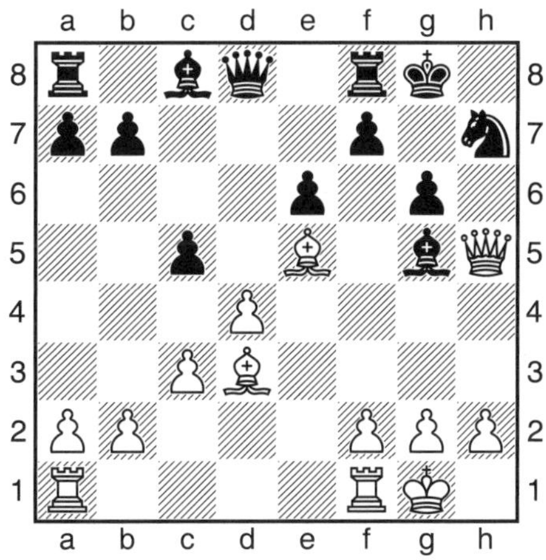

59b) Weiß am Zug

Weiß verfügt jedoch über die Riposte 2 ♗xg6 mit Gewinn. Auf 2...fxg6 ist 3 ♕xg6 matt, und 2...♘f6 scheitert an 3 ♗xf6 ♕xf6 4 ♕h7 matt.

Tödliches Schachmatt 14

Bodens Matt

Wenn ein Lemming Schach spielte, würde er darauf hereinfallen

In England endete 1853 eine freie Partie Schulder-Boden nach nur 15 Zügen. Das vom Schwarzen gegebene Matt war so wunderschön, dass sein Name sofort mit dem Motiv verbunden wurde. Das Muster entsteht nach der langen Rochade und kann von einem unerfahrenen Spieler leicht übersehen werden. Jedes Jahr gibt es einige Turnierspieler, die die Warnsignale nicht erkennen und geradewegs in die Falle tappen.

Die Standardversion enthält ein unerwartetes Damenopfer, um den verteidigenden König ins Kreuzfeuer der beiden Läufer zu nehmen.

Typisches Muster für Bodens Matt

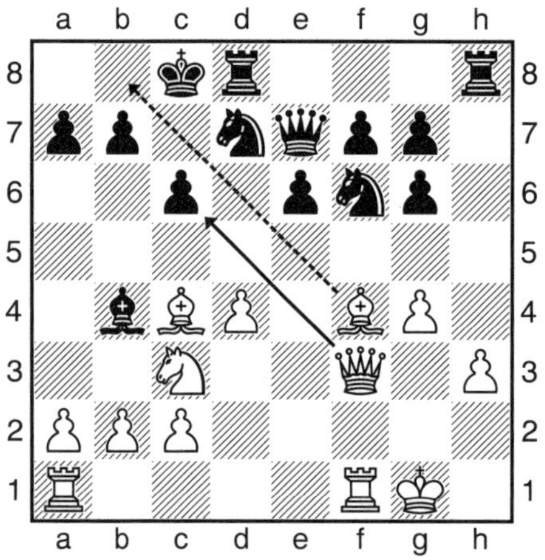

60a) Weiß am Zug

Beachte, dass der Läufer f4 einige wichtige Felder in der Nähe des schwarzen Königs kontrolliert. Die weiße Dame wird auf dramatische Weise mittels 1 ♕xc6+ bxc6 *(60b)* geopfert.

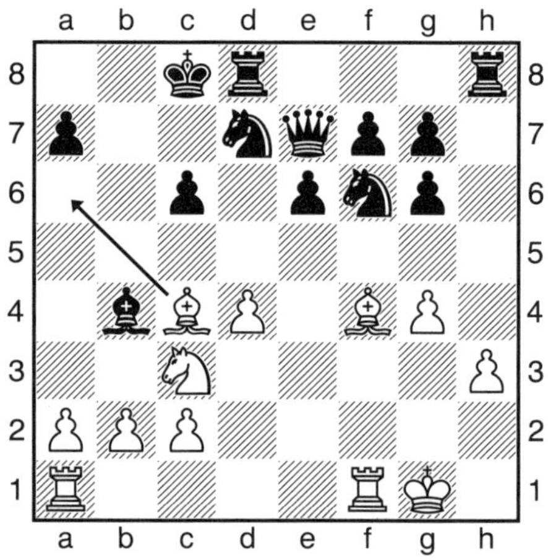

60b) Weiß am Zug

Das Opfer hat den Damenflügel geöffnet, und nun setzt 2 ♗a6 bemerkenswerterweise matt. Der schwarze König wurde im Mittelspiel matt gesetzt – und das von nur zwei Läufern!

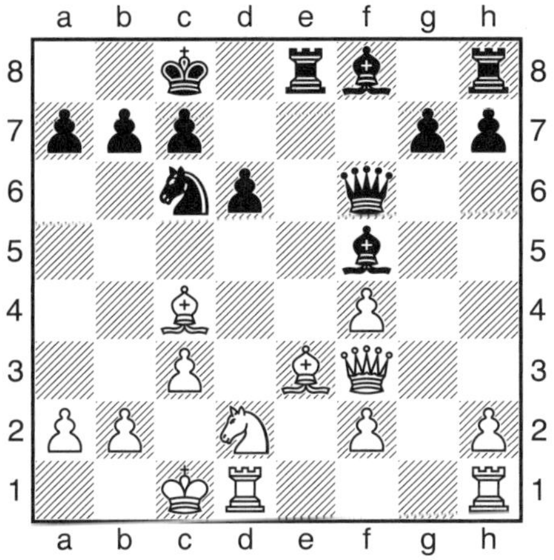

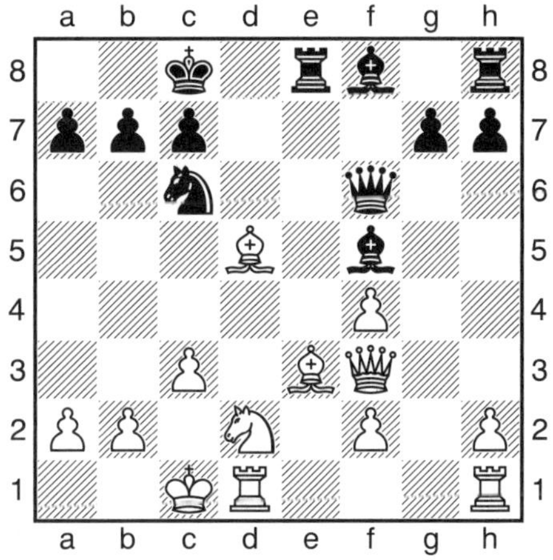

61a) Schwarz am Zug

Das Bauernopfer 1...d5 befreit den schwarzen Läufer f8 und gewinnt durch den Angriff auf den weißen Läufer c4 Zeit. Weiß schlägt nun mit 2 ♗xd5 *(61b)*.

61b) Schwarz am Zug

Nun wird das Geheimnis des letzten schwarzen Zuges gelüftet: 2...♕xc3+ 3 bxc3 ♗a3 matt. Diese wunderschöne Kombination wurde in der Ursprungspartie von Boden gespielt.

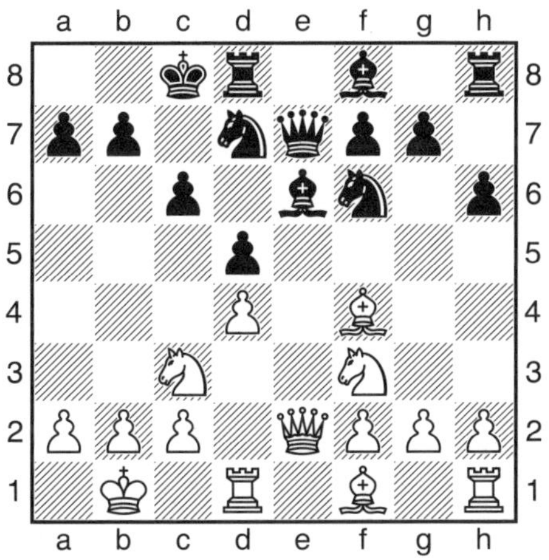

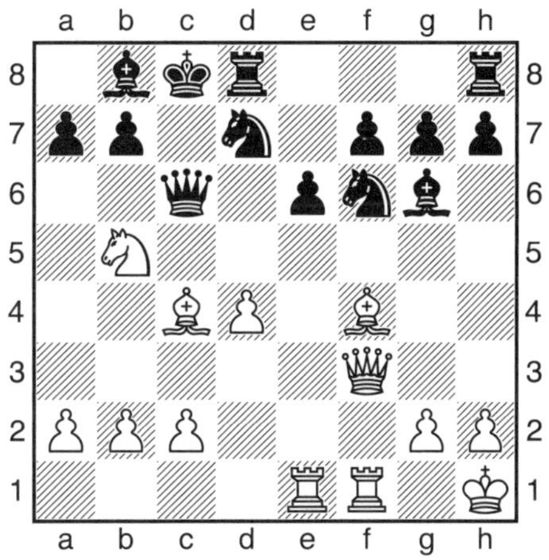

62) Weiß am Zug

Hier ist 1 ♕a6 der spektakuläre Gewinnzug, denn Schwarz kann den Bauern a7 nicht verteidigen. Auf 1...bxa6 setzt 2 ♗xa6 matt und 1...♘h5 scheitert an 2 ♕xc6+!.

63) Weiß am Zug

An dieser Stelle rechtfertigte Weiß ein früheres Figurenopfer mit der erfrischenden Kombination 1 ♘xa7+ ♗xa7 2 ♕xc6+ bxc6 3 ♗a6 matt.

Tödliches Schachmatt 15 Andere Mattbilder am Damenflügel

Lass nie außer Acht das Matt auf b8

Die lange Rochade ist weniger populär als die kurze. Ein Grund dafür liegt darin, dass die lange Rochade den König nicht so dicht an den Rand des Brettes bringt (wo er normalerweise am sichersten ist) wie die kurze. Daher sind mitunter andere Angriffsstrategien nötig. Eine typische Kombination (wenn der schwarze c-Bauer gezogen hat) beinhaltet ein Opfer auf c6, gefolgt von einem Eindringen des Turmes auf der b-Linie.

Damit dieses zum Matt führt, ist es normalerweise nötig, *dass dem schwarzen König das Feld d7 nicht als Fluchtfeld zur Verfügung steht*. Normalerweise ist d7 tatsächlich durch einen eigenen Stein des Verteidigers blockiert. Es gibt offensichtliche Ähnlichkeiten mit Bodens Matt (Tödliches Schachmatt 14).

Typisches Muster für das Opfer auf c6

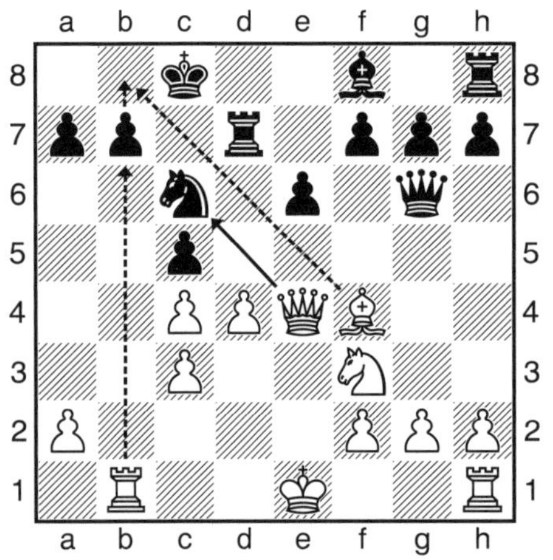

64a) Weiß am Zug

Das Feld b8 ist ein potenzieller tödlicher Punkt, da sich hier die Wirkungslinien des Turmes b1 und des Läufers f4 treffen. Weiß spielt 1 ♕xc6+ bxc6 *(64b)*.

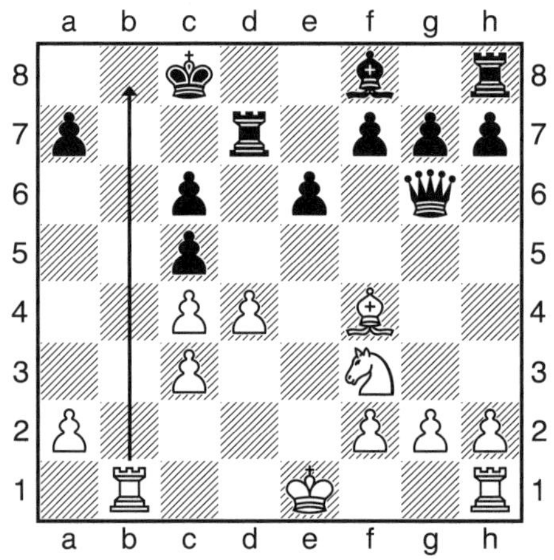

64b) Weiß am Zug

Das Damenopfer hat die b-Linie geöffnet, was dem weißen Turm ein Eindringen auf die achte Reihe ermöglicht. 2 ♖b8 ist Matt.

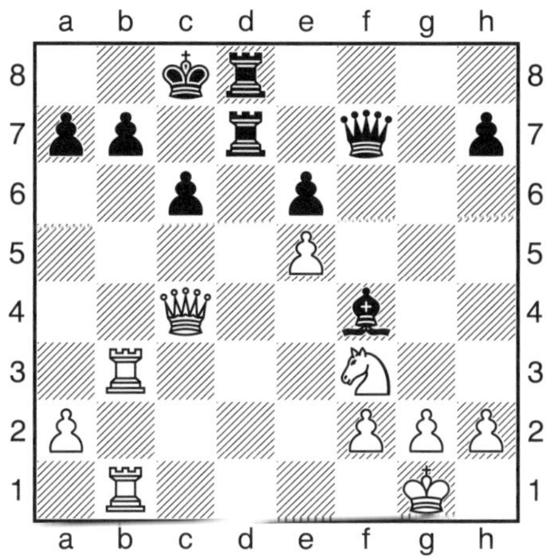

65) Weiß am Zug

1 ♕xc6+ gewinnt kompensationslos einen Bauern, denn Schwarz kann die weiße Dame nicht schlagen. Auf 1...bxc6 wäre 2 ♖b8+ ♔c7 3 ♖1b7 matt.

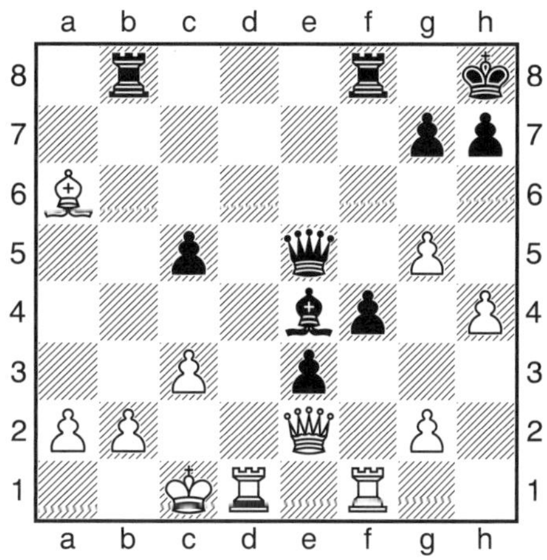

66) Schwarz am Zug

Der Turm auf der b-Linie und der Läufer auf der Diagonale h7-b1 deuten eine potenzielle Kombination an. Schwarz spielt 1...♕xc3+ 2 bxc3 ♖b1 matt.

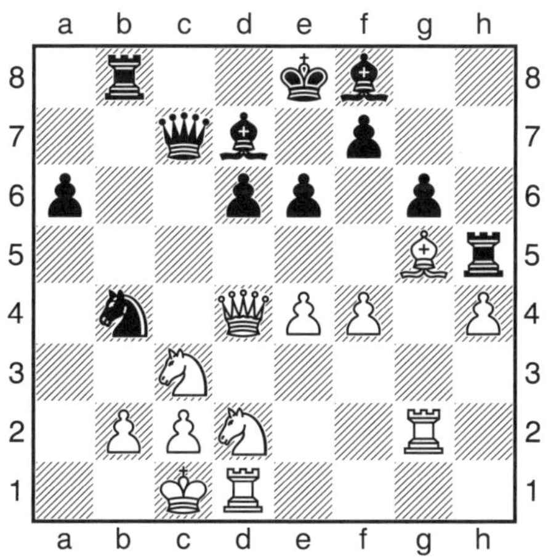

67a) Schwarz am Zug

Das clevere 1...♕xc3 kann hier leicht übersehen werden, denn Weiß hat die Wahl, wie er zurückschlagen will. Aber auf 2 bxc3 setzt 2...♘a2 matt, so dass Weiß mit 2 ♕xc3 ♘a2+ *(67b)* fortsetzen muss.

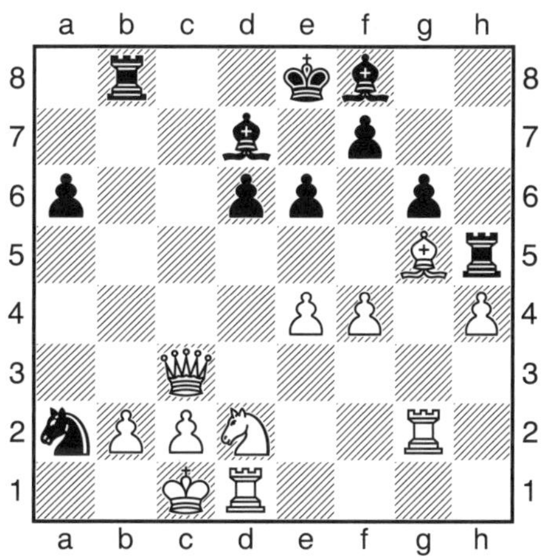

67b) Weiß am Zug

Die raffinierte Gabel des schwarzen Springers gewinnt nicht nur die Dame zurück. Nach 3 ♔b1 ♘xc3+ behält Schwarz eine Figur mehr, denn der weiße b-Bauer ist gefesselt.

Tödliches Schachmatt 16 Das doppelte Turmopfer

Hallo Papa, schlag meine Türme!

Der Begriff „Doppeltes Turmopfer" bezeichnet in Wirklichkeit eine spezielle Methode, beide Türme aufzugeben. Im Gegensatz zu den meisten Opfern (durch aktive Züge, die den gegnerischen König exponieren) werden die Türme hier auf passive Weise aufgegeben. Es wird dem Gegner erlaubt, einen Turm nach dem anderen zu schlagen – wobei die Türme meist noch auf ihren Ausgangsfeldern stehen.

Das Ziel des doppelten Turmopfers besteht darin, die gegnerische Dame aufs Abstellgleis zu führen. Nachdem sie den zweiten Turm geschlagen hat, ist die Dame normalerweise soweit vom Spielgeschehen entfernt, dass sie bei der Verteidigung ihres Königs nicht mehr helfen kann. Natürlich ist das Opfer von einem oder zwei Türmen ein sehr hoher Preis. Der Angreifer muss daher sicher stellen, dass:

1) *der Mattangriff definitiv durchschlägt, nachdem beide Türme geschlagen worden sind; und*

2) *der Gegner nicht einfach nur einen Turm schlagen und den zweiten verschmähen kann.*

Typisches Muster für das doppelte Turmopfer

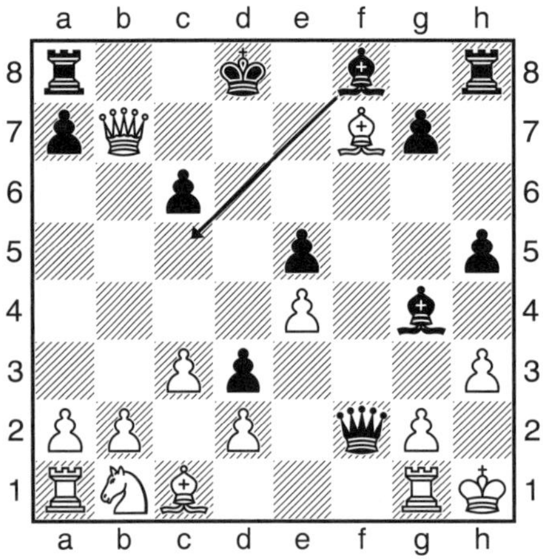

68a) Schwarz am Zug

Weil Schwarz eine Figur weniger hat, muss er energisch handeln. Daher ignoriert er den Angriff gegen den Turm auf a8 und greift weiter an: 1...♗c5 2 ♕xa8+ ♔c7 *(68b)*.

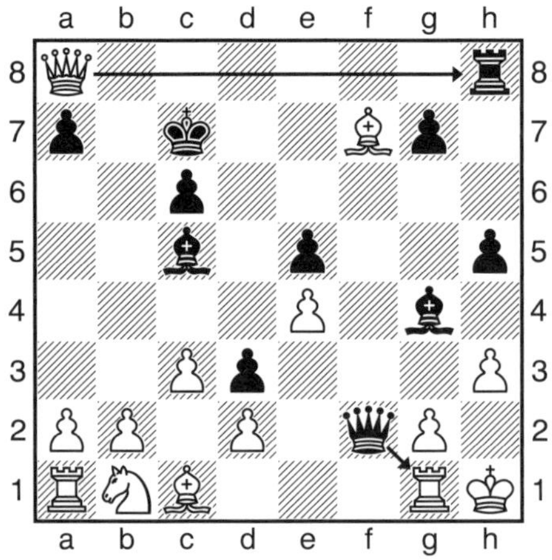

68b) Weiß am Zug

Die weiße Dame ist nun vom zweiten schwarzen Turm auf h8 angegriffen. Weiß kann ihn zwar mit 3 ♕xh8 schlagen, doch dann folgt 3...♕xg1 matt.

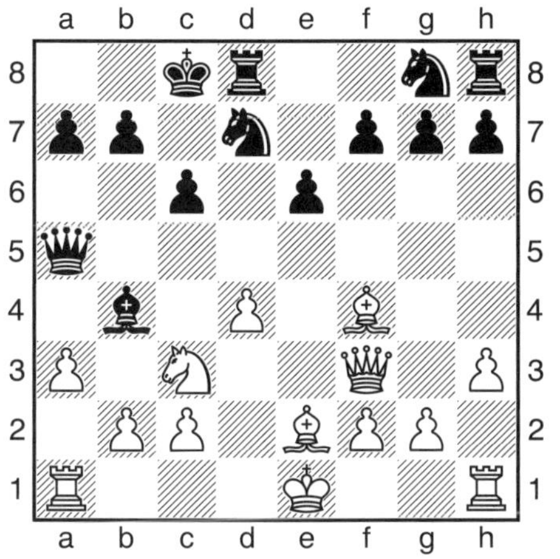

69a) Weiß am Zug

Ein aufmerksamer Leser wird bemerkt haben, dass Bodens Matt möglich wäre, wenn die schwarze Dame woanders wäre. Deshalb spielt Weiß 1 axb4 ♕xa1+ 2 ♔d2 *(69b)*.

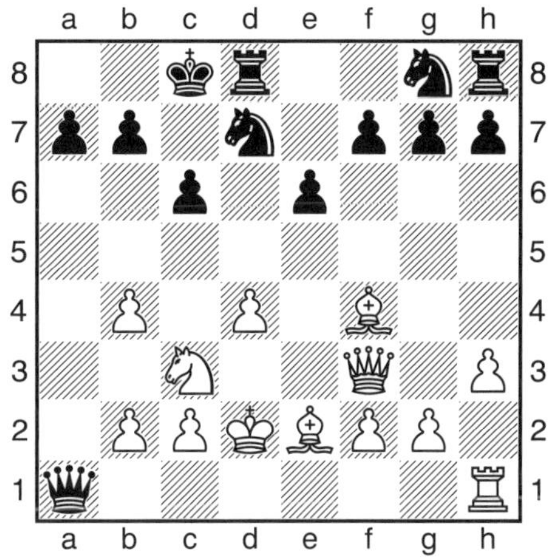

69b) Schwarz am Zug

Auf 2...♕xh1 könnte Weiß nun mit 3 ♕xc6+ bxc6 4 ♗a6 matt setzen. Die beiden weißen Türme wurden als Lockvögel für die schwarze Dame benutzt.

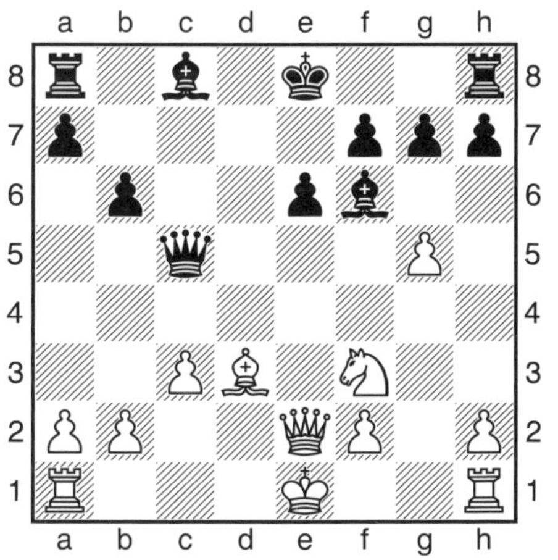

70a) Schwarz am Zug

1...♗xc3+ 2 bxc3 ♕xc3+ gabelt König und Turm, doch Weiß „fällt gerne auf die Falle herein". Nach 3 ♕d2 ♕xa1+ 4 ♔e2 ♕xh1 *(70b)* ist die schwarze Dame weit weg vom Schuss.

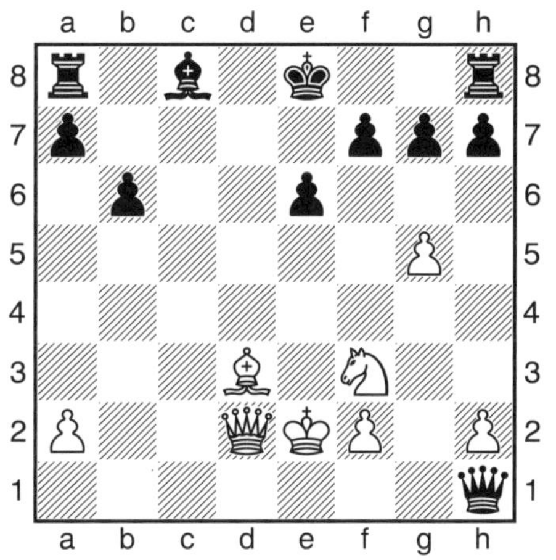

70b) Weiß am Zug

Ein gewaltiger Königsangriff entscheidet nun die Partie: 5 ♗b5+ ♗d7 (5...♔e7 6 ♕b4+ ♔d8 7 ♕d6+ ♗d7 8 ♕xd7 matt) 6 ♕xd7+ ♔f8 7 g6! hxg6 8 ♘g5 und Matt mittels ♕xf7 wird folgen.

Tödliches Schachmatt **17**

Das doppelte Läuferopfer

Lasker hätte es patentieren sollen

Der deutsche Weltmeister Emanuel Lasker spielte ein perfektes Beispiel des doppelten Läuferopfers 1889 in Amsterdam. Seine Partie gegen Bauer dient nun seit über 100 Jahren als klassisches Modell.

Sie zeigt ein Läuferopfer auf h7, auf das kurze Zeit später ein Läuferopfer auf g7 folgt. Der Zweck besteht darin, den Bauernschutzschild vor dem schwarzen König zu zerstören. Weiß kann jetzt mit seinen Schwerfiguren auf der g- und der h-Linie ungehindert angreifen. Der nunmehr schutzlose schwarze König wird unweigerlich untergehen, wenn Weiß sofort mit seiner Dame und einem Turm vor ihm aufkreuzen kann.

Normalerweise erreicht die Dame die h-Linie schnell und mit Schach. Die kritische Frage ist gewöhnlich die Geschwindigkeit, mit welcher der *weiße Turm* in den Angriff eingreifen kann.

Typisches Muster für das doppelte Läuferopfer

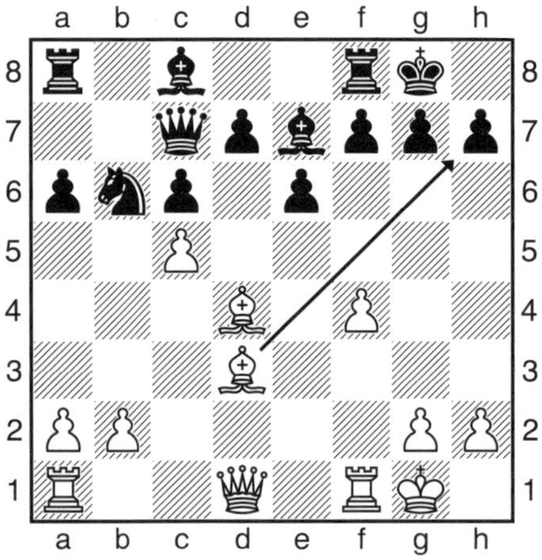

71a) Weiß am Zug

Der erste Läufer wird mittels 1 ♗xh7+ ♔xh7 geopfert. Vor dem zweiten Opfer bringt Weiß seine Dame mit Schach in den Angriff: 2 ♕h5+ ♔g8 *(71b)*.

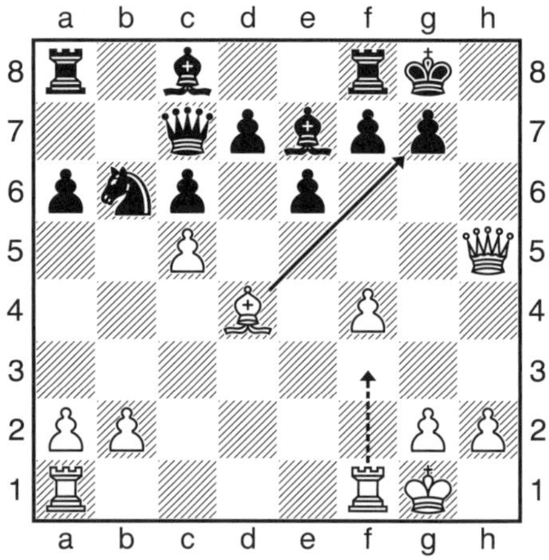

71b) Weiß am Zug

Nun exponiert 3 ♗xg7 den schwarzen König. Nach 3...♔xg7 4 ♕g4+! ♔h8 kommt der weiße Turm mit 5 ♖f3 in den Angriff und Matt durch ♖h3+ wird folgen.

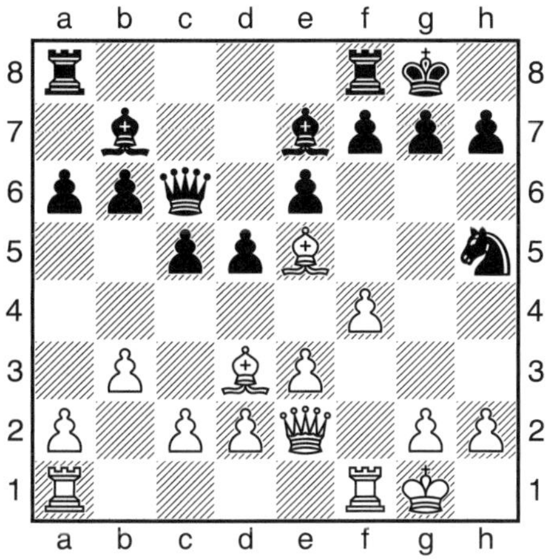

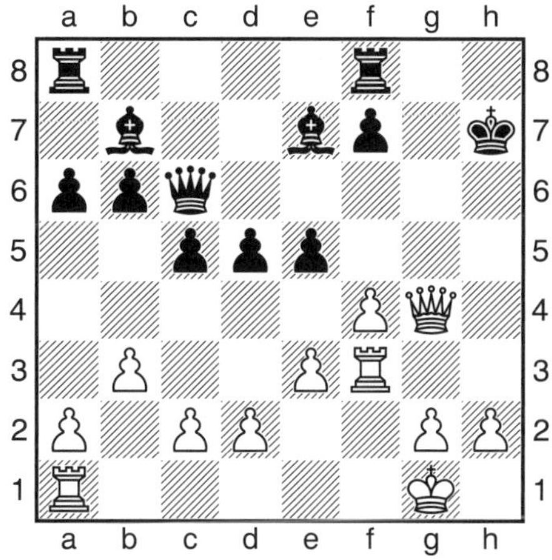

72a) Weiß am Zug

Dies war die klassische Partie Lasker-Bauer. Nach 1 ♗xh7+ ♔xh7 2 ♕xh5+ ♔g8 3 ♗xg7 ♔xg7 4 ♕g4+ ♔h7 5 ♖f3 versuchte Schwarz die Verteidigung 5...e5 *(72b)*.

72b) Weiß am Zug

Obwohl Schwarz das Matt nach 6 ♖h3+ ♕h6 7 ♖xh6+ ♔xh6 vermieden hatte, verlor er nach Laskers 8 ♕d7! weiteres Material. Die Dame gabelt die beiden schwarzen Läufer auf.

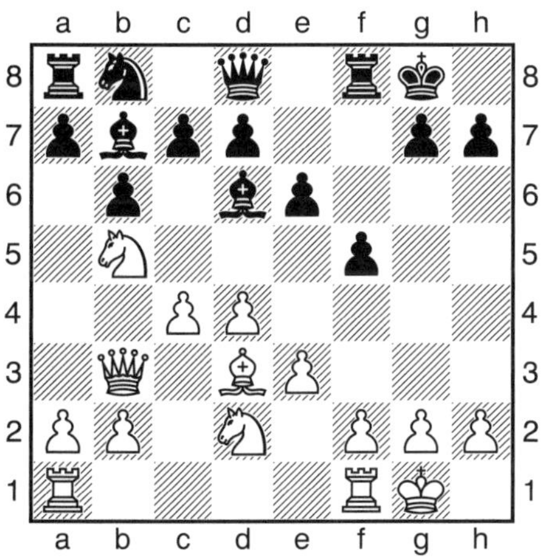

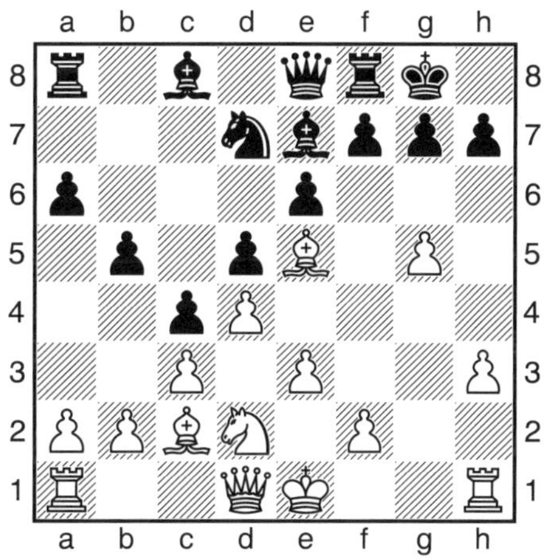

73) Schwarz am Zug

Nach 1...♗xh2+ 2 ♔xh2 ♕h4+ 3 ♔g1 ♗xg2 kann das Opfer des zweiten Läufers mit 4 f3 abgelehnt werden. Schwarz gewinnt allerdings dennoch mittels 4...♕g3, was ein Abzugsschach vorbereitet.

74) Weiß am Zug

Selbst ein hinderlicher Bauer auf g5 macht das Opfer nicht unmöglich: 1 ♗xh7+ ♔xh7 2 ♕h5+ ♔g8 3 ♗xg7 ♔xg7 4 ♕h6+ ♔g8 5 ♖g1! und ♖g4-h4 wird folgen.

Tödliches Schachmatt 18 — Morphys Matt

Schwarze Magie aus Louisiana gefällig?

Dieses Motiv wurde nach dem legendären Paul Morphy aus New Orleans (1837-84) benannt, denn er spielte ein solch überraschendes Damenopfer 1857 gegen Louis Paulsen. Die Idee bestand darin, die g-Linie zu öffnen, wonach Turm und Läufer Matt erzwingen konnten. Du könntest dich fragen, worin der Unterschied zu Pillsburys Matt (Tödliches Schachmatt 19) besteht, bei dem die Gewinnführung im Wesentlichen dieselbe ist! All die Jahre war niemand bereit, sich zwischen diesen beiden Namen zu entscheiden. Weil es aber viele Schlüsselthemen gibt, ist es in meinem Sinne, mit dieser Scharade weiter so zu verfahren. Daher sollen die brillanten Kombinationen von Morphy und Pillsbury beide individuell gewürdigt werden.

Morphys Matt kommt in seiner Ursprungsform selten vor. Es ist wahrscheinlicher, dass einem die *verborgene* Form über den Weg läuft. In diesem Fall ist es sehr wichtig, dass Weiß zuerst den schwarzen Bauern f7 schlägt, bevor er das entscheidende Abzugsschach gibt. Andernfalls könnte sich Schwarz, nach dem Rückzug des Turmes auf der g-Linie, noch mit dem Bauernzug ...f6 verteidigen.

Grundmuster für Morphys verborgenes Matt

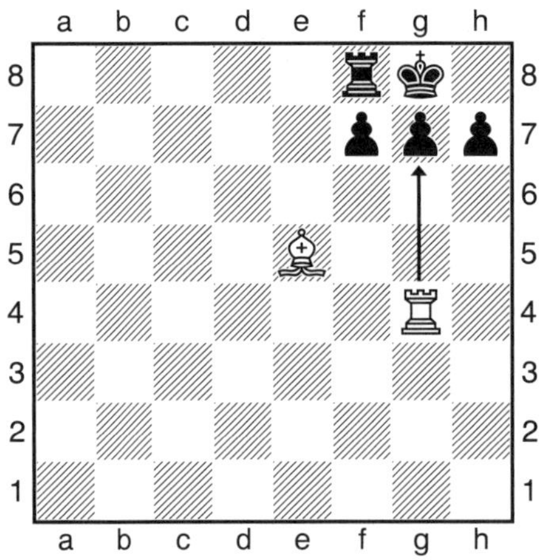

75a) Weiß am Zug

Nach 1 ♖xg7+ ♔h8 nutzt Weiß ein Abzugsschach (seines Läufers), um den schwarzen f-Bauern zu beseitigen: 2 ♖xf7+! ♔g8. Danach wiederholt er die Züge: 3 ♖g7+ ♔h8 *(75b)*.

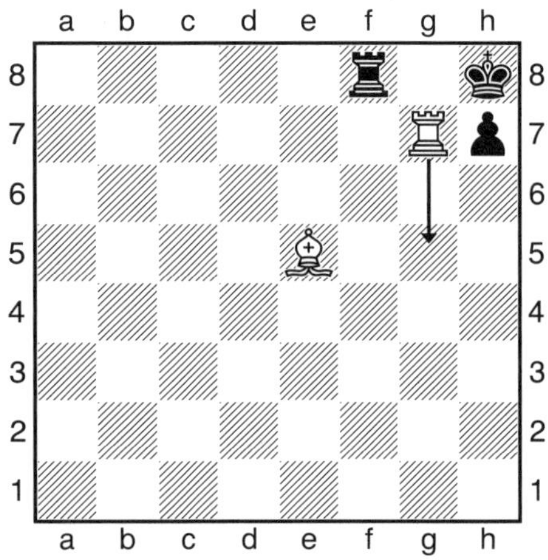

75b) Weiß am Zug

Nachdem der schwarze f-Bauer geschlagen ist, kann Weiß durch einen Rückzug des Turmes auf der g-Linie ein Abzugsschach geben, z. B. 4 ♖g5+ ♖f6 5 ♗xf6 matt.

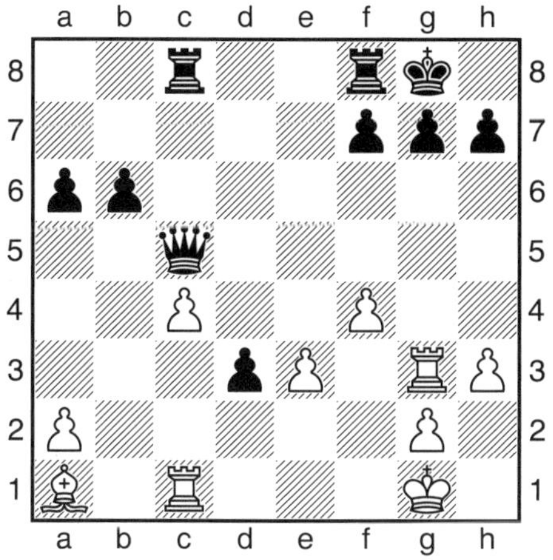

76) Weiß am Zug

Ein perfektes Beispiel für Morphys verborgenes Matt: 1 ♖xg7+ ♔h8 2 ♖xf7+ ♔g8 3 ♖g7+ ♔h8 4 ♖g3+ nebst Matt.

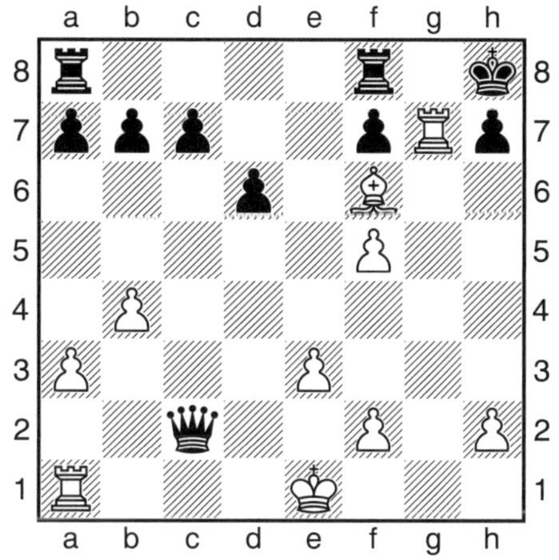

77) Weiß am Zug

Falls der weiße Läufer auf f6 steht, gelten andere Regeln. 1 ♖g5 matt ist korrekt – aber nicht 1 ♖xf7+? ♔g8 2 ♖g7+ ♔h8 3 ♖g5+? ♖xf6, und Schwarz gewinnt.

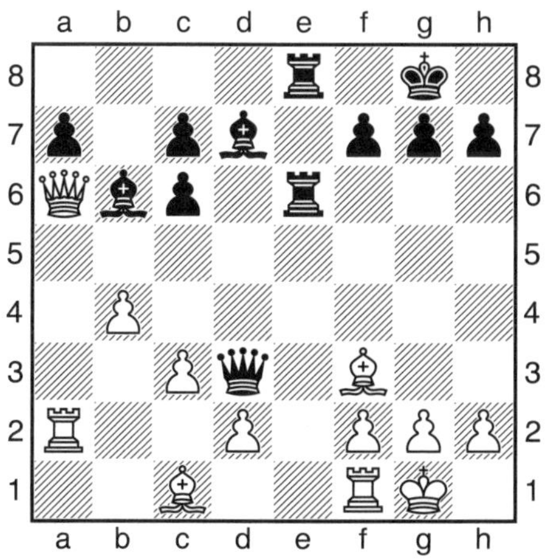

78a) Schwarz am Zug

Dies ist die Partie Paulsen-Morphy. Schwarz entkorkte das berühmte Damenopfer: 1...♕xf3! 2 gxf3 ♖g6+ 3 ♔h1 ♗h3 *(78b)* (mit der Drohung 4...♗g2+ 5 ♔g1 ♗xf3 matt).

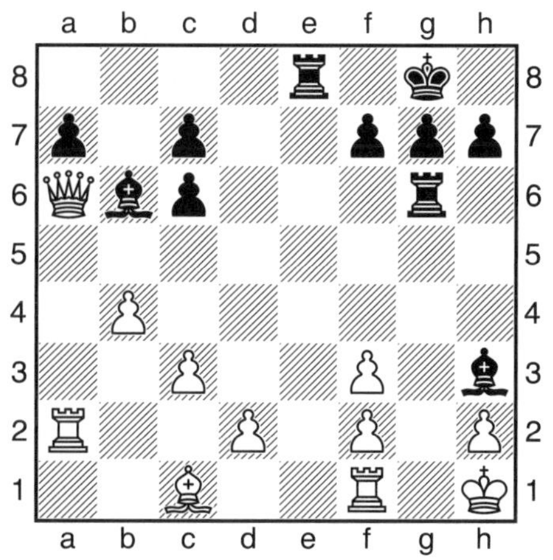

78b) Weiß am Zug

Nach 4 ♖d1 ♗g2+ 5 ♔g1 ♗xf3+ 6 ♔f1 ist der schnellste Weg zum Matt (Morphy spielte das langsamere 6...♗g2+) 6...♖g2 7 ♕d3 ♖xf2+ 8 ♔g1 ♖g2+ 9 ♔h1 ♖g1.

Tödliches Schachmatt	19

Pillsburys Matt

Erneut tauchen schwindelerregende Türme auf der g-Linie auf

Der unglaublich talentierte Harry Nelson Pillsbury (1872-1906) gewann mehr als eine Partie durch dieses Konzept, aber sein sechzehnzügiger Gewinn gegen Lee in London 1899 war sicher am erstaunlichsten. Tatsächlich sind Pillsburys Matt und Morphys Matt (Tödliches Schachmatt 18) insgeheim Zwillinge, aber es gibt verschiedene Arten mit Hilfe dieser Motive matt zu setzen. So könnte beispielsweise der weiße Läufer auf der langen Diagonale (a1-h8) oder auf dem Feld h6 sein. Der wichtigste Faktor (wenn der schwarze König kurz rochiert hat) ist *die Öffnung der g-Linie* für den weißen Turm.

Weiß erreicht dies gewöhnlich durch das direkte Schlagen des schwarzen Bauern g7, durch ein Opfer auf g7 oder durch ein Opfer auf dem Feld f6.

Typisches Muster für Pillsburys Matt

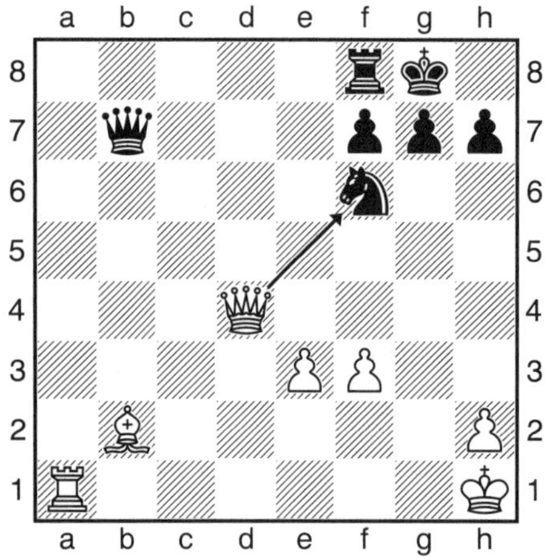

79a) Weiß am Zug

Die weiße Dame wird mittels 1 ♕xf6 geopfert, um die g-Linie zu öffnen. Nach dem Zurückschlagen 1...gxf6 setzt Weiß mit 2 ♖g1+ *(79b)* fort.

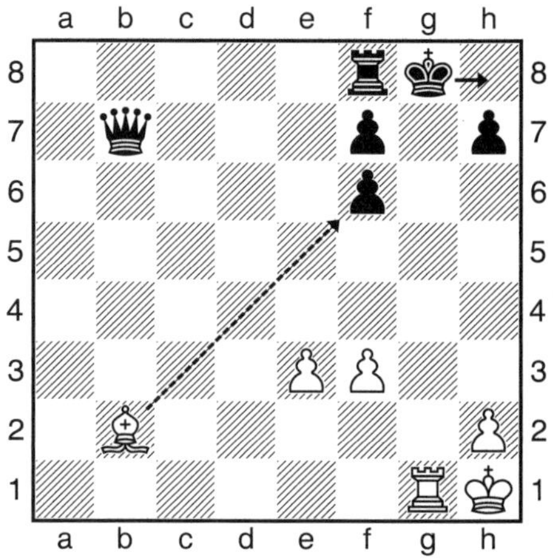

79b) Schwarz am Zug

Der schwarze König ist im Kreuzfeuer des weißen Turmes und des Läufers gefangen. Nach 2...♔h8 spielt Weiß 3 ♗xf6 matt.

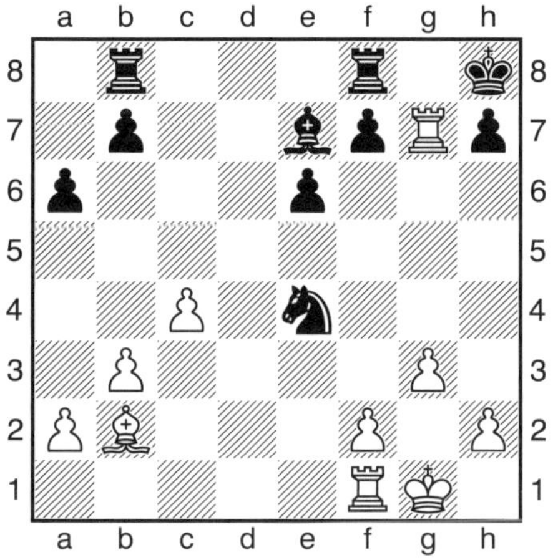

80) Weiß am Zug

Das Motiv *schlägt fehl*, wenn Schwarz etwas auf der langen Diagonale dazwischenstellen kann. Nach 1 ♖xf7+ ♗f6! 2 ♗xf6+ ♘xf6 behält Schwarz einen Springer für zwei Bauern mehr.

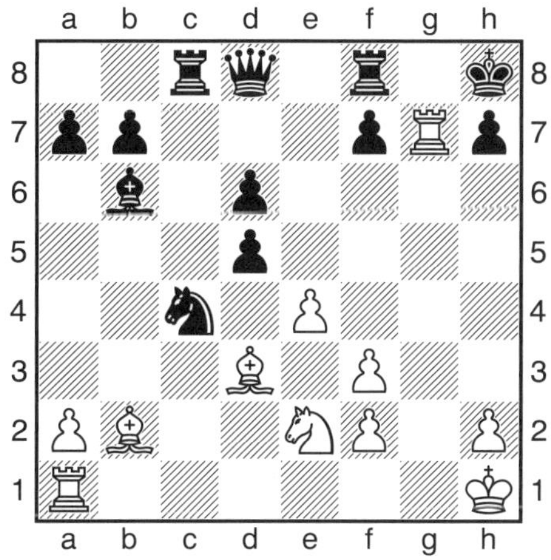

81) Weiß am Zug

Das übliche Abzugsschach funktioniert nicht (weil Schwarz ...♘xb2 droht). Aber ein neues Motiv zeigt sich: 1 ♖g8++! (*Doppelschach*) 1...♔xg8 2 ♖g1+ ♕g5 3 ♖xg5 matt.

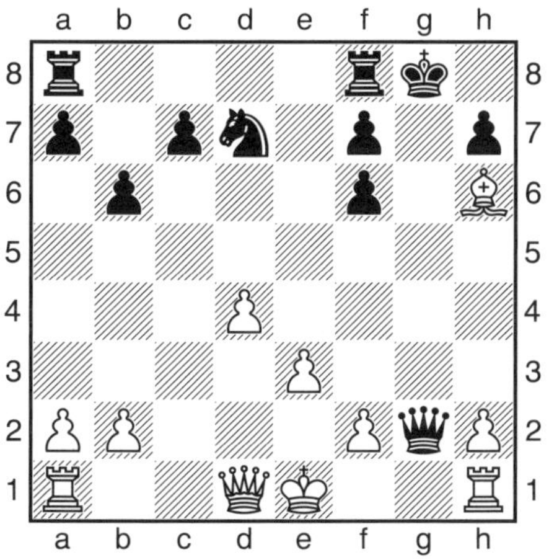

82a) Weiß am Zug

Diese Stellung ist aus der faszinierenden Partie Pillsbury-Lee. Das erstaunliche Opfer 1 ♕f3! lenkt die schwarze Dame von der g-Linie ab. Nach 1...♕xf3 spielt Weiß 2 ♖g1+ *(82b)*.

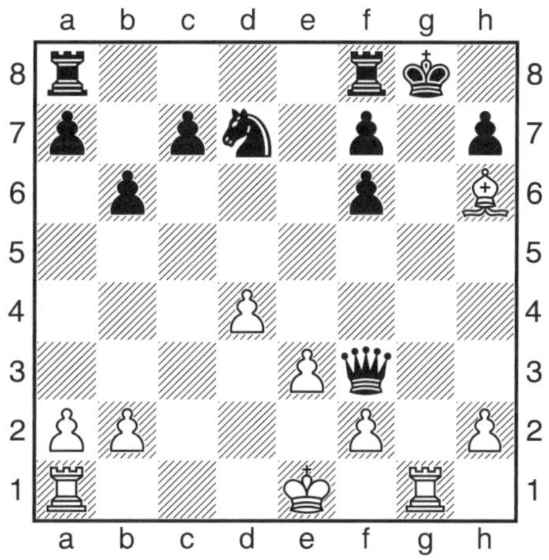

82b) Schwarz am Zug

2...♔h8 ist erzwungen, wonach 3 ♗g7+ ♔g8 4 ♗xf6+ forciert matt setzt. Eine perfekte Illustration des Mattangriffs, wenn der weiße Läufer am Anfang auf dem Feld h6 steht.

Tödliches Schachmatt 20

Das raffinierte ♗g8

Ein Trick, der manchmal auf der Stelle gewinnt

Im Rahmen eines Angriffs am Königsflügel landet ein weißer Läufer häufig auf dem Feld h7. Der Läufer hat normalerweise vorher ein Schach gegeben und den schwarzen König nach h8 gezwungen.

Manchmal behindert ein solcher Läufer jedoch den folgenden weißen Angriff.

Das liegt normalerweise daran, dass die weiße Dame gerne auf h7 matt setzen würde – doch dies nicht tun kann, weil der Läufer im Weg steht. Wenn ein Läufer*rückzug* das Problem nicht löst, dann solltest du den bizarren *Zug vorwärts* in Erwägung ziehen. Damit dies funktionieren kann, braucht Weiß normalerweise *eine weitere Figur, die ebenfalls das Feld h7 deckt, typischerweise einen Springer auf g5.*

Dieses Motiv hat etwas Hinterhältiges an sich, so dass du nicht damit rechnen solltest, dass der Gegner hinterher noch analysieren will!

Typisches Muster für den Trick ♗g8

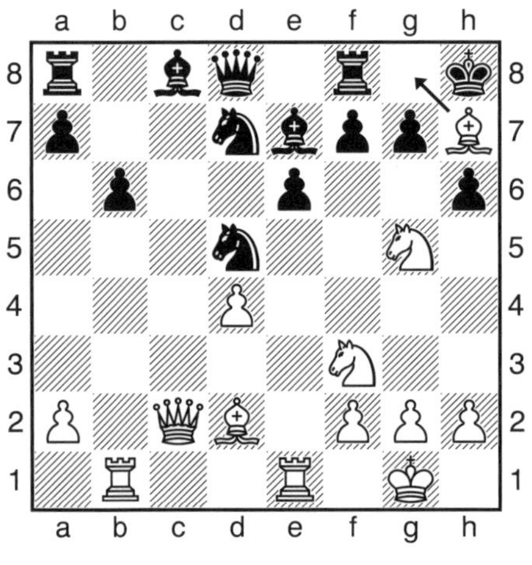

83a) Weiß am Zug

1 ♗g8! räumt das Feld h7, und der Läufer ist im Moment gegen Schlagen immun (wegen der Drohung 2 ♕h7 matt). Schwarz antwortet 1...♘7f6 *(83b)*.

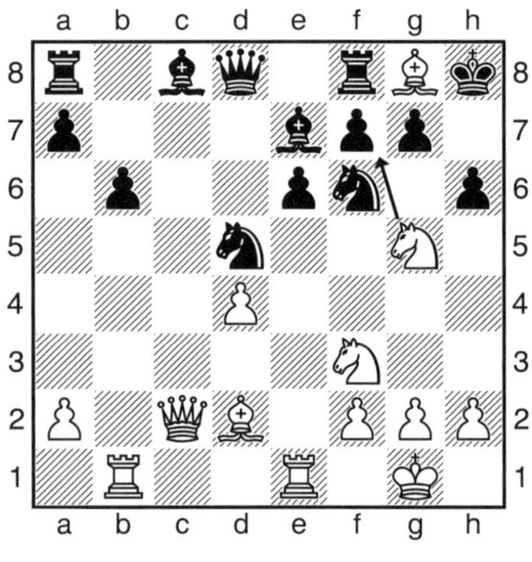

83b) Weiß am Zug

Nun gewinnt 2 ♘xf7+ ♖xf7 3 ♗xf7 eine Qualität. Schwarz hat das Matt auf h7 vermieden, aber nicht die *zweite Drohung* – den Doppelangriff gegen das Feld f7.

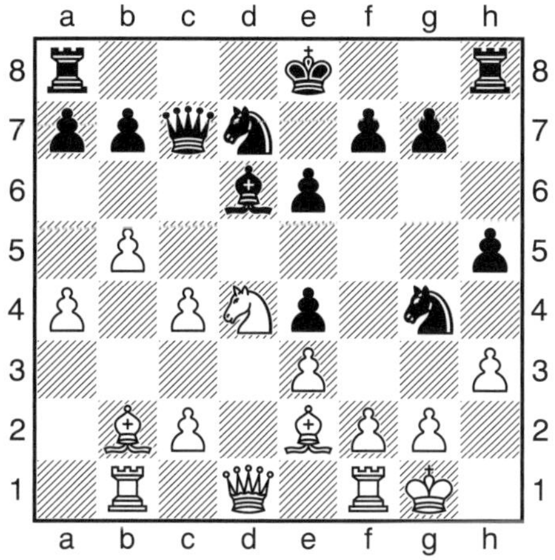

84a) Schwarz am Zug

Ein typisches Szenario. Zuerst wird der weiße König mit 1...♗h2+ 2 ♔h1 in die Ecke gezwungen. Danach droht 2...♗g1! *(84b)* matt durch ...♕h2.

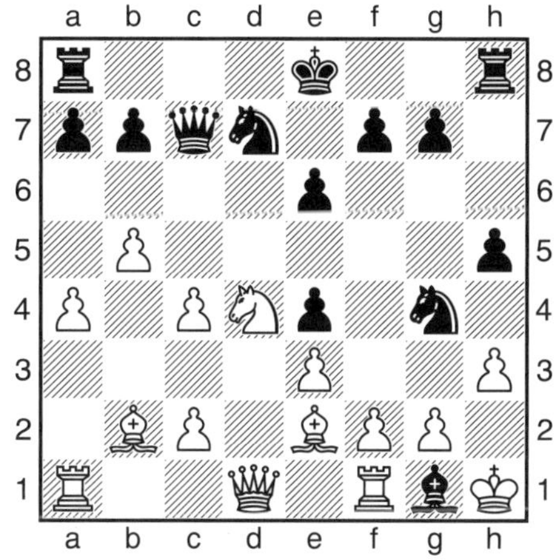

84b) Weiß am Zug

Die Diagonale der schwarzen Dame muss blockiert werden. Aber nach 3 g3 gewinnt Schwarz durch 3...♘xf2+ Material (der weiße König und die Dame sind aufgegabelt, daher ist Weiß gezwungen zu schlagen) 4 ♖xf2 ♗xf2.

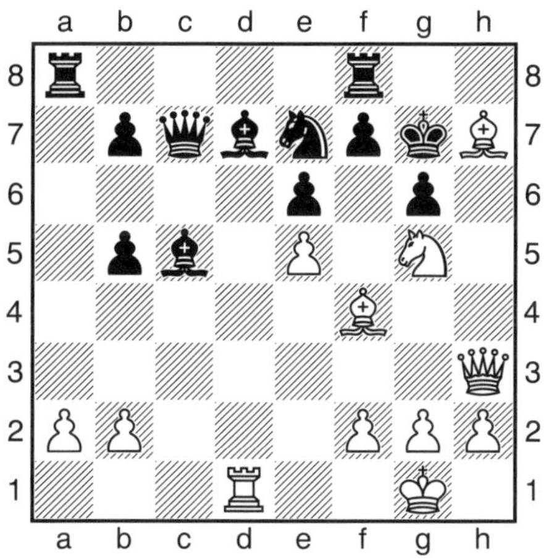

85) Weiß am Zug

Nach 1 ♗g8 dringt die weiße Dame entscheidend auf h7 ein. Zum Beispiel 1...♖xg8 2 ♕h7+ ♔f8 3 ♕xf7 matt.

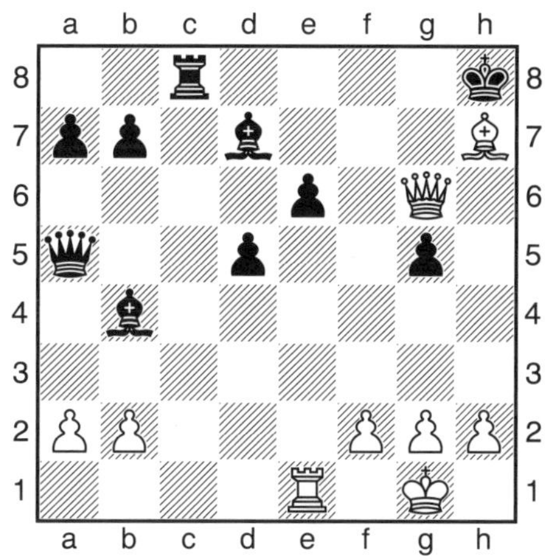

86) Weiß am Zug

Hier erzwingen die Dame und der Läufer zusammen das Matt. Nach 1 ♗g8 (mit der Drohung ♕h7) muss Schwarz mit 1...♖xg8 schlagen. Weiß setzt danach mit 2 ♕h6 matt.

Tödliches Schachmatt 21

Das Turmopfer auf g7

Du solltest diese Möglichkeit immer im Auge behalten

Wenn ein weißer Turm einen schwarzen Bauern auf g7 angreift, *und der Bauer nur vom schwarzen König gedeckt ist*, dann schreit ♖xg7+ einfach danach gespielt zu werden. Wenn du solch eine Stellung im Mittelspiel hast, dann solltest du dich bei jedem Zug fragen, ob das Opfer nun funktioniert oder nicht.

Damit das Opfer erfolgreich sein kann, müssen die anderen Angriffsfiguren – besonders die Dame – in der Lage sein, die Schwächen in der schwarzen Königsstellung schnell auszunutzen.

Es ist allerdings nicht so einfach, die Grundlage für den Angriff zu schaffen, d. h. mit einem Turm Druck auf den Punkt g7 auszuüben. Normalerweise verstellt der weiße Bauer g2 die g-Linie. Manchmal kann ein Turm um ihn herum nach g3 überführt werden (eventuell via e3 oder a3). Es kann jedoch ein recht künstliches Manöver sein, den Turm vor den eigenen g-Bauern zu bringen.

Die vorteilhafteste Version ist ohne Frage bei einer *halboffenen* g-Linie gegeben (d. h. Weiß hat keinen g-Bauern, aber Schwarz hat einen). In diesem Fall kann *zumeist auch der zweite weiße Turm schnell in den Angriff nachgeholt werden*.

Typisches Muster für das Turmopfer auf g7

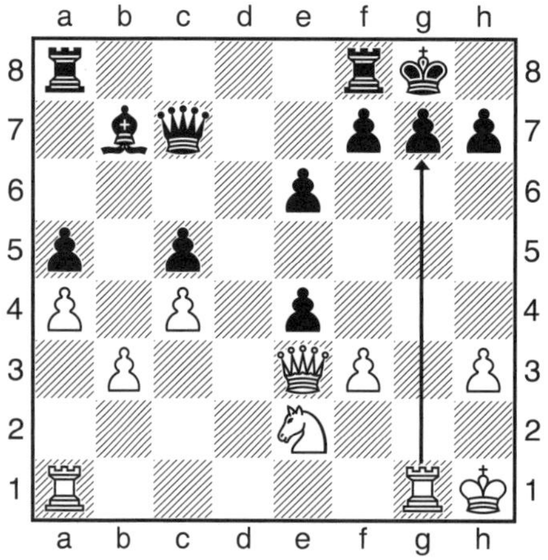

87a) Weiß am Zug

Die g-Linie ist *halboffen* – und stellt daher einen direkten Weg zum schwarzen König dar. Weiß spielt 1 ♖xg7+ ♔xg7 2 ♕g5+! ♔h8 *(87b)*.

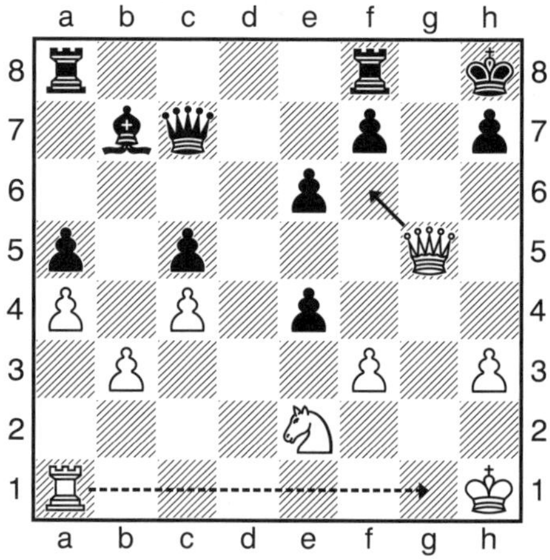

87b) Weiß am Zug

Nach 3 ♕f6+ ♔g8 4 ♖g1+ kommt der zweite weiße Turm in den Angriff, und Schwarz ist im nächsten Zug matt. Das Zickzackmanöver der Dame nach f6 ist ein typisches Motiv.

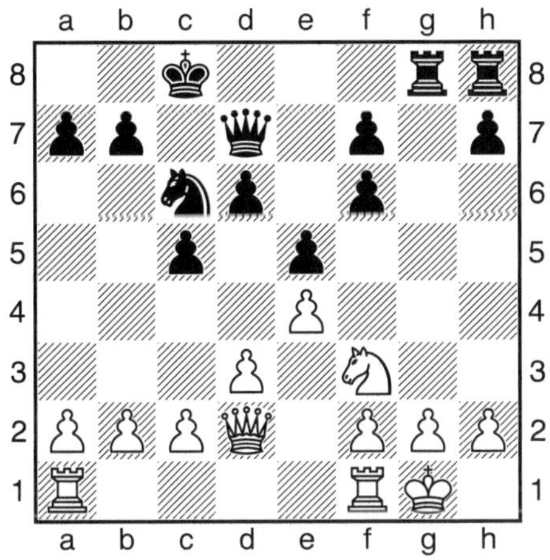

88) Schwarz am Zug

Falls Weiß nach 1...♖xg2+ nicht schlägt, steht er schlecht. Aber nach 2 ♔xg2 folgt 2...♕g4+ 3 ♔h1 ♕xf3+ 4 ♔g1 ♖g8+ 5 ♕g5 ♖xg5 matt.

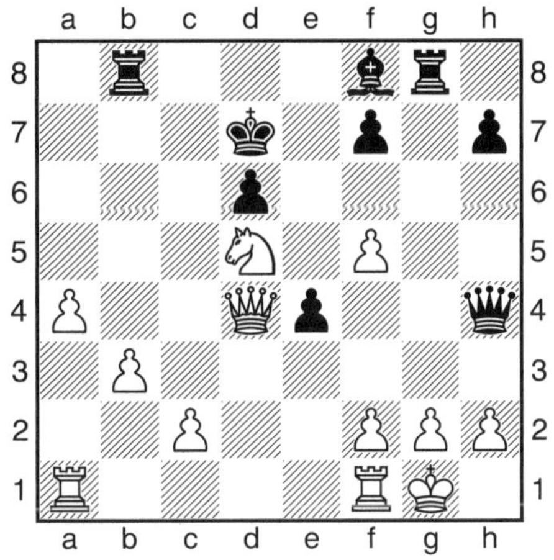

89) Schwarz am Zug

Das Turmopfer kann auch aus einer schwierigen Lage retten. Hier führt 1...♖xg2+ 2 ♔xg2 ♕g4+ 3 ♔h1 ♕f3+ 4 ♔g1 ♕g4+ zum Remis durch ewiges Schach.

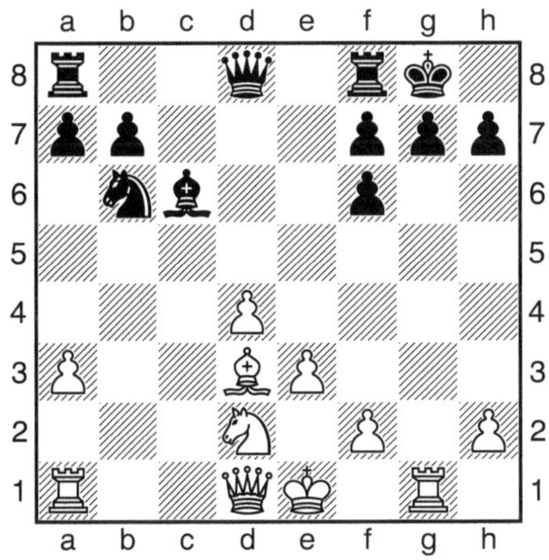

90) Weiß am Zug

Die g-Linie ist halboffen – etwas früher hatte Schwarz unvorsichtigerweise den Bauern g2 mit seinem Läufer geschlagen. Nach 1 ♖xg7+ ♔xg7 2 ♕g4+ ♔h8 3 ♕f5 folgte Matt auf h7.

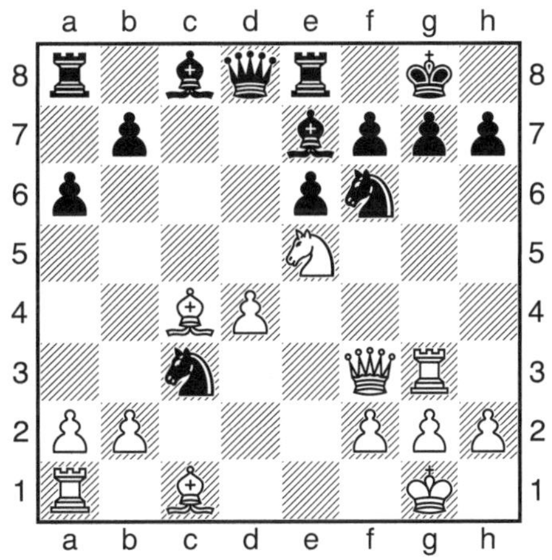

91) Weiß am Zug

Hier wird die weiße Dame von mehreren Leichtfiguren unterstützt. 1 ♖xg7+ ♔xg7 2 ♕g3+ gewinnt sowohl nach 2...♔h8 3 ♘xf7 matt als auch nach 2...♔f8 3 ♗h6 matt.

Tödliches Schachmatt 22 — Ein Springer auf f5 (1)

Doppelangriffe werden nicht viel besser als dieser

Ein Springer auf dem Feld f5 ist für potenzielle Angriffskombinationen gegen den schwarzen König wunderbar postiert. Er macht Druck gegen g7 und kann gegen einen kurz rochierten schwarzen König ein entscheidendes Schach auf h6 oder e7 drohen. Er ist besonders effektvoll, wenn er von der Dame und dem schwarzfeldrigen Läufer unterstützt wird.

Ein Motiv führt immer wieder zum Erfolg, wenn Schwarz unvorsichtig ist. Es entsteht, wenn *die weiße Dame das Feld g4 nutzen kann* und *die schwarze Dame auf d7 steht und nicht gedeckt ist.* Mit dem Zug ♕g4 (mit der Drohung ♕xg7 matt) kann Weiß oft einen entscheidenden Doppelangriff durchführen. Weiß droht, einzügig matt zu setzen – und gleichzeitig die gegnerische Dame zu gewinnen!

Schwarz kann die Mattdrohung zwar parieren, doch nun folgt das Springerschach auf h6, was die verdeckte Gegenüberstellung der beiden Damen aufdeckt und dadurch die Dame d7 angreift. Die Kombination in Diagramm 126b (Tödliches Schachmatt 29) beinhaltet ebenfalls eine wunderschöne Version dieses Motivs.

Typisches Muster für die Falle ♘f5/♕g4

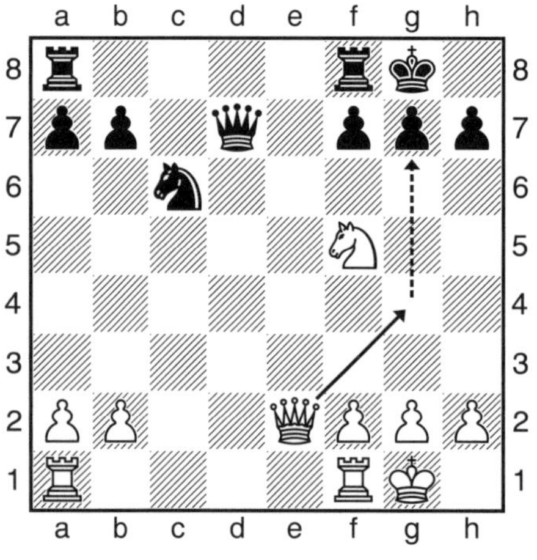

92a) Weiß am Zug

Mit 1 ♕g4 droht Weiß einzügig Matt (mittels ♕xg7). Schwarz muss die Drohung durch 1...g6 (oder 1...f6) parieren, aber danach folgt 2 ♘h6+ *(92b).*

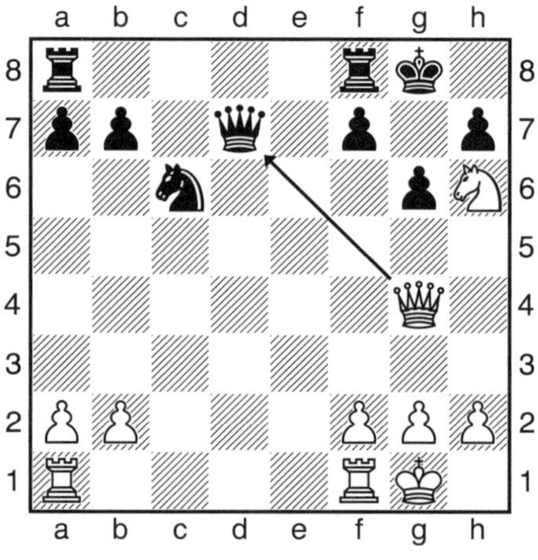

92b) Schwarz am Zug

Der weiße Springer h6 *gibt Schach*, so dass der schwarze König ziehen muss. Auf 2...♔g7 spielt Weiß 3 ♕xd7, was die schwarze Dame gewinnt.

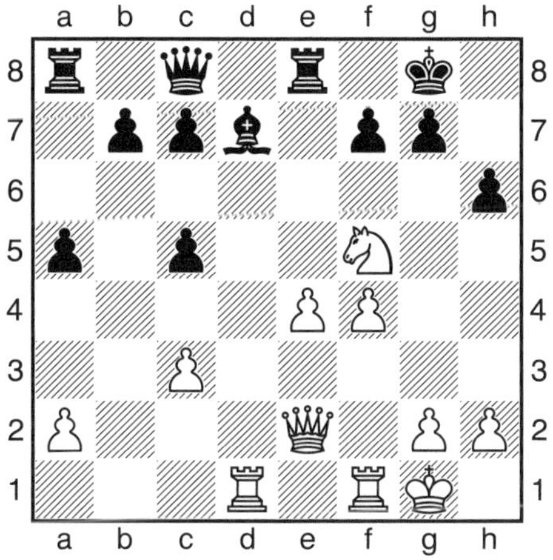

93) Weiß am Zug

Das Qualitätsopfer 1 ♖xd7 ♕xd7 lockt die schwarze Dame auf ein verhängnisvolles Feld. Nach 2 ♕g4 verliert Schwarz wegen der Doppeldrohung 3 ♕xg7 matt und 3 ♘xh6+.

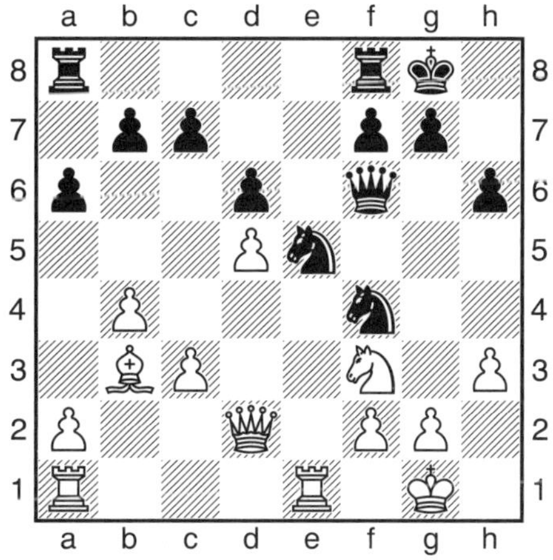

94) Weiß am Zug

Nach 1 ♘xe5 nahm Weiß an, dass sein Gegner den Springer zurückschlägt. Aber Schwarz spielte 1...♕g5! und Weiß gab auf, denn er ist entweder matt oder seine Dame ist verloren.

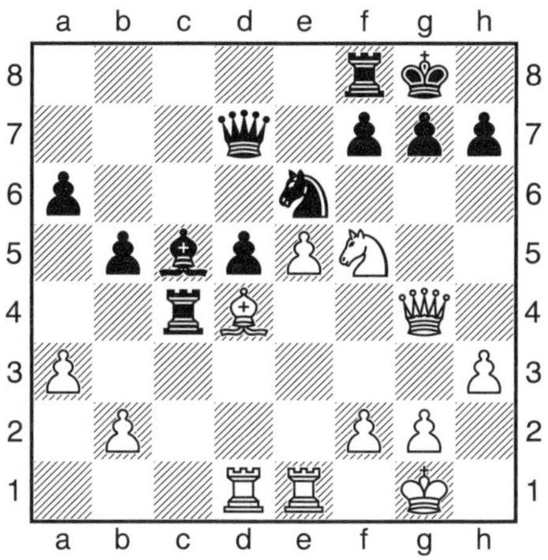

95) Weiß am Zug

1 ♘xg7, was einen sehr wichtigen Verteidigungsbauern erobert, nutzt die ungedeckte Stellung der Dame auf d7 auf andere Weise (1...♘xg7? wird mit 2 ♕xd7 beantwortet).

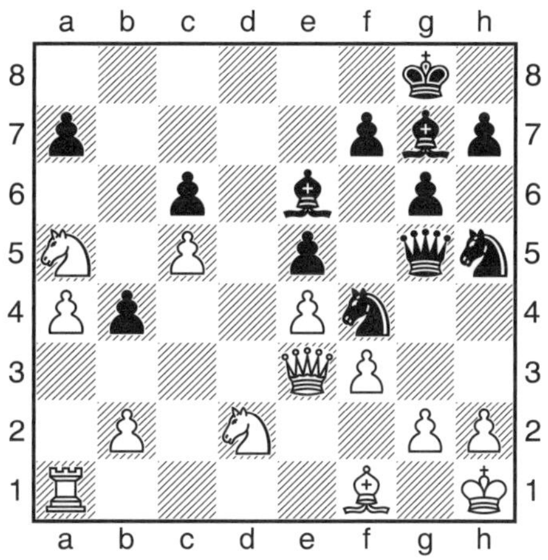

96) Schwarz am Zug

Weiß verliert bemerkenswerterweise seine Dame: 1...♘g3+! 2 hxg3 ♕h6+! (zwingt den König nach g1, so dass der nächste Zug mit Schach erfolgt) 3 ♔g1 ♘h3+ 4 gxh3 ♕xe3+.

Tödliches Schachmatt 23

Ein Springer auf f5 (2)

Starker Springer sagt dem schlechten Läufer gute Nacht

Wie wir bereits in Tödliches Schachmatt 22 gesehen haben, ist ein weißer Springer auf f5 eine sehr aggressiv platzierte Figur. Der Druck, den er gegen das Feld g7 ausübt – das direkt vor dem kurz rochierten schwarzen König liegt – schafft viele gefährliche Möglichkeiten. Ein typischer Angriffsplan besteht für Weiß darin, dass er seine Dame auf die g-Linie überführt (entweder durch ♕g3, ♕g4 oder ♕g5). Außerdem kann Weiß ein Läuferopfer auf h6 erwägen, um die schwarze Verteidigung zu zerstören.

Du solltest dir den folgenden taktischen Punkt einprägen: *Wenn Schwarz einen Läufer auf e7 hat, dann hat Weiß erheblich mehr kombinatorische Optionen.* Der Grund dafür ist, dass der Läufer ständig gedeckt werden muss (gegen den Angriff durch den Springer f5). Dies kann dazu führen, dass die schwarze Verteidigung überlastet wird.

Typisches Muster mit dem Springer auf f5

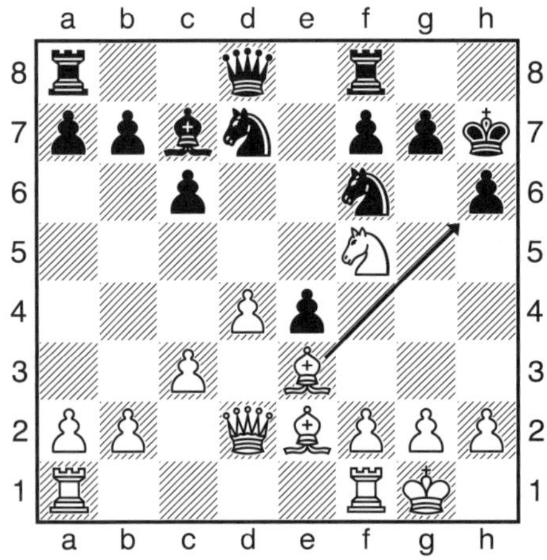

97a) Weiß am Zug

Mit einem Springer auf f5 gibt es häufig die Möglichkeit, einen Läufer auf h6 zu opfern. Weiß spielt 1 ♗xh6, was 1...gxh6 *(97b)* zulässt.

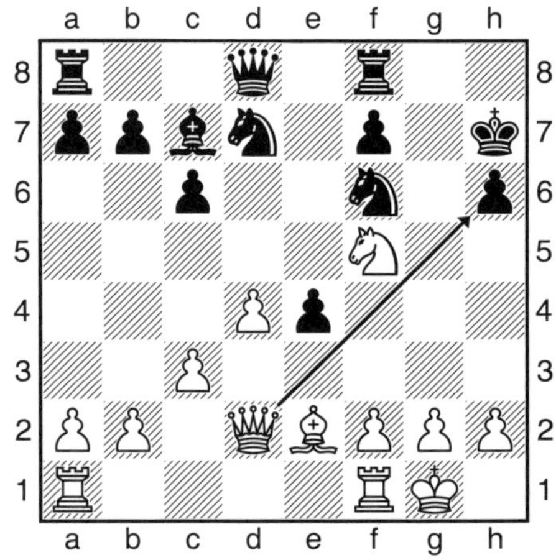

97b) Weiß am Zug

Die Dame setzt nun den Angriff auf der Diagonale mit 2 ♕xh6+ fort. Nach dem erzwungenen Rückzug des schwarzen Königs mit 2...♔g8, spielt Weiß 3 ♕g7 matt.

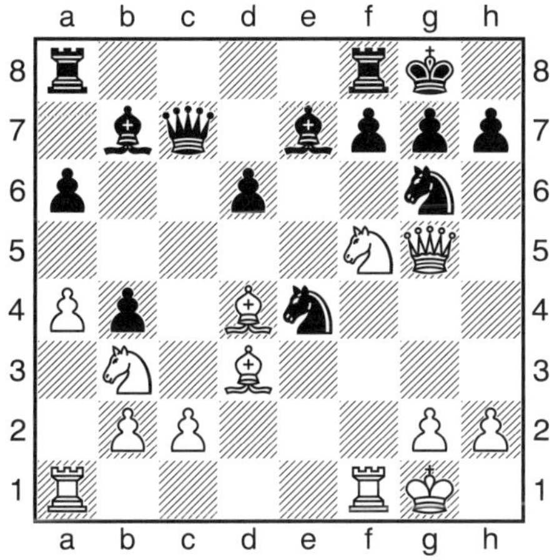

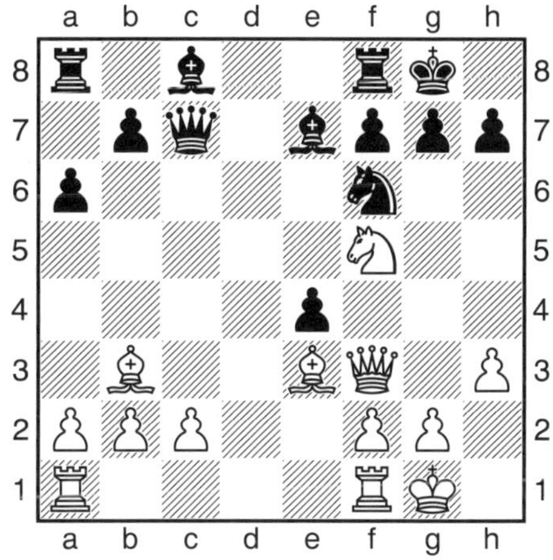

98) Weiß am Zug

Das gewinnbringende Damenopfer 1 ♕h6! droht Matt auf g7. 1...gxh6 scheitert an 2 ♘xh6 matt und 1...♗f6 macht angesichts von 2 ♗xf6 keinen Unterschied.

99) Weiß am Zug

Nach 1 ♕g3 (mit der Drohung ♕xg7 matt *und* dem Angriff auf die schwarze Dame c7) 1...♕xg3 2 ♘xe7+! ♔h8 3 fxg3 hat Weiß den Läufer e7 einfach kompensationslos gewonnen.

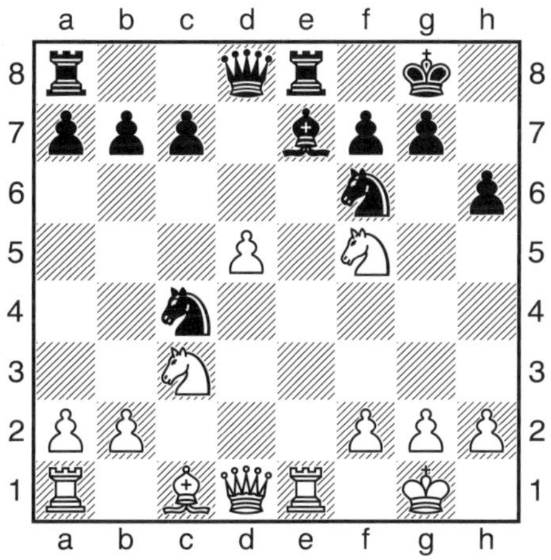

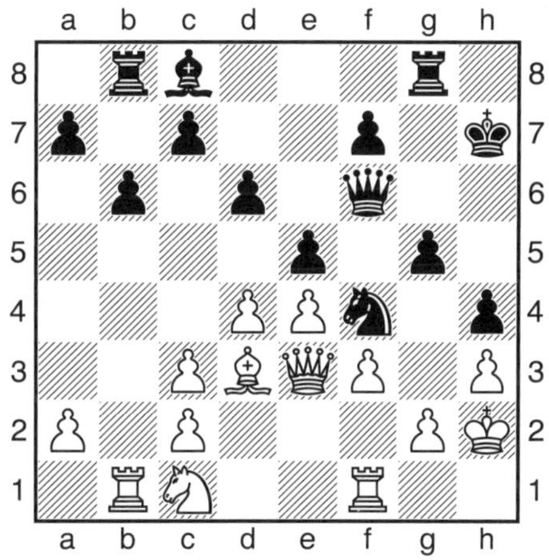

100) Weiß am Zug

Ein subtiles Beispiel eines Doppelangriffs. Weiß erhält mittels 1 ♗xh6 gxh6 2 ♕d3 wegen der Drohungen 3 ♕xc4 und Matt beginnend mit 3 ♕g3+ Vorteil.

101) Schwarz am Zug

1...♗xh3 2 gxh3 ♕e6 lässt Weiß hilflos zurück, obwohl er am Zug ist. Nach 3 ♔g1 ♕xh3 4 ♖f2 g4 schlägt der schwarze Angriff durch.

Tödliches Schachmatt 24

Das Hinlenkungsopfer des Turmes auf h7

Auf einer offenen h-Linie steht der König nicht gut

Dieses Motiv benötigt normalerweise eine Beteiligung aller Schwerfiguren – der Dame und beider Türme. Es ist daher nicht überraschend, dass es für den Verteidiger häufig fatale Folgen hat. Eine Alarmsirene sollte für Schwarz schrillen, wenn (außer einer offenen oder halboffenen h-Linie) der Punkt f7 von der weißen Dame angegriffen und nur vom König verteidigt wird. Die Kombination besteht aus drei Phasen:

1) Ein weißer Turm wird auf h7 geopfert, was den schwarzen König auf die h-Linie zwingt.

2) Sobald der König f7 nicht mehr verteidigt, schwärmt die weiße Dame ein und gibt Schach.

3) Schwarz beantwortet das Damenschach, aber sein König bleibt gefangen. Der zweite weiße Turm setzt auf der h-Linie matt.

Typisches Muster für das Hinlenkungsopfer des Turmes auf h7

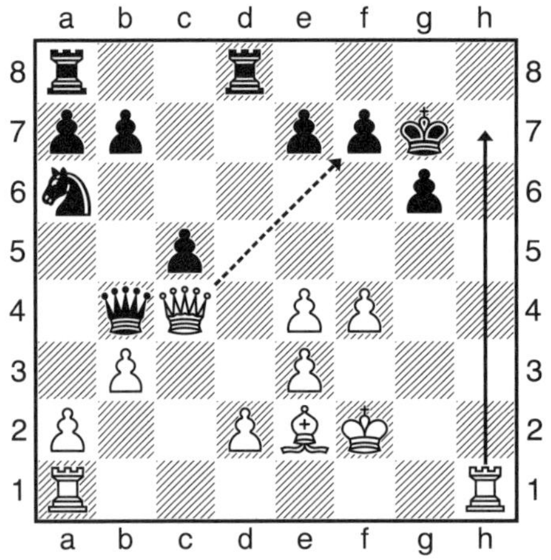

102a) Weiß am Zug

1 ♖h7+ zwingt den schwarzen König, die Verteidigung des Bauern f7 aufzugeben – und auf die h-Linie zu ziehen. Nach 1...♔xh7 dringt die weiße Dame mit 2 ♕xf7+ *(102b)* ein.

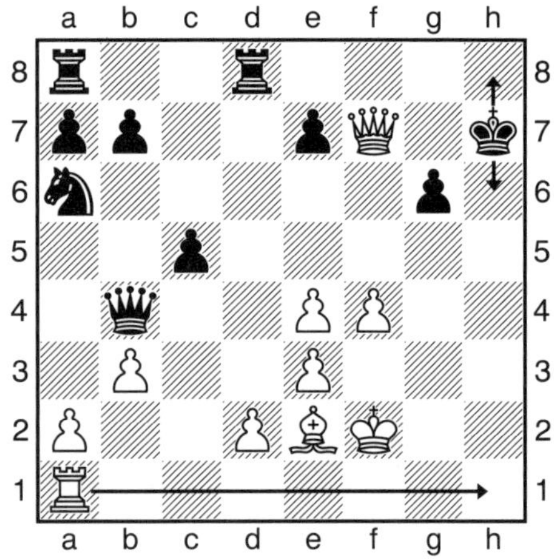

102b) Schwarz am Zug

Obwohl der schwarze König nun sowohl 2...♔h6 als auch 2...♔h8 ziehen kann, bleibt er auf der h-Linie gefangen. Im nächsten Zug setzt Weiß mittels 3 ♖h1 matt.

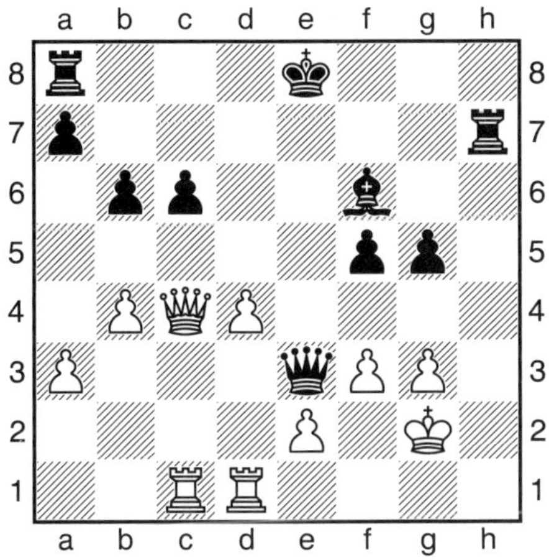

103) Schwarz am Zug

Das Hinlenkungsopfer kann *sogar dann* funktionieren, *wenn der zweite Turm nicht sofort verfügbar ist.* 1...♖h2+ 2 ♔xh2 ♕f2+ 3 ♔h1 ♔e7! gewinnt angesichts von 4...♖h8+ im nächsten Zug.

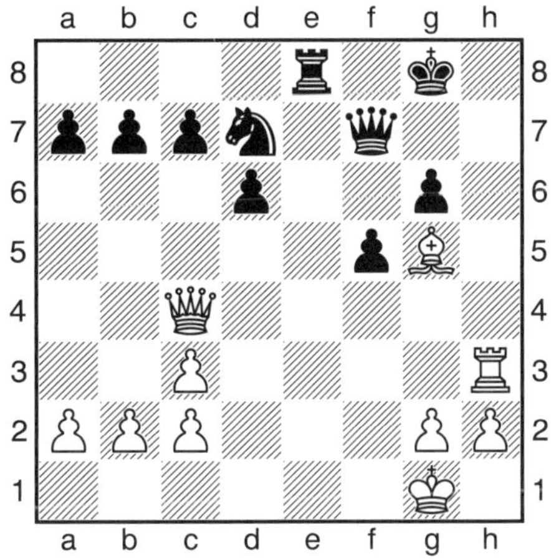

104) Weiß am Zug

Hier stehen die schwarzen Figuren unglücklich. Weiß nutzt nun seinen Turm, um den König von der Deckung seiner Dame abzulenken: 1 ♖h8+ ♔g7 2 ♖h7+ ♔xh7 3 ♕xf7+.

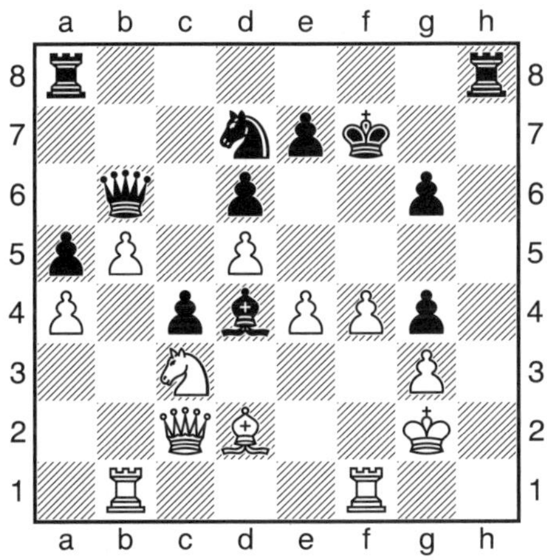

105) Schwarz am Zug

Ein bekanntes Thema, aber mit einem sehr originellen ersten Zug: 1...♗g1! (mit der Drohung ...♖h2 matt) 2 ♖xg1 ♖h2+ 3 ♔xh2 ♕f2+, und 4...♖h8 setzt im nächsten Zug matt.

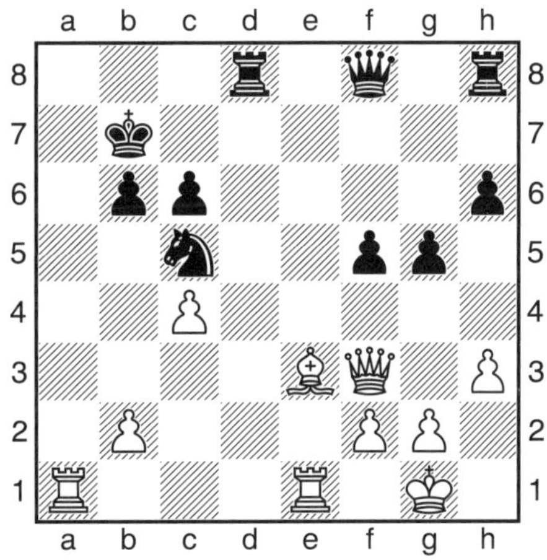

106) Weiß am Zug

1 ♖a7+ ♔xa7 2 ♕xc6 ist nicht sofort Matt, aber der schwarze König wird dennoch bald auf der a-Linie zu Grunde gehen: 2...♖b8 3 ♖a1+ ♘a6 4 ♕c7+ ♖b7 5 ♗xb6+ ♔a8 6 ♖xa6+.

Tödliches Schachmatt 25

Das Matt mit Dame & Läufer

Du solltest dieses grundlegende Matt nicht unterschätzen

Dame und Läufer arbeiten gut zusammen, wenn es darum geht, auf dem Feld h7 den entscheidenden Schlag zu landen. Dieses gradlinige und fatale Mattmotiv ist grundlegend für den Erfolg vieler komplizierterer Kombinationen. Die Schlüsselkomponenten sind ein schwarzer König auf h8, eine weiße Dame auf der h-Linie und ein weißer Läufer auf h7. Ein Zug des weißen Läufers gibt ein Abzugsschach der Dame.

Die weiße Mattidee beinhaltet den Läuferrückzug, welcher ein Abzugsschach gibt. Nachdem der schwarze König gezogen hat, rückt die Dame nach h7 vor und sagt zumindest Schach und häufig sogar Matt.

Grundmuster für das Matt mit Dame & Läufer

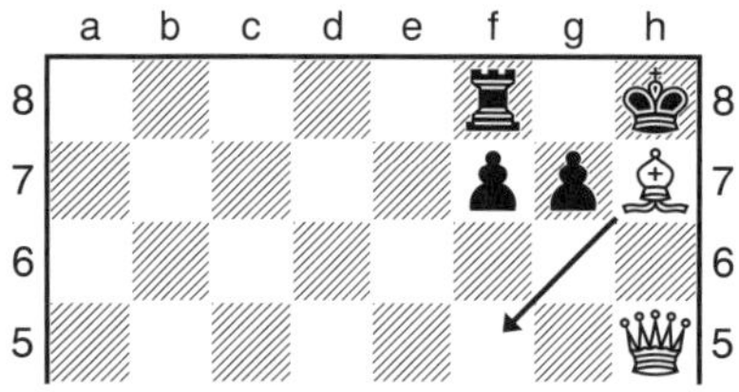

107a) Weiß am Zug

Der Läufer kann *irgendwohin* auf der Diagonale abziehen, was zu einem Abzugsschach durch die weiße Dame führt. 1 ♗f5+ erzwingt beispielsweise 1...♔g8 *(107b)*

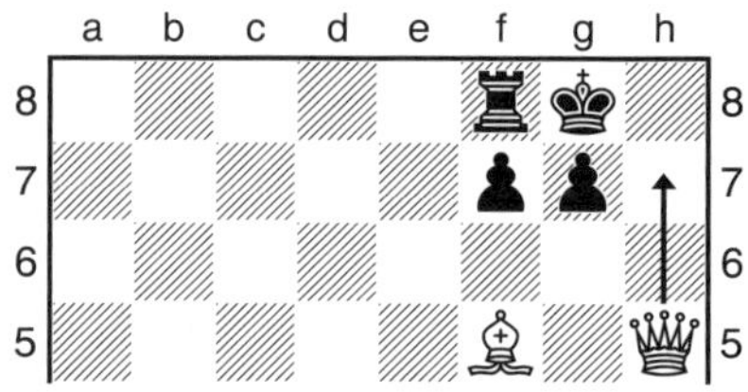

107b) Weiß am Zug

2 ♕h7 ist Matt, denn die weiße Dame ist vom Läufer gedeckt.

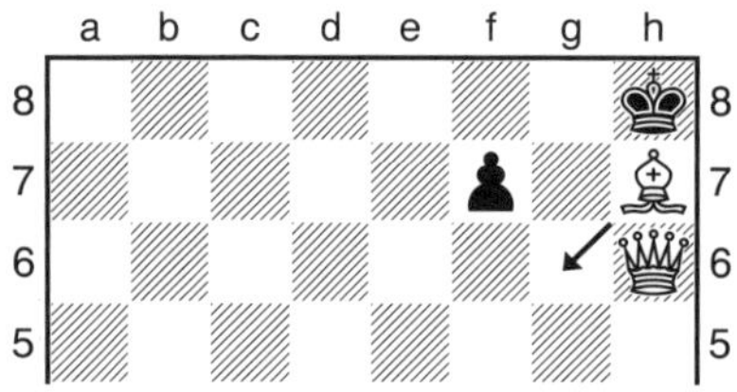

108a) Weiß am Zug

In dieser Stellung muss Weiß das Rückzugsfeld für den Läufer genau wählen. Richtig ist 1 ♗g6+ ♔g8 *(108b)*.

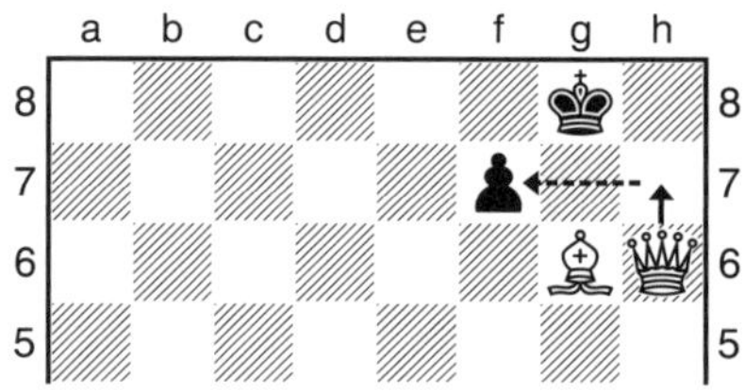

108b) Weiß am Zug

Nach 2 ♕h7+ ♔f8 kann Weiß mittels 3 ♕xf7 matt setzen, denn die Dame *ist vom Läufer g6 gedeckt*.

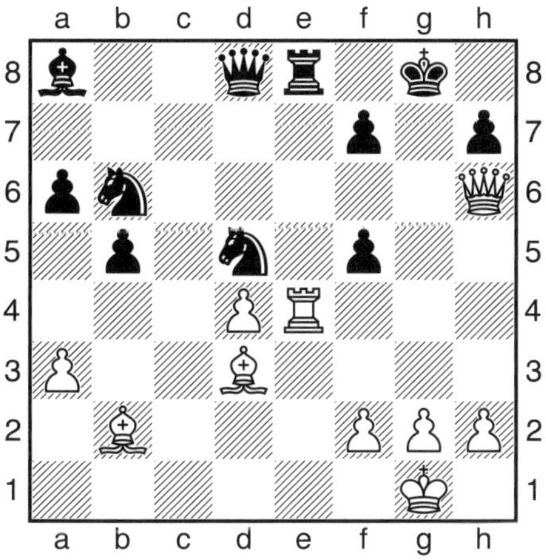

109) Weiß am Zug

In dieser Stellung wird die Standardformation durch ein Turmopfer erreicht: 1 ♖g4+ fxg4 2 ♗xh7+ ♔h8 3 ♗g6+ ♔g8 4 ♕h7+ ♔f8 5 ♕xf7 matt.

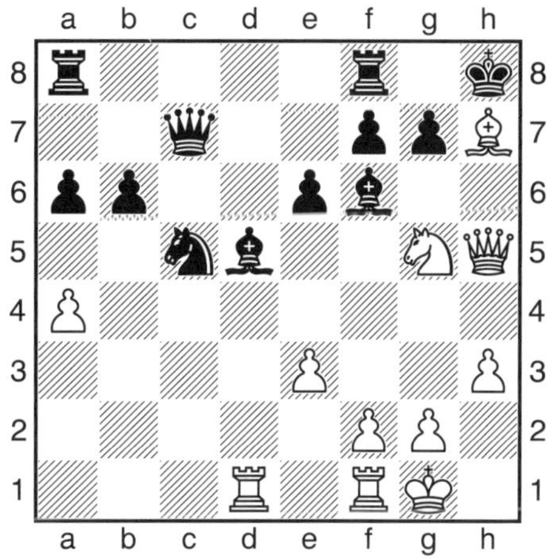

110) Schwarz am Zug

In seltenen Fällen verfügt Schwarz über eine Verteidigung. Hier rettet ihn 1...♗xg5, denn das weiße Abzugsschach (z. B. 2 ♗b1+) kann durch 2...♗h6 abgeblockt werden.

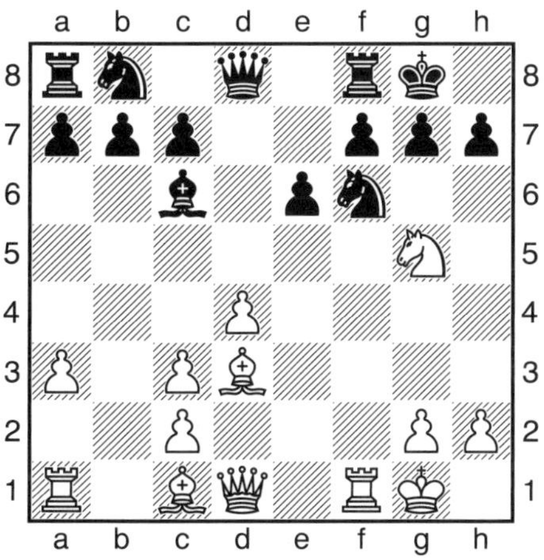

111a) Weiß am Zug

Zunächst opfert Weiß eine Qualität (einen Turm gegen einen Springer), um den Verteidiger des Feldes h7 zu beseitigen: 1 ♖xf6 ♕xf6 2 ♗xh7+ ♔h8 3 ♕h5 *(111b)*.

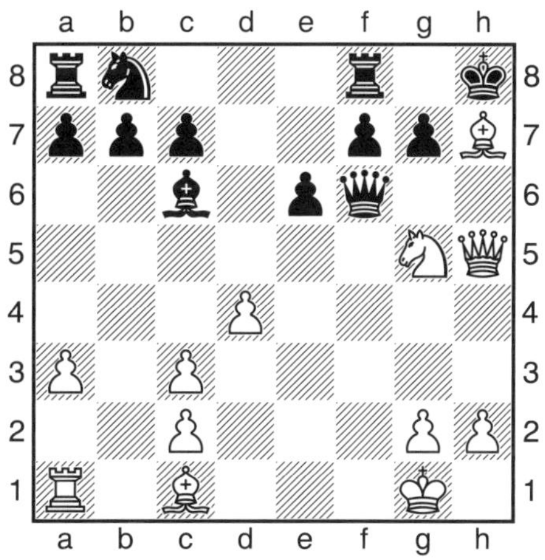

111b) Schwarz am Zug

Es gibt gegen die weiße Drohung ♗g6+ nebst ♕h7 Matt keine hinreichende Verteidigung. 3...♖e8 scheitert an 4 ♘xf7+, 3...♕h6 an 4 ♘xf7+ ♖xf7 5 ♗xh6 und 3...g6 an 4 ♗xg6+ ♔g7 5 ♕h7 matt.

Tödliches Schachmatt 26

Grecos Matt

Ein hübscher Rückzug

Die Angriffsformation eines Springers auf g5, einer Dame auf h5 und eines Läufers auf c4 kommt sehr oft vor. Wenn Schwarz unvorsichtigerweise nur wenige Figuren zur Verteidigung seines Königsflügel bereitgestellt hat, dann kann die Partie sehr schnell zu Ende sein. Ich behandele hier ein spezielles Manöver, welches das Eindringen der weißen Dame nach g6 beinhaltet.

Der Begriff Grecos Matt wurde dem Manöver im Buch *The Art of Checkmate* (Renaud & Kahn) gegeben, das zuerst 1953 in Englisch erschienen ist. Der Name könnte auf eine ganze Reihe von Stellungen ausgedehnt werden, in denen Weiß die h-Linie durch ein Springeropfer auf der g-Linie öffnet. Gioacchino Greco (1600-ca. 1634) war ein italienischer Schachautor, der eine ganze Reihe grundlegender Werke über das Schachspiel veröffentlicht hat.

Grundmuster für Grecos Matt

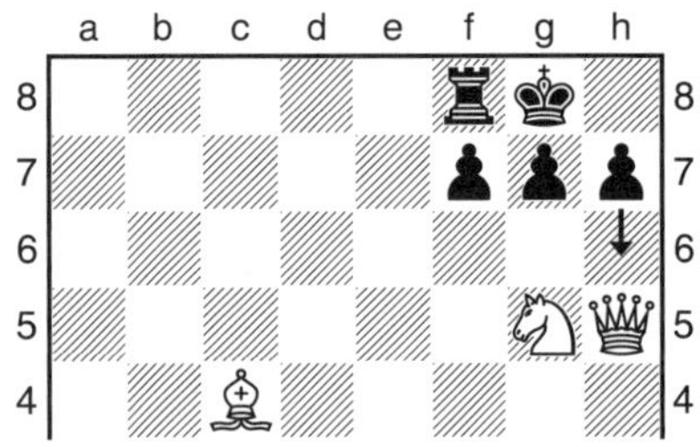

112a) Schwarz am Zug

Weiß droht ♕xh7 matt. Um das zu verhindern, spielt Schwarz 1...h6 *(112b)*, was den weißen Springer angreift.

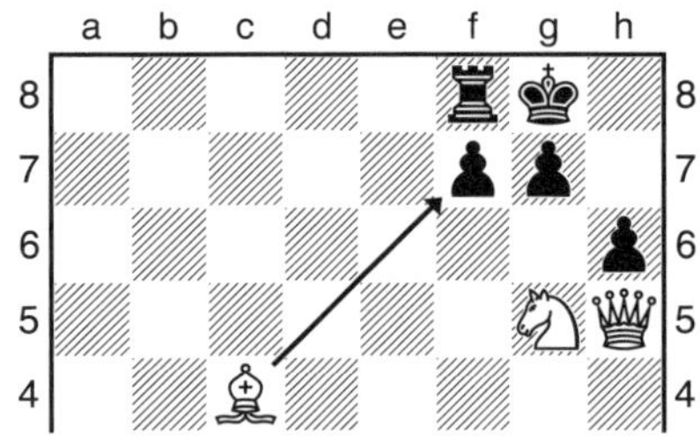

112b) Weiß am Zug

Der f-Bauer wird mit 2 ♗xf7+ geschlagen. Schwarz spielt 2...♔h8 *(112c)* (denn 2...♖xf7 3 ♕xf7+ würde ihn die Qualität kosten).

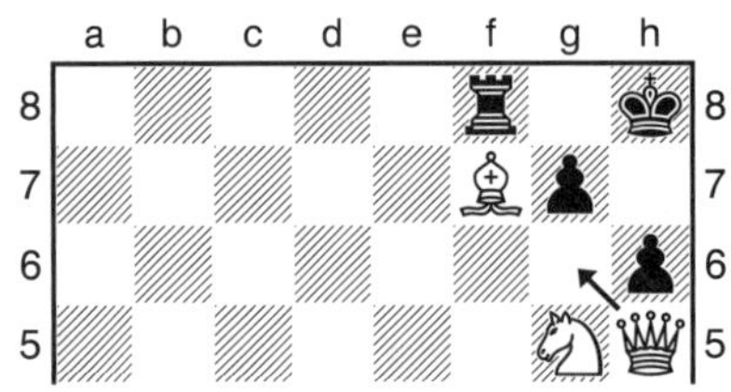

112c) Weiß am Zug

Weiß ignoriert nun den Angriff gegen seinen Springer und spielt 3 ♕g6. Weil auf h7 Matt droht, schlägt Schwarz mit 3...hxg5 *(112d)*.

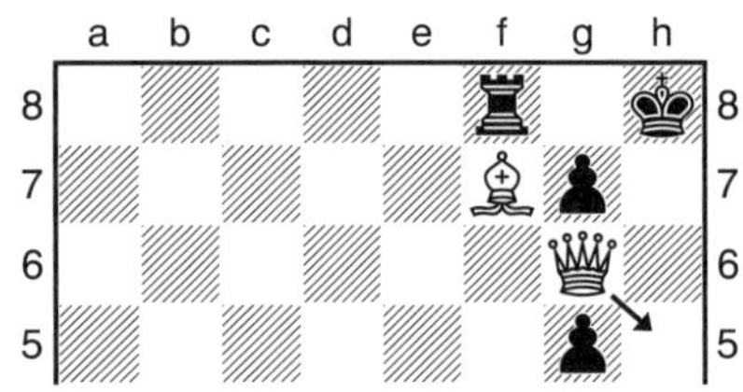

112d) Weiß am Zug

Nachdem die h-Linie geöffnet worden ist, kehrt die weiße Dame zurück: 4 ♕h5 matt. Ein hübscher Rückzug!

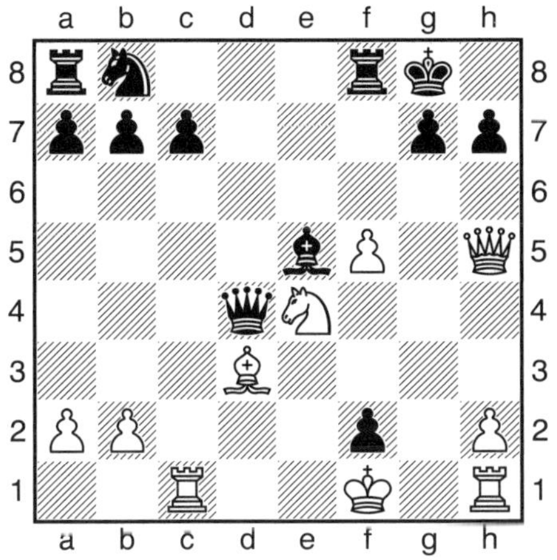

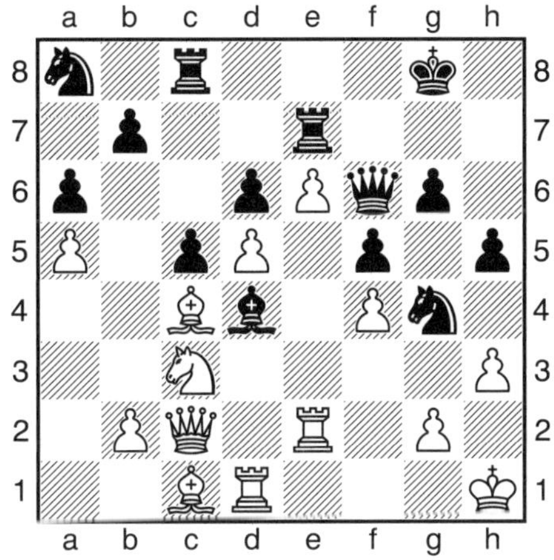

113) Weiß am Zug

Nach 1 ♗c4+ ♔h8 erscheinen die Grundelemente von Grecos Matt. Weiß setzt mit 2 ♘g5 h6 3 ♕g6 (droht Matt auf h7) 3...hxg5 4 ♕h5 matt fort.

114) Schwarz am Zug

Trotz des Mehrtempos (der Bauer steht bereits auf h3) ist der verteidigende Weiße gegen 1...♕h4 hilflos, z. B. 2 ♖f1 ♕g3 3 hxg4 ♕h4 matt oder 2 ♖d3 ♘f2+.

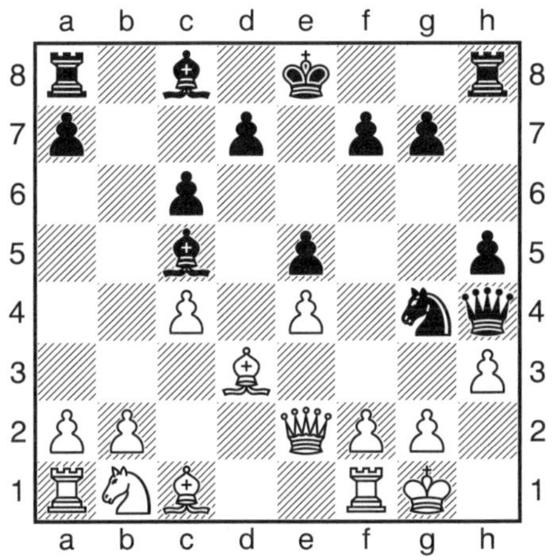

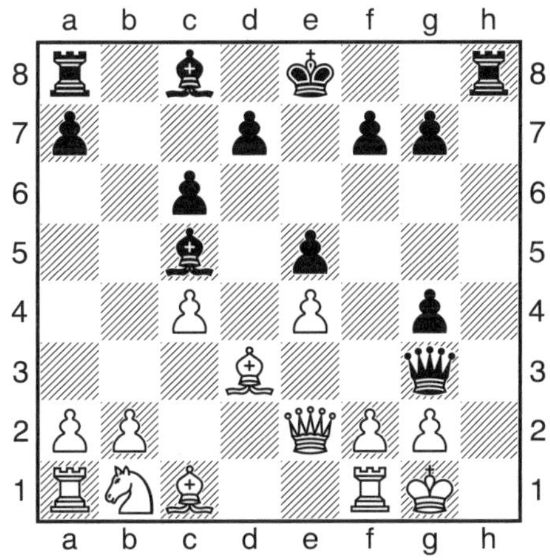

115a) Schwarz am Zug

Hier ist der Bauer f2 zwar gut von Weiß verteidigt, *doch der schwarze Bauer h5 ermöglicht ein verwandtes Motiv.* Der Springer wird mittels 1...♕g3 2 hxg4 hxg4 *(115b)* geopfert.

115b) Weiß am Zug

3 ♖d1 verhindert ein sofortiges Matt, aber es gibt dennoch kein Entkommen: 3...♕h2+ 4 ♔f1 ♕h1 matt. Erneut wurde *der Springer geopfert, um die h-Linie zu öffnen.*

Tödliches Schachmatt 27

Weitere ♕g6 Bomben

Der ungeladene Gast

Wenn die Dame auf ein schwaches Feld im Herzen des gegnerischen Gebietes vordringt, dann ist das für den Verteidiger stets ein Alarmsignal. In dieser Beziehung ist das Feld g6 einer der besten Angriffsvorposten.

Wenn die Dame nach g6 gelangen kann und von zwei Leichtfiguren unterstützt wird, dann sind häufig entscheidende Kombinationen möglich. Ein immer wiederkehrendes Motiv entsteht, wenn zwei weiße Springer nach g5 ziehen können, was es der Dame ermöglicht, auf h7 Matt zu drohen. Normalerweise wird dabei einer der Springer geopfert, doch der andere kann ihn ersetzen.

Typisches Muster für eine von zwei Springern unterstützte Dame

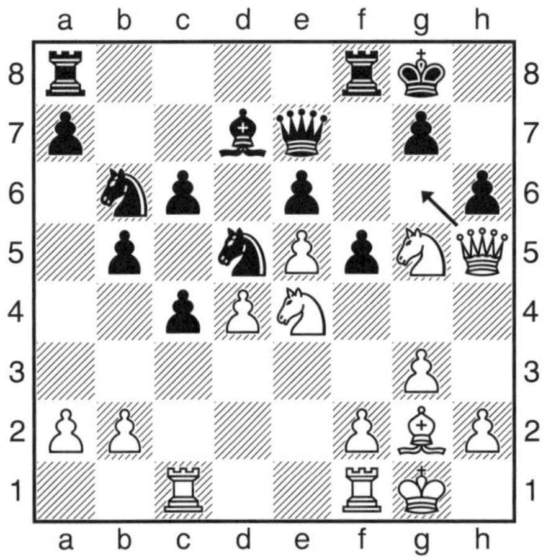

116a) Weiß am Zug

Mit 1 ♕g6 stellt Weiß die Drohung ♕h7 matt auf. Schwarz schlägt den weißen Springer mit 1...hxg5 *(116b)*, und pariert damit die Drohung für den Moment.

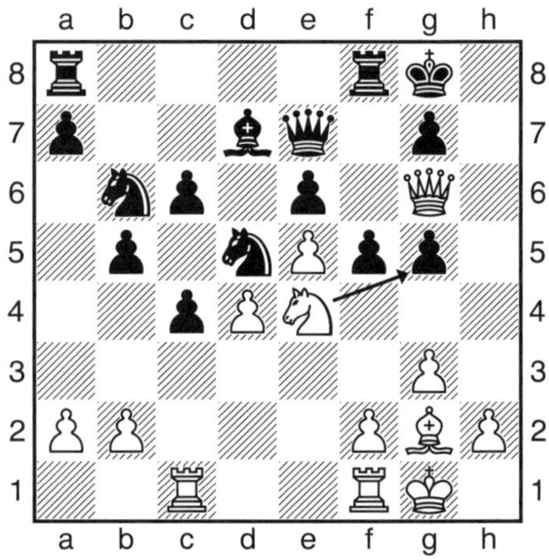

116b) Weiß am Zug

Mit 2 ♘xg5 nimmt nun der zweite weiße Springer den Platz seines Kollegen ein. Die tödliche Drohung 3 ♕h7 matt wird dadurch erneuert.

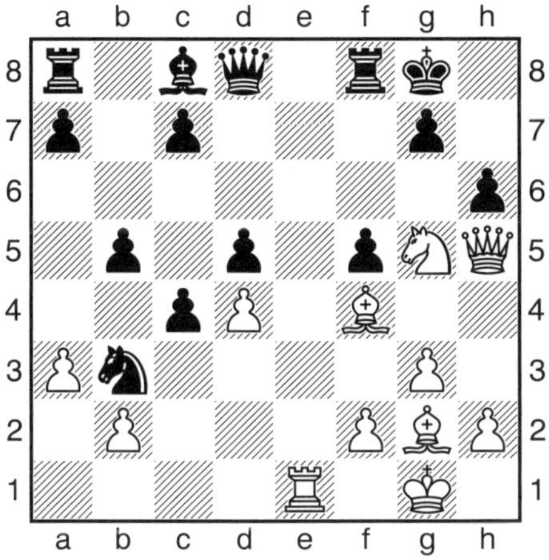

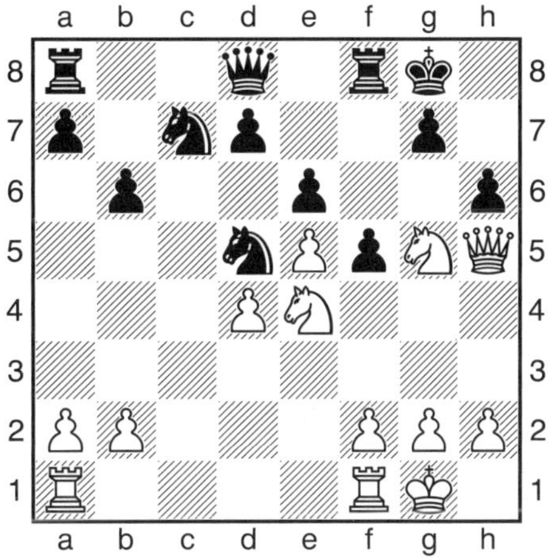

117) Weiß am Zug

1 ♕g6 hxg5 2 ♗e5! gewinnt, denn Schwarz verfügt über keine gute Möglichkeit, die Mattdrohung auf g7 abzuwehren. Zum Beispiel 2...♕d7 3 ♗xd5+ oder 2...♖f7 3 ♗xg7 ♖xg7 4 ♖e8+.

118) Weiß am Zug

Nach 1 ♕g6 hxg5 2 ♘xg5 kann Schwarz das Matt nur durch 2...♘f6 3 exf6 ♖xf6 4 ♕h7+ ♔f8 5 ♕h8+ ♔e7 6 ♕xg7+ vermeiden. Weiß hat allerdings bei anhaltendem Angriff einen Bauern mehr.

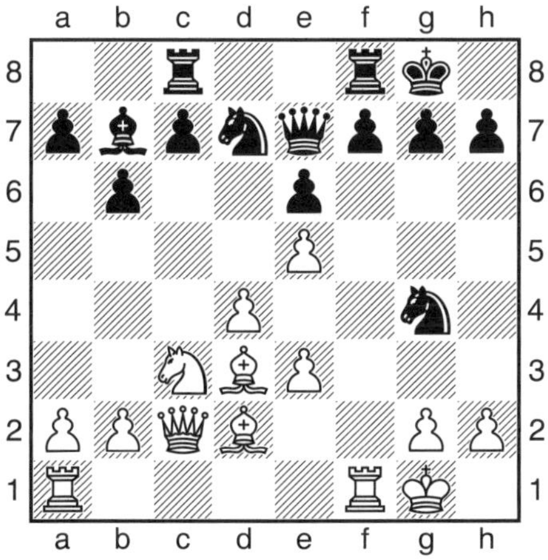

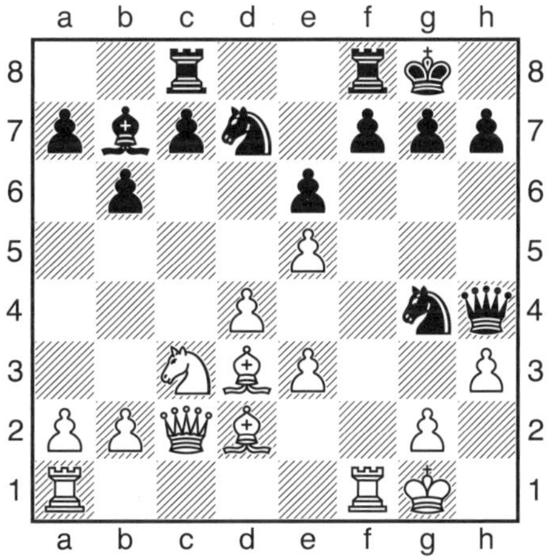

119a) Schwarz am Zug

Das Damenmanöver ist mit einem Läufer auf der langen Diagonale ebenfalls gefährlich. An dieser Stelle erzwingt 1...♕h4 wegen der Mattdrohung auf h2 die Antwort 2 h3 *(119b)*.

119b) Schwarz am Zug

Die Fortsetzung 2...♕g3 gewinnt, weil sie *zwei Mattdrohungen gleichzeitig aufstellt*. Weiß kann sich danach nicht gegen beide (...♕h2 und ...♕xg2) verteidigen.

Tödliches Schachmatt 28 — Kortschnojs Manöver

Wo ist jene Dame hergekommen?

Die folgenden Warnsignale sind zwar vorhanden, doch sie werden leicht übersehen:

1) *Weiß hat einen Läufer auf der Diagonale a2-g8,* der den schwarzen Bauern f7 fesselt;
2) *die weiße Dame steht irgendwo auf der Diagonale b1-h7; und*
3) *der schwarze h-Bauer hat gezogen.*

Das Wesentliche an den drei obigen Faktoren ist, dass der weißen Dame *das Feld g6 vermutlich zur Verfügung steht.*

Vergiss nicht, dass die Dame eine langschrittige Figur ist. Sie wird oft auf das unscheinbare Feld c2 entwickelt und ist scheinbar nicht gegen den schwarzen König gerichtet. Es ist daher verständlich, dass ihr dramatisches Auftauchen im Herz der gegnerischen Königsstellung vom Verteidiger nicht immer vorhergesehen wird!

Dies war der Fall als Viktor Kortschnoj mit Schwarz das mächtige ...♕g3 gegen Tatai in Beersheba 1978 auspackte (die Stellung folgt direkt unten).

Typisches Muster für Kortschnojs Manöver

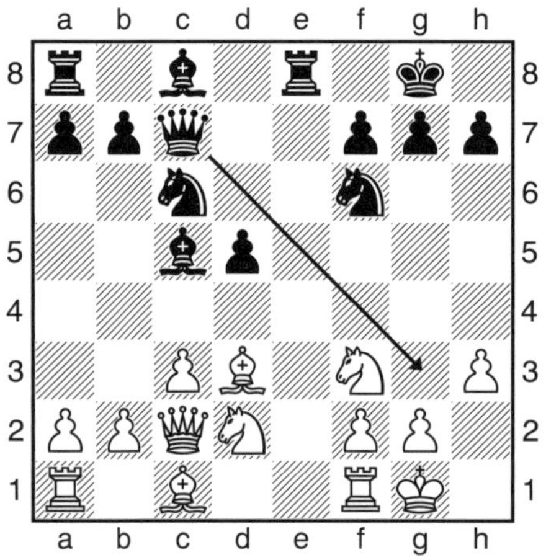

120a) Schwarz am Zug

1...♕g3 *(120b)* nutzt die Tatsache aus, dass der weiße f-Bauer *gefesselt* ist. Die unangenehme Stellung der schwarzen Dame zwingt Weiß, der Drohung ...♗xh3 zu begegnen.

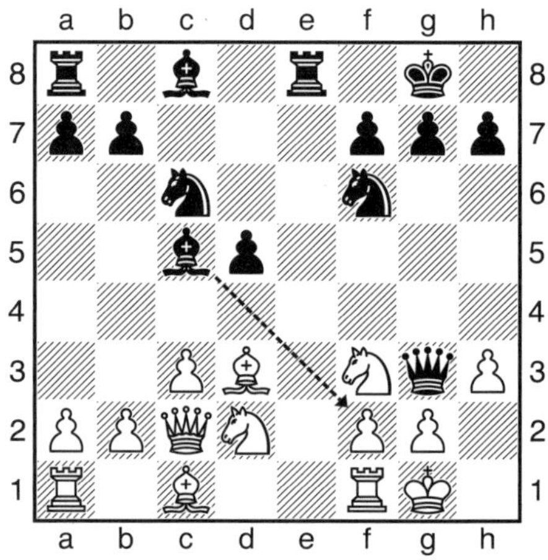

120b) Weiß am Zug

Auf 2 ♔h1 gewinnt Schwarz einfach kompensationslos einen Bauern mit 2...♗xf2. Nach der Partiefortsetzung 2 ♗f5 verfügt er jedoch nach 2...♖e2 über einen mächtigen Angriff.

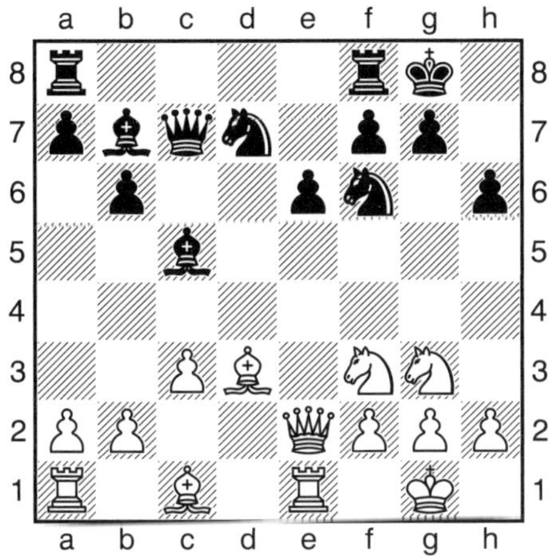

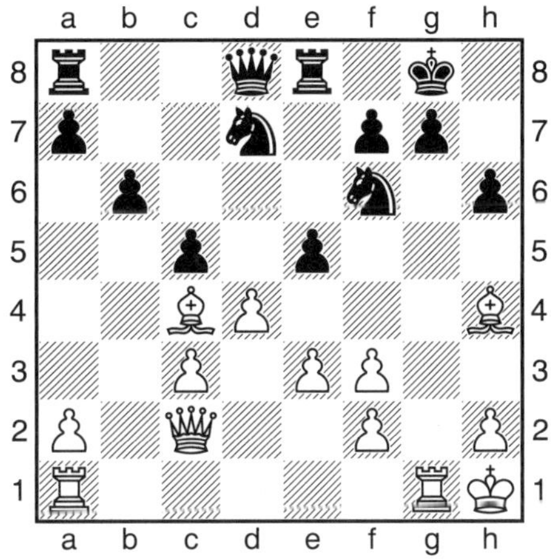

121) Weiß am Zug

Der Verlust einer ganzen Figur ist ein häufig vorkommender Fehler. Hier spielte Weiß (ein auf internationaler Ebene agierender Spieler) 1 h3?? und musste nach 1...♕xg3 aufgeben.

122) Weiß am Zug

1 ♕g6 gewinnt sofort, denn es gibt keine vernünftige Verteidigung gegen die Drohung 2 ♕xg7 matt. Die Dame kann nicht geschlagen werden, denn der schwarze f-Bauer ist gefesselt.

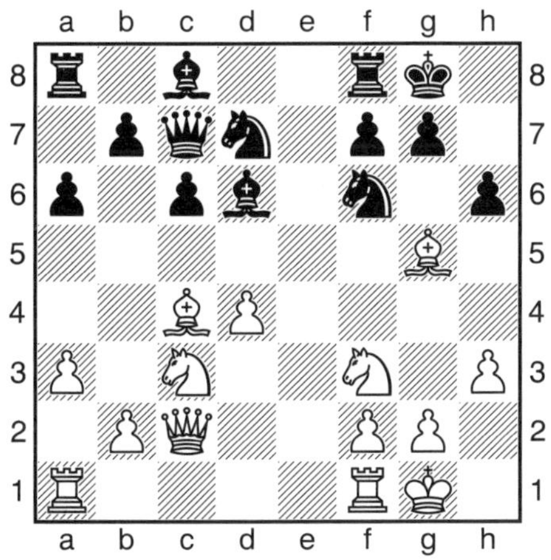

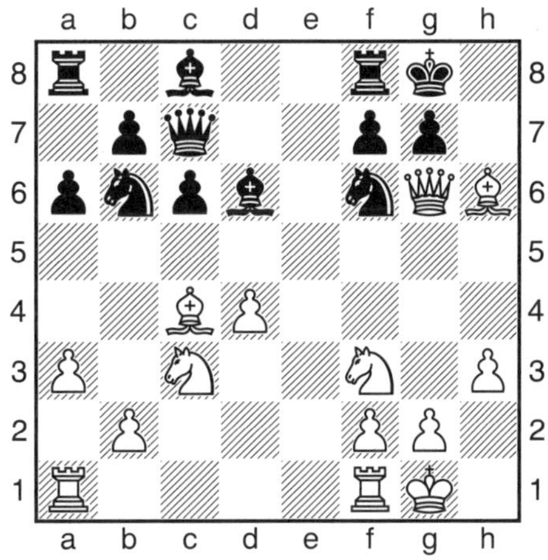

123a) Weiß am Zug

Der schwarze h-Bauer hat gerade nach h6 gezogen. Es folgt 1 ♗xh6 ♘b6 (1...gxh6 verliert wegen 2 ♕g6+ ♔h8 3 ♕xh6+ ♘h7 4 ♘g5 ♘f6 5 ♘ce4) 2 ♕g6 *(123b)*.

123b) Schwarz am Zug

Die weiße Drohung ist ♕xg7 matt. Nach 2...♘e8 3 ♘g5 kann die neue weiße Drohung ♕h7 matt nicht pariert werden.

Tödliches Schachmatt 29

Das Opfer ♗xh6

Eine schnelle Zerstörungsaktion, die selbst in Zeitlupe gewinnt

Der Verteidigungszug ...h6 von Schwarz kann nützlich sein. Langfristig hat der schwarze König ein Luftloch gegen Grundreihenmatt und kurzfristig können die weißen Leichtfiguren das Feld g5 nicht mehr nutzen.

Der Bauer h6 kann jedoch auch ein Ziel für ein Opfer des schwarzfeldrigen Läufers abgeben. Selbst wenn kein sofortiges Matt möglich ist, kann ein mutiger Angreifer auf langfristige Kompensation ausgehen, wenn die folgenden Bedingungen erfüllt sind:

1) *Weiß erhält zwei Bauern für den Läufer und viele Schachs gegen den gegnerischen König; und*

2) *Schwarz ist am Königsflügel gebunden und kann seine Verteidigung nicht gut neu organisieren, während Weiß Verstärkungen in seinen Angriff führt.*

Diese beiden Faktoren können ein Läuferopfer rechtfertigen, selbst wenn Weiß einige Züge braucht, um einen weiteren Springer oder Turm zum Königsflügel zu führen, um den *entscheidenden Schlag zu landen*.

Typisches Muster für das Opfer ♗xh6

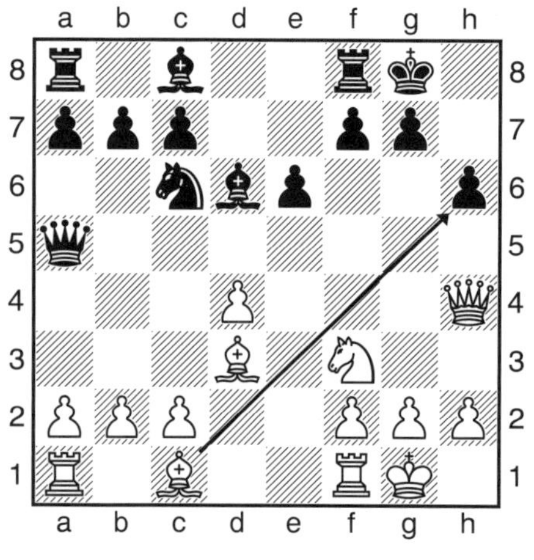

124a) Weiß am Zug

In dieser direkten Version gewinnt Weiß mittels 1 ♗xh6 gxh6 2 ♕xh6 sofort. Der schwarze König ist exponiert worden, und es droht ♕h7 matt.

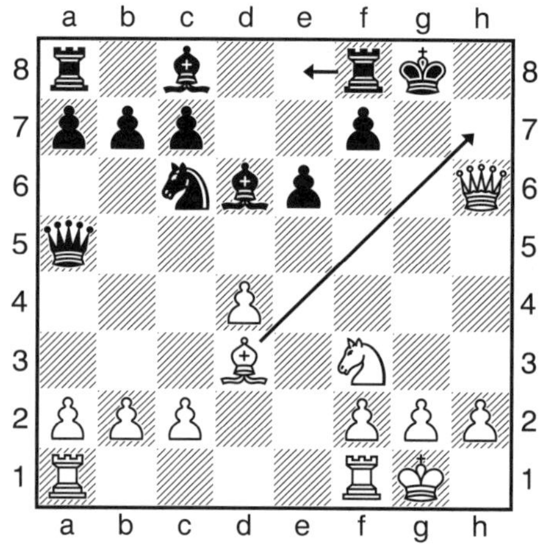

124b) Schwarz am Zug

Es gibt keine Verteidigung (denn 2...f5 scheitert an 3 ♕g6+ ♔h8 4 ♘g5). Auf 2...♖e8 setzt Weiß mittels 3 ♗h7+ ♔h8 4 ♗g6+ ♔g8 5 ♕h7+ ♔f8 6 ♕xf7 matt.

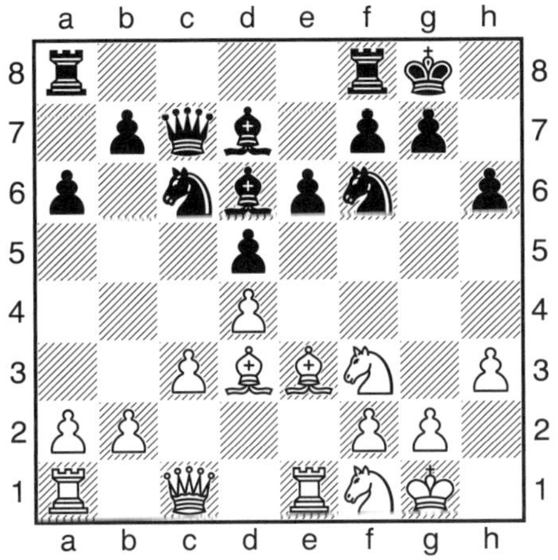

125a) Weiß am Zug

Das Opfer 1 ♗xh6 gxh6 2 ♕xh6 ♗e7 *(125b)* gibt Weiß keine direkten Mattdrohungen. Schwarz kann allerdings seinen geschwächten Königsflügel auch nicht weiter verstärken.

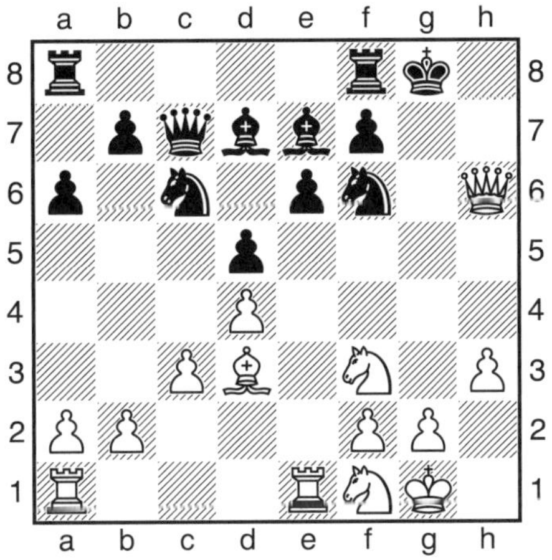

125b) Weiß am Zug

Nun hat Weiß sogar die Wahl auf welche Weise er weitere Figuren in den Angriff führen will, z. B. 3 ♘g3, 3 ♖e3 oder 3 ♘g5 e5 4 ♘g3 e4 5 ♘h5 ♘xh5 6 ♕h7 matt.

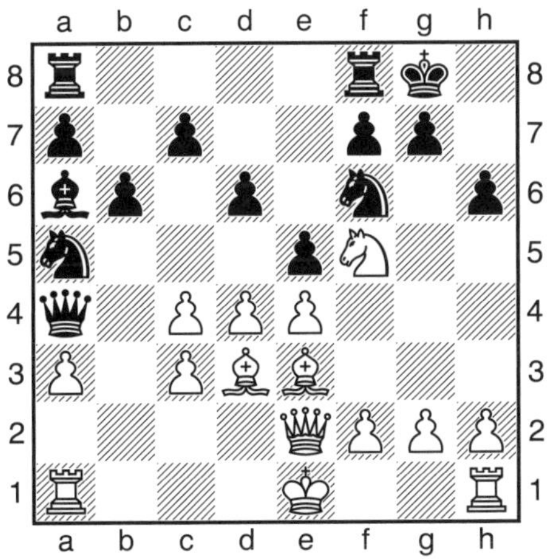

126a) Weiß am Zug

Ermutigt durch die schlecht stehenden schwarzen Figuren am Damenflügel beginnt Weiß einen sehr gefährlichen Angriff am Königsflügel: 1 ♗xh6 gxh6 2 ♕e3 ♘e8 (2...♘g4 3 ♕h3) 3 ♕xh6 *(126b)*.

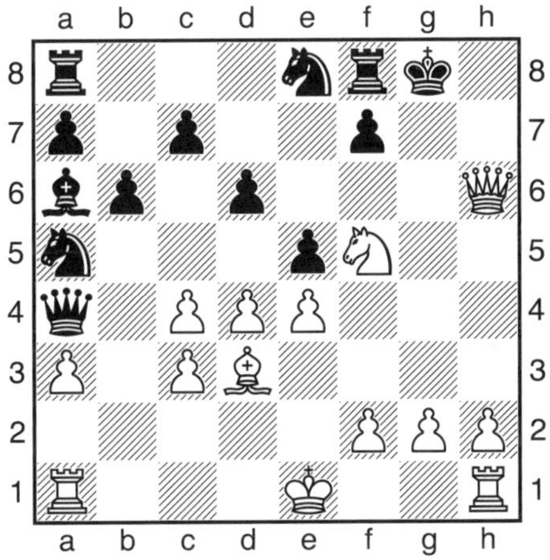

126b) Schwarz am Zug

Nach 3...♕d7 (um ♘e7 matt zu verhindern) nutzt Weiß die exponierte Stellung der Dame in brillanter Weise aus: 4 ♕g5+ ♔h7 5 ♕h4+ ♔g8 6 ♕g3+ ♔h8 7 ♕h3+ ♔g8 8 ♘h6+ ♔g7 9 ♕xd7.

Tödliches Schachmatt 30 Die Dame-Läufer Batterie

Das Matt ohne Namen (aber mit zahllosen Opfern)

Die Zahl der Opfer muss in die Zehntausende gehen, daher ist es sehr überraschend, dass diese klassische Angriffsformation keinen Namen hat. In der Tat sind einige Standarderöffnungen auf diesem Manöver aufgebaut. Die weiße Dame steht auf der Diagonale b1-h7 (normalerweise entweder auf c2 oder d3) vor dem weißen Läufer, der sich auf derselben Diagonale befindet. Der Effekt dieses einfachen Manövers wird sofort klar. Mattmotive auf dem verwundbaren Feld h7 tauchen auf, denn die weiße Dame wird vom Läufer unterstützt.

Die Dame-Läufer Batterie garantiert zwar nicht automatisch einen Vorteil, doch es ist in der Regel gut, sie aufzubauen, wenn es möglich ist. Der andauernde Druck gegen h7 kann die schwarze Verteidigung sehr unangenehm machen. Ein Fehler, und es könnte Matt sein!

Grundmuster für die Dame-Läufer Batterie

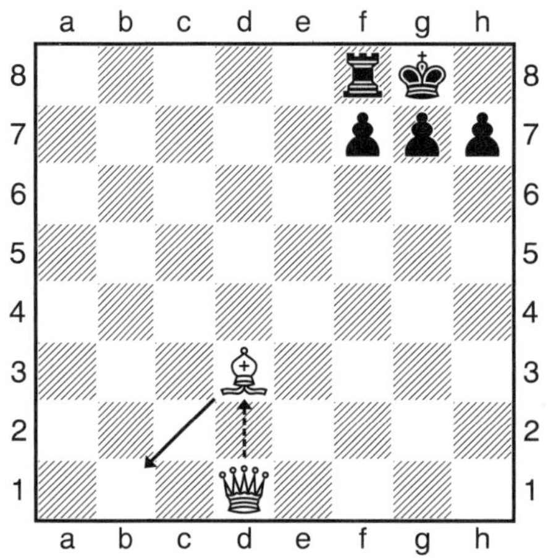

127a) Weiß am Zug

Mit 1 ♗b1 gefolgt von 2 ♕d3 *(127b)* im nächsten Zug gruppiert Weiß seine Figuren um, so dass die Dame auf der Diagonale vor dem Läufer steht.

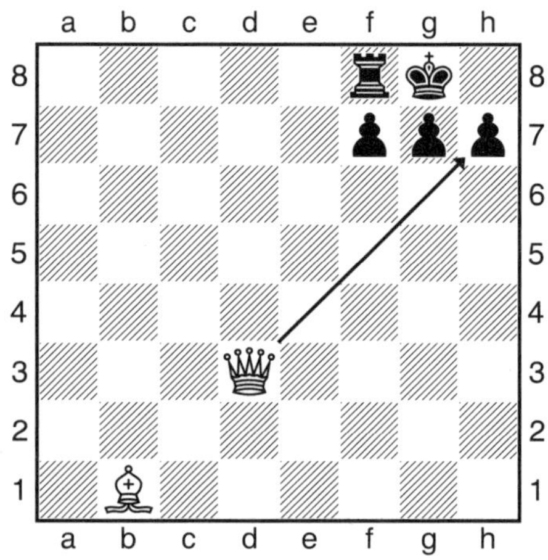

127b) Schwarz am Zug

Die klassische Angriffsformation. Die weiße Dame greift den verwundbaren Punkt h7 an und wird dabei vom Läufer unterstützt.

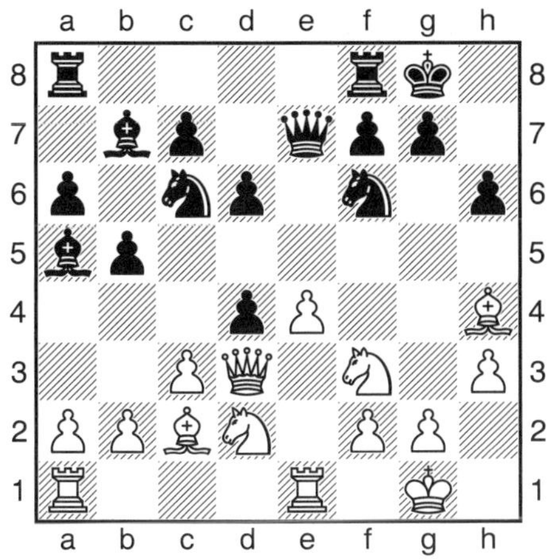

128) Weiß am Zug

Der Bauernvorstoß 1 e5 öffnet die Schlüsseldiagonale von d3 nach h7 für die weiße Dame. Nach 1...♘xe5 2 ♘xe5 dxe5 3 ♗xf6 ♕xf6 setzt Weiß mit 4 ♕h7 matt.

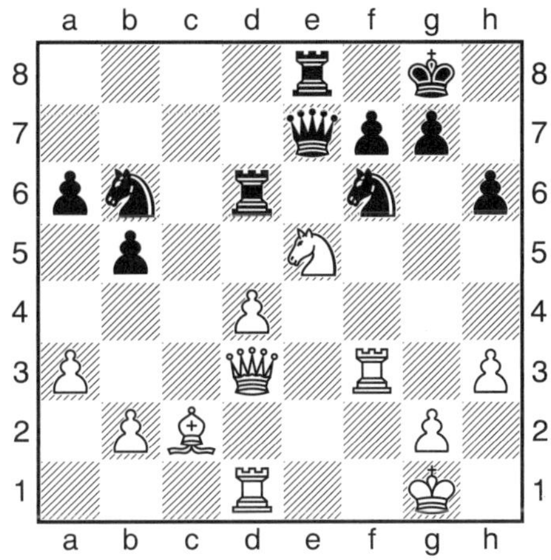

129) Weiß am Zug

Durch Beseitigung des Springers f6 kann Weiß nach h7 eindringen und entscheidenden Angriff erlangen: 1 ♖xf6 ♕xf6 2 ♕h7+ ♔f8 3 ♖f1 ♕e6 4 ♘g6+, und Weiß gewinnt.

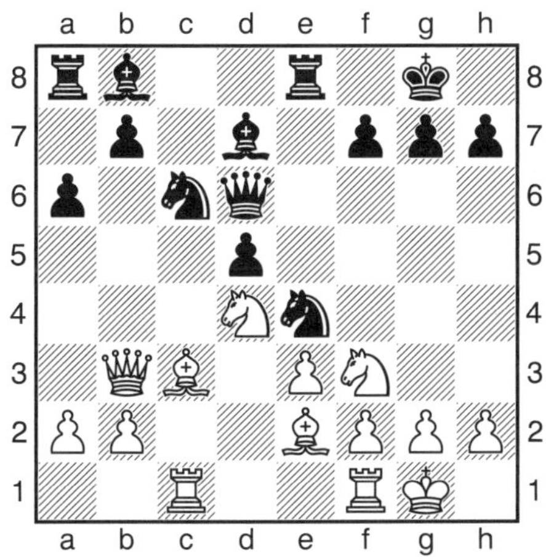

130) Schwarz am Zug

Bemerkenswerterweise gewinnt 1...♘xd4 dank der Dame-Läufer Batterie eine Figur. Auf 2 exd4 folgt 2...♘xc3 3 ♖xc3 ♖xe2, und 2 ♗xd4 ist wegen 2...♘d2! 3 ♕d1 ♘xf3+ 4 ♗xf3 ♕xh2 matt schlecht.

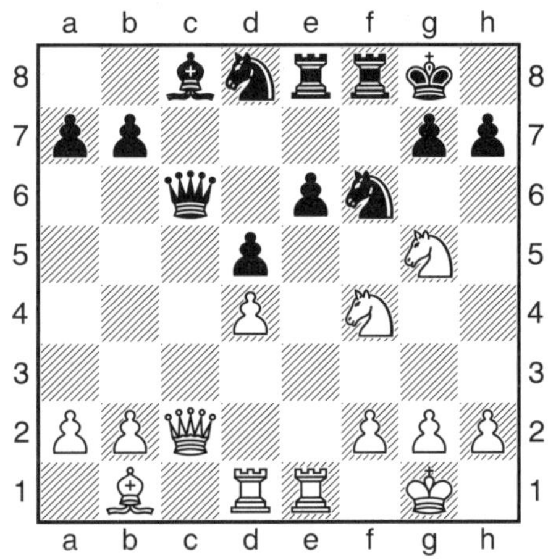

131) Weiß am Zug

Hier zerstört ein ungewöhnliches Opfer gefolgt von einer Version des erstickten Matts die schwarze Hoffnung, die Damen zu tauschen: 1 ♕xh7+ ♘xh7 2 ♗xh7+ ♔h8 3 ♘g6 matt.

Tödliches Schachmatt 31 Beseitigung des Verteidigers auf f6

Mein Königreich für ein Pferd!

Eine langschrittige Figur kann aus der Ferne auf schwache Punkte Druck ausüben. Ein Beispiel dafür ist eine weiße Dame auf c2 oder d3, die ein Auge auf das verwundbare Feld h7 wirft. Wenn man nur eine weitere Figur hinzufügt, die h7 angreift (wie einen weißen Springer auf g5 oder einen Läufer auf b1), dann hat Weiß potenziell genug Feuerkraft, um mit ♕xh7 matt zu setzen.

Es bleibt allerdings ein Problem zu lösen. In der Standardstellung nach der kurzen Rochade hat Schwarz normalerweise einen Springer auf f6, der das Feld h7 schützt. Weiß könnte einen Abtausch dieses Verteidigungsspringers anbieten, aber dies würde Schwarz auf die drohende Gefahr hinweisen, und er könnte das Matt verhindern.

Der Trick besteht darin, den Springer f6 und *gleichzeitig noch eine andere Figur anzugreifen*. Denn Schwarz wird diese beiden Drohungen nicht gleichzeitig parieren können.

Typisches Muster für die Beseitigung des Springers auf f6

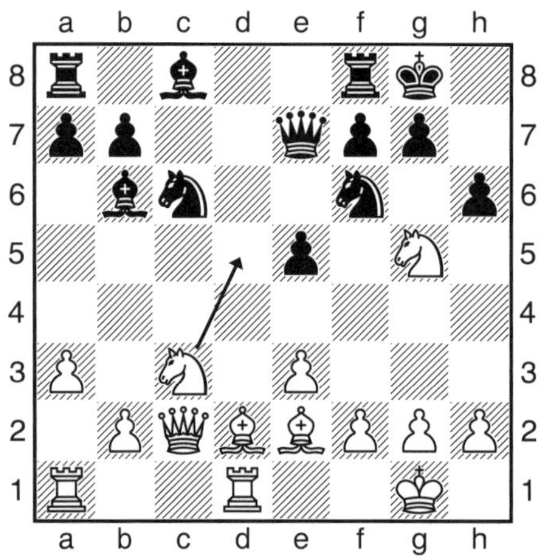

132a) Weiß am Zug

1 ♘d5! greift gleichzeitig die schwarze Dame und den Springer auf f6 an. Um einen sofortigen Verlust zu vermeiden, muss die schwarze Dame ziehen (auf 1...♘xd5 setzt 2 ♕h7 matt): 1...♕d8 2 ♘xf6+ ♕xf6 (132b).

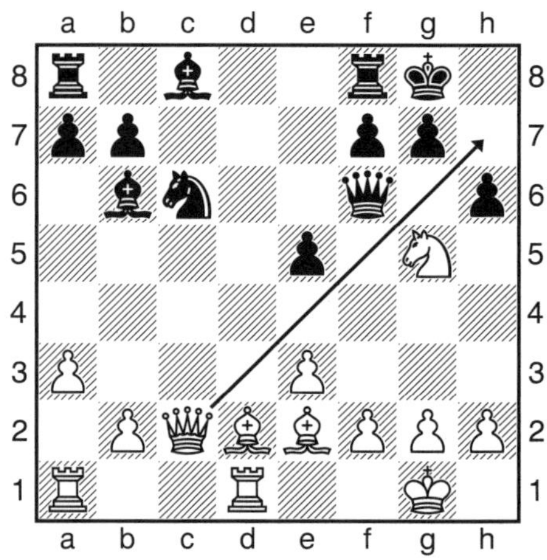

132b) Weiß am Zug

Nun folgt 3 ♕h7 matt. Beachte, wie der schwarze Springer f6, der wichtige Verteidiger des Feldes h7, durch den Angriff auf die schwarze Dame beseitigt wurde.

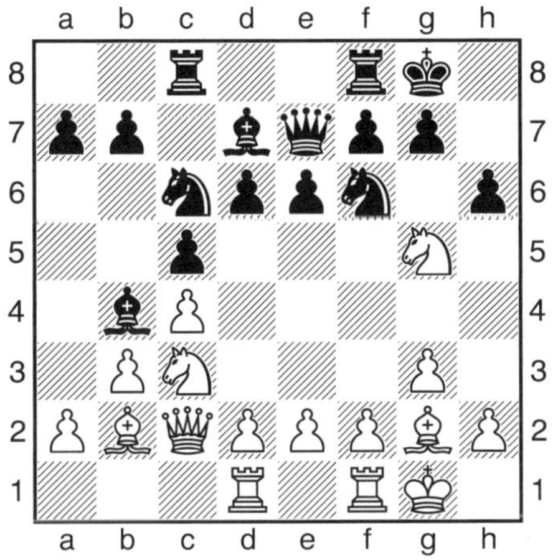

133) Weiß am Zug

Der weiße Springer auf g5 ist angegriffen. Anstatt ihn zurückzuziehen, eliminiert Weiß den Springer f6 durch ein Opfer: 1 ♘d5 exd5 2 ♗xf6 ♕xf6 3 ♕h7 matt.

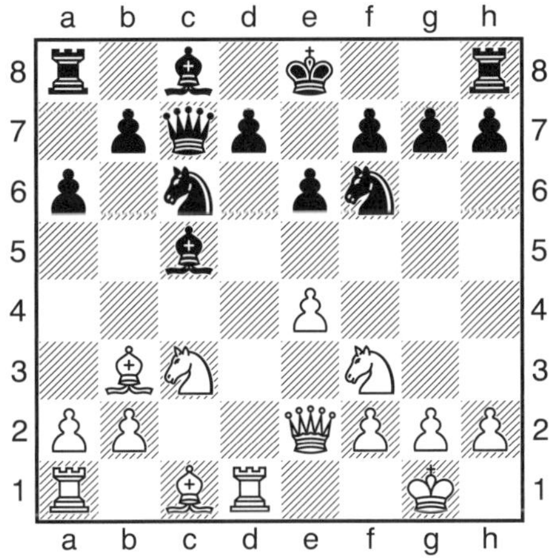

134) Schwarz am Zug

Eine normal aussehende Stellung stellt sich als recht unangenehm für Weiß heraus. Nach 1...♘g4 2 ♖f1? (deckt den Bauern f2, aber 2 ♗e3 war notwendig) gewinnt 2...♘d4! sofort.

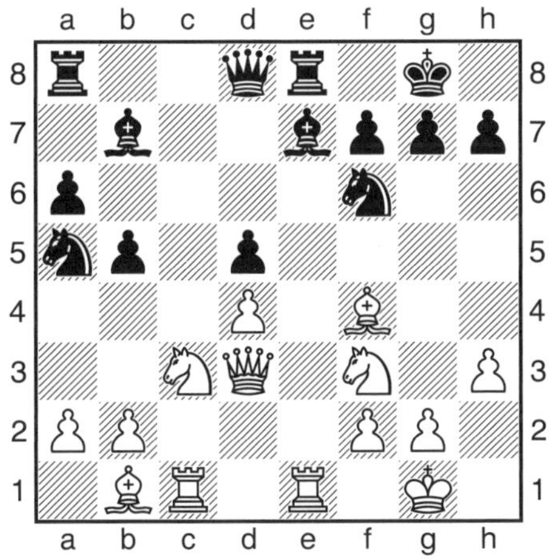

135a) Weiß am Zug

1 ♗c7! ist ein spektakuläres Hinlenkungsopfer. Nach 1...♕xc7 2 ♘xd5 *(135b)* ist nun die schwarze Dame zweimal angegriffen (durch den Springer d5 und den Turm c1).

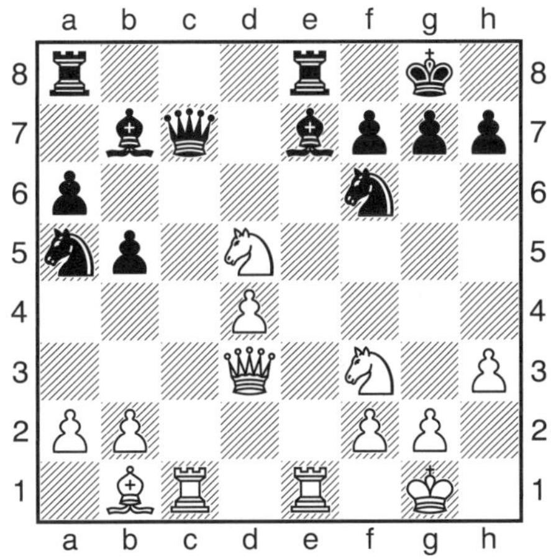

135b) Schwarz am Zug

Die schwarze Dame muss nun für unzureichende Kompensation geopfert werden (mittels 2...♗xd5 3 ♖xc7), denn 2...♕d8 lässt ein Matt durch 3 ♘xf6+ ♗xf6 4 ♕xh7+ ♔f8 5 ♕h8 zu.

Tödliches Schachmatt 32

Das klassische Läuferopfer auf h7 (1)

Geben ist seliger als Nehmen

Das klassische Läuferopfer ist eines der wichtigsten Angriffsmotive im Schach. Jedes Jahr werden tausende Läufer gegen Bauern auf h7 geopfert und dies kommt in unheimlich vielen verschiedenen Stellungen vor. Das Ziel ist immer dasselbe – der kurz rochierte gegnerische König soll exponiert werden. Während der Verteidiger normalerweise nur wenig Auswahl hat und das Opfer annehmen muss, führt der folgende Angriff nicht immer zu einem forcierten Gewinn.

Nachdem Weiß ♗xh7+ gespielt hat, folgen klassischerweise Angriffszüge wie ♘g5+ und ♕h5. Ob der weiße Angriff durchschlägt, hängt davon ab, wie die Figuren beider Seiten *in dem Moment* aufgestellt sind. Daher ist es ein großer Vorteil, die bekanntesten Gewinnmotive zu beherrschen.

Grundmuster für das klassische Läuferopfer auf h7 (der schwarze König zieht nach g8 zurück)

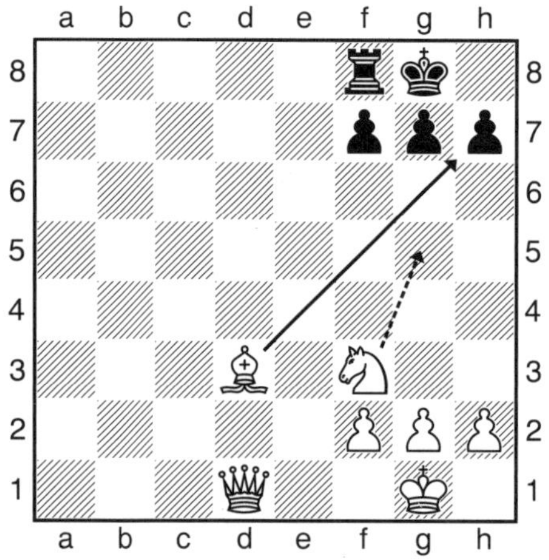

136a) Weiß am Zug

Mittels 1 ♗xh7+ wird der weiße Läufer für den Bauern h7 geopfert. Nach 1...♔xh7 2 ♘g5+ geht der schwarze König aus dem Springerschach mit 2...♔g8 zurück *(136b)*.

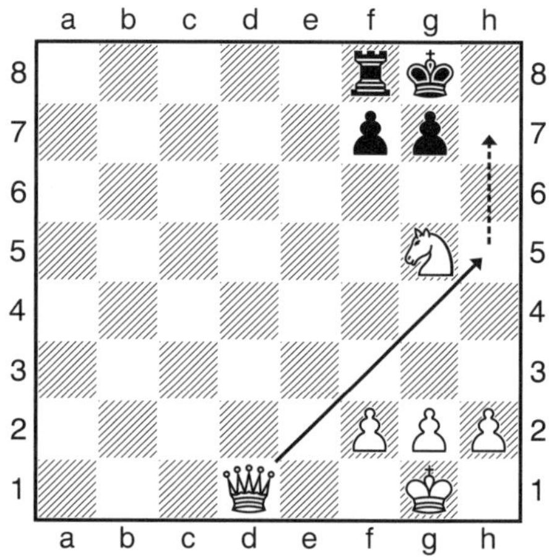

136b) Weiß am Zug

Die weiße Dame schaltet sich mit 3 ♕h5 in den Angriff ein. Weil der weiße Springer bereits auf g5 steht, droht Weiß 4 ♕h7 matt.

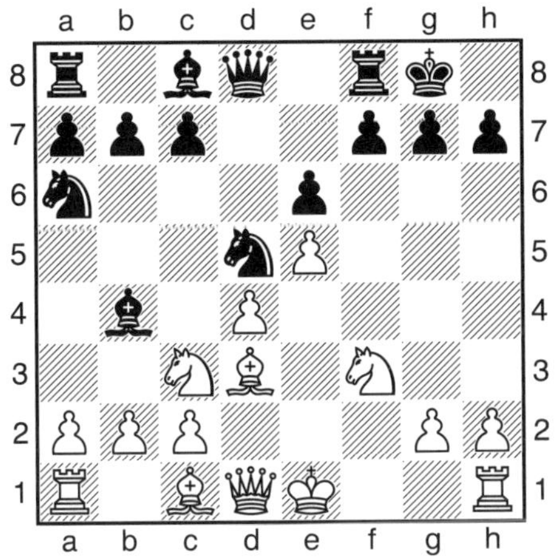

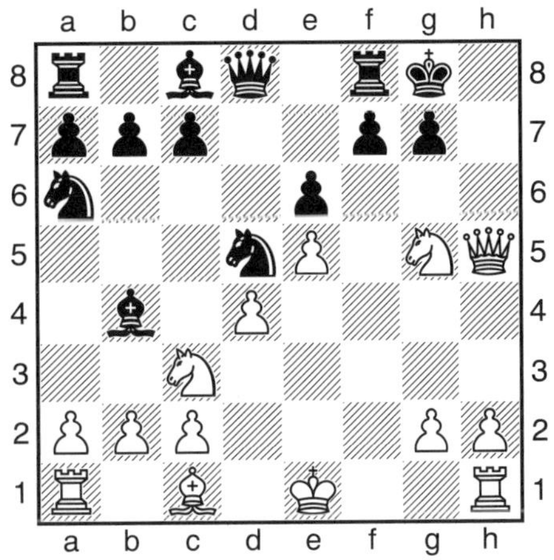

137a) Weiß am Zug

Auf 1 ♗xh7+ ♔xh7 2 ♘g5+ kann Schwarz den Springer nicht mit der Dame schlagen, denn der weiße Läufer c1 deckt ihn. Nach 2...♔g8 droht 3 ♕h5 *(137b)* matt.

137b) Schwarz am Zug

Das Feld f6 *ist für den schwarzen Springer nicht zugänglich*, so dass 3...♖e8 forciert ist (um dem König einen Fluchtweg zu eröffnen). Weiß setzt mit 4 ♕xf7+ ♔h8 *(137c)* fort.

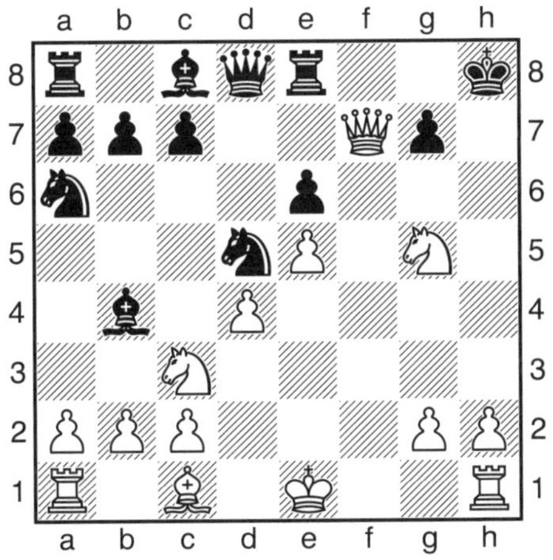

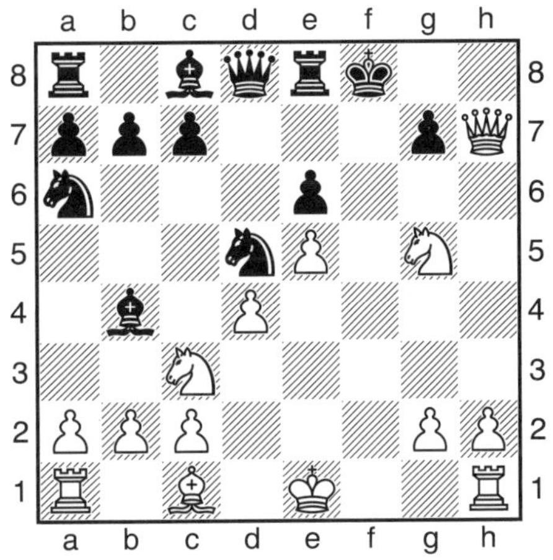

137c) Weiß am Zug

Die weiße Dame gibt weiter Schach: 5 ♕h5+ ♔g8 6 ♕h7+ ♔f8 *(137d)*. Schwarz hat keine Gelegenheit, seine Verteidigung neu zu ordnen, denn er muss bei jedem Zug aus dem Schach herausgehen.

137d) Weiß am Zug

Nun wird klar, warum *Weiß zwischendurch auf f7 geschlagen hat.* Nach 7 ♕h8+ ♔e7 setzt Weiß durch 8 ♕xg7 matt.

Tödliches Schachmatt 33

Das klassische Läuferopfer auf h7 (2)

Komm in mein Haus...

Nach dem weißen Opfer ♗xh7+ und dem Springerschach auf g5 kann Schwarz seinen König nach g6 ziehen. Die Verteidigungsidee besteht darin, den mächtigen weißen Angriffszug ♕h5 zu verhindern, der auf den Rückzug ...♔g8 folgen würde.

Der schwarze König ist jedoch auf dem Feld g6 potenziell sehr exponiert. Im Allgemeinen wird Weiß gewinnen, wenn es ihm gelingt, Verstärkungen in seinen Angriff zu führen. Allerdings kommt Schwarz manchmal mit seiner Mehrfigur davon.

Es ist wichtig zu wissen, dass Weiß *nicht in jedem Fall einen forcierten Gewinn* gegen die Verteidigung ...♔g6 hat. Der Druck gegen den schwarzen König kann mittelfristiger Natur sein. Du musst dann in Ruhe weitere Figuren in den Angriff manövrieren und die Tatsache, dass du eine Figur weniger hast, quasi ignorieren. Ein guter Test des eigenen Charakters!

Typisches Muster für das klassische Läuferopfer auf h7 (Schwarz versucht die Verteidigung ...♔g6)

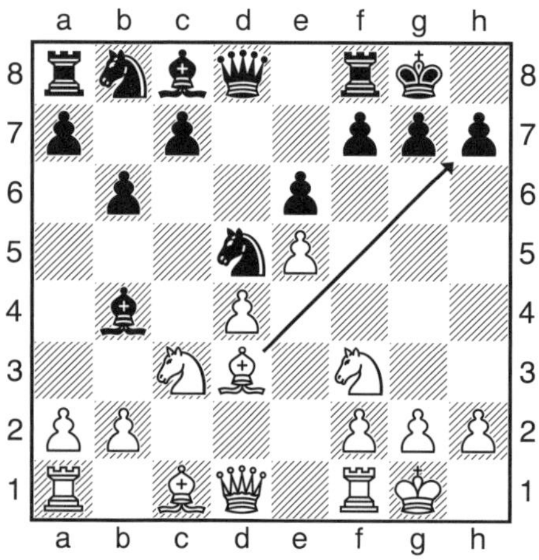

138a) Weiß am Zug

Nach dem Opfer 1 ♗xh7+ ♔xh7 2 ♘g5+ geht der schwarze König mit 2...♔g6 *(138b)* voran. Weiß muss sein weiteres Vorgehen genau überlegen: vermutlich 3 ♕g4, 3 h4 oder 3 ♕d3+.

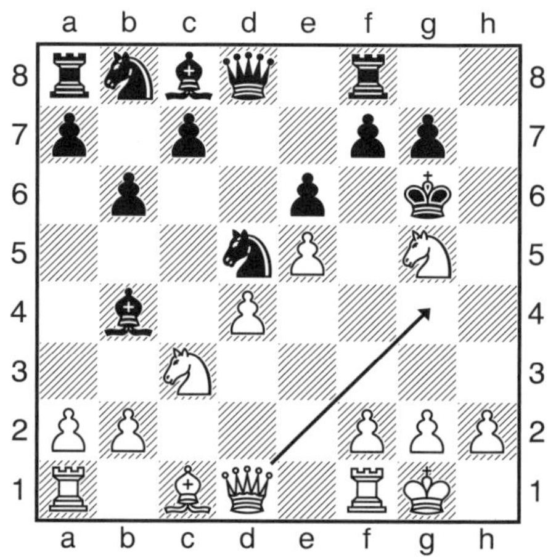

138b) Weiß am Zug

3 ♕g4 ist die häufigste Fortsetzung des Angriffs. Ein mächtiges Abzugsschach liegt in der Luft (4 ♘xe6+), und nach 3...f5 4 ♕g3 bleibt die Drohung bestehen.

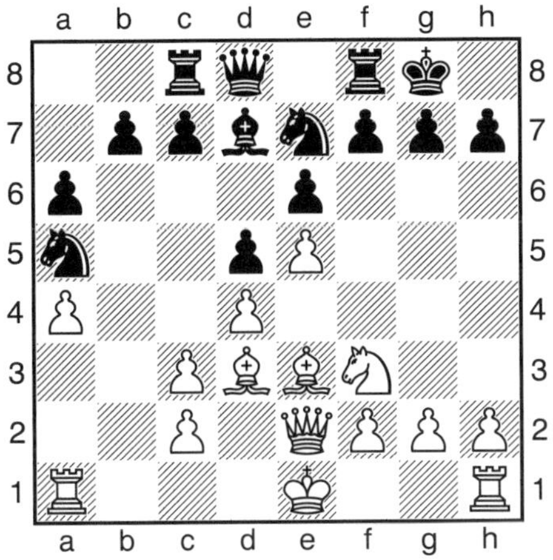

139a) Weiß am Zug

Nach 1 ♗xh7+ ♔xh7 2 ♘g5+ ♔g6 *(139b)* wäre die Fortsetzung 3 ♕g4 nicht so klar. Schwarz verfügt über die Antwort 3...f5 und auf 4 exf6 ♔xf6 bzw. 4 ♕g3 f4 5 ♕g4 ♕e8.

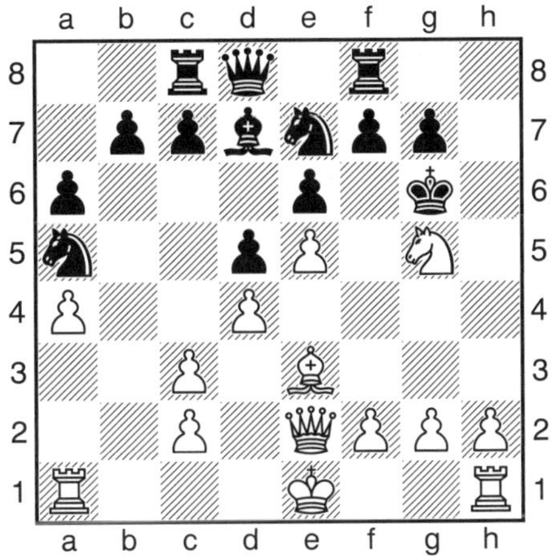

139b) Weiß am Zug

Statt 3 ♕g4 spielt Weiß 3 h4! und gewinnt leicht. Die Drohung, im nächsten Zug 4 h5+ zu spielen, ist sehr stark, weil der schwarze König dadurch ins Zentrum getrieben wird.

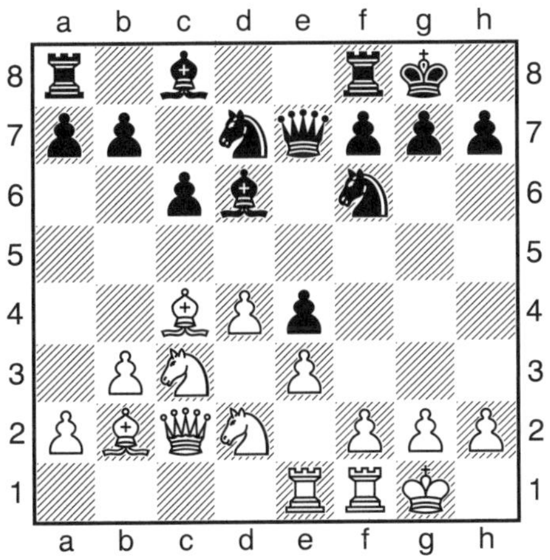

140) Schwarz am Zug

Hier ist das Opfer verlockend, aber nicht korrekt. Auf 1...♗xh2+ folgt 2 ♔xh2 ♘g4+ 3 ♔g3 und nach 3...♕g5 4 ♘dxe4 ♕g6 5 ♔f3 bzw. 3...♕d6+ 4 f4 exf3+ 5 ♔xf3.

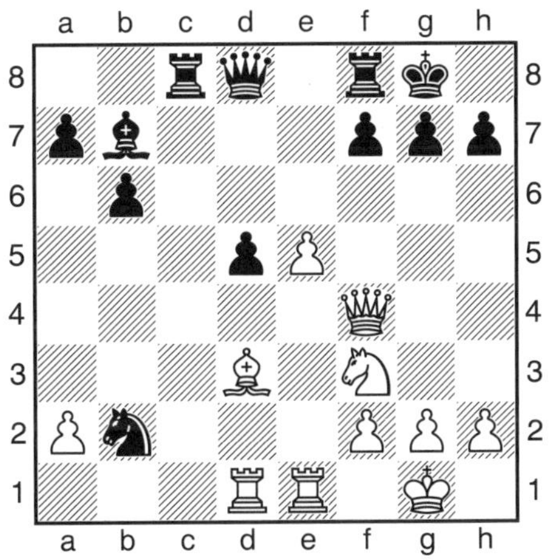

141) Weiß am Zug

1 ♗xh7+ ♔xh7 2 ♘g5+ ♔g6 3 h4! gibt Weiß einen gefährlichen Angriff, z. B. 3...♘xd1 4 h5+ ♔xh5 5 g4+ ♔g6 6 ♕f5+ ♔h6 7 ♘xf7+ ♖xf7 8 ♕h5 matt.

Tödliches Schachmatt 34

Das klassische Läuferopfer auf h7 (3)

Ein König auf h6 im Mittelspiel?

Die Verteidigung ...♔h6 als Antwort auf das klassische Läuferopfer auf h7 hat dieselbe Idee wie die Verteidigung ...♔g6 (Tödliches Schachmatt 33). Aber ...♔h6 kommt seltener vor, denn der schwarze König steht danach exponierter. Wenn Weiß beispielsweise einen schwarzfeldrigen Läufer auf der Diagonale c1-h6 hat, so verfügt er bereits über ein Abzugsschach.

Ein weiterer Nachteil ist darin zu sehen, dass die *weiße Dame häufig ein unangenehmes Schach auf der h-Linie geben kann.*

Daher ist ...♔h6 nur dann eine ernst zu nehmende Verteidigung, wenn Weiß einen Bauern auf h4 hat. Der Grund hierfür liegt darin, dass der schwarze König vor Schachs der weißen Dame auf der h-Linie geschützt ist.

Typisches Muster für das klassische Läuferopfer auf h7 (Schwarz versucht die Verteidigung ...♔h6)

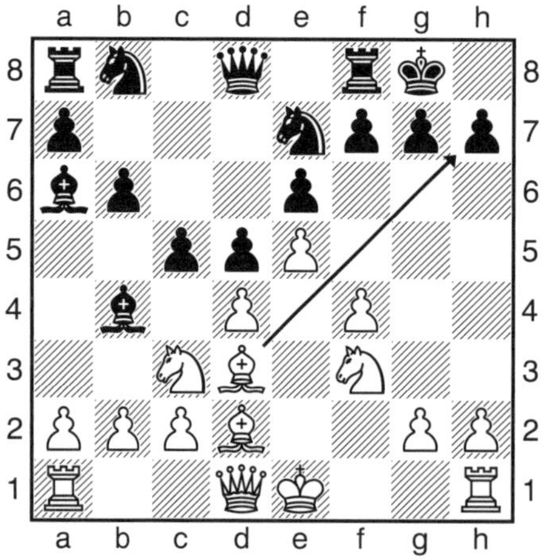

142a) Weiß am Zug

Nach 1 ♗xh7+ ♔xh7 2 ♘g5+ ♔h6 *(142b)* kann Weiß in dieser sehr vorteilhaften Version unter mehreren Gewinnvarianten auswählen, z. B. bereitet 3 f5 ein Abzugsschach des Läufers d2 vor.

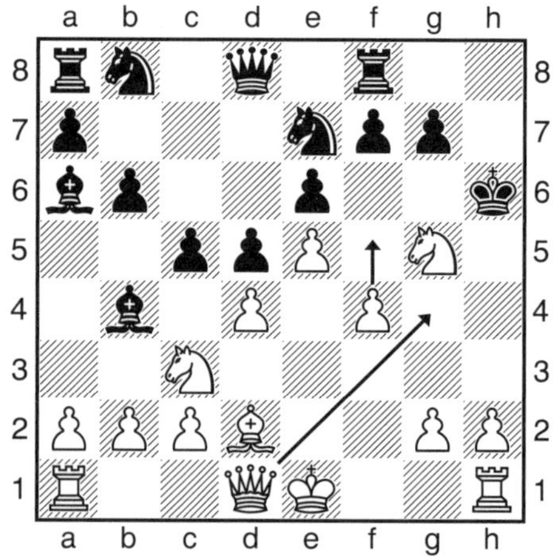

142b) Weiß am Zug

Ein weiterer Gewinnzug ist 3 ♕g4, der Matt in zwei Zügen durch Damenschachs auf der h-Linie droht, z. B. 3...♘f5 4 ♕h3+ ♔g6 5 ♕h7 matt.

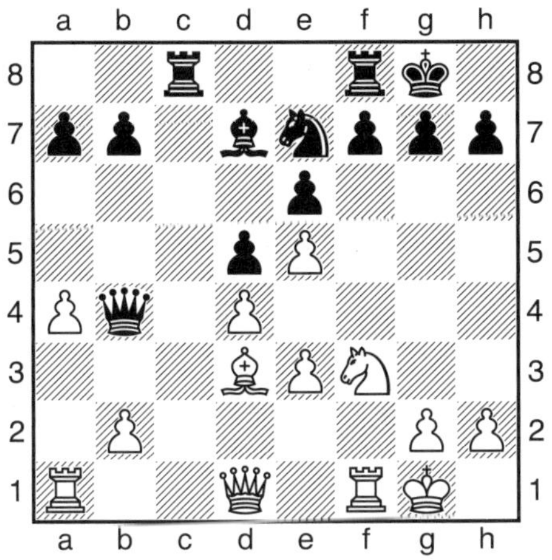

143a) Weiß am Zug

Der weiße schwarzfeldrige Läufer ist bereits abgetauscht worden, aber 1 ♗xh7+ ♔xh7 2 ♘g5+ ♔h6 3 ♕g4 gibt Weiß dennoch einen starken Angriff. Der schwarze Zug 3...♕d2 *(143b)* greift den Bauern e3 an.

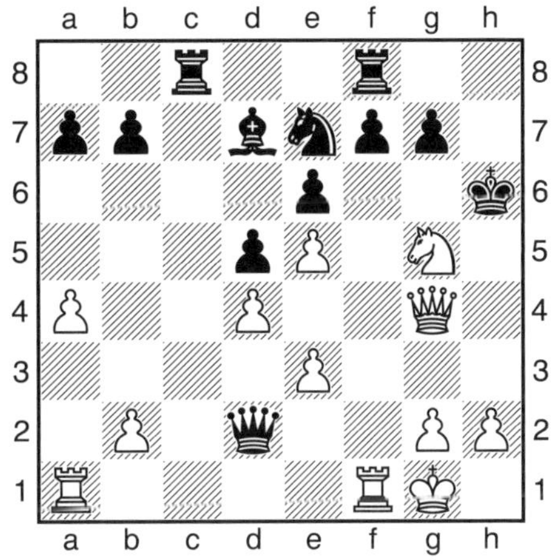

143b) Weiß am Zug

Es beginnt nun eine typische Königsjagd: 4 ♕h4+ ♔g6 5 ♕h7+ ♔xg5 6 h4+ ♔g4 7 ♕xg7+ ♘g6 8 ♕h6 ♘xh4 9 ♖f4+ ♔g3 10 ♕xh4 matt.

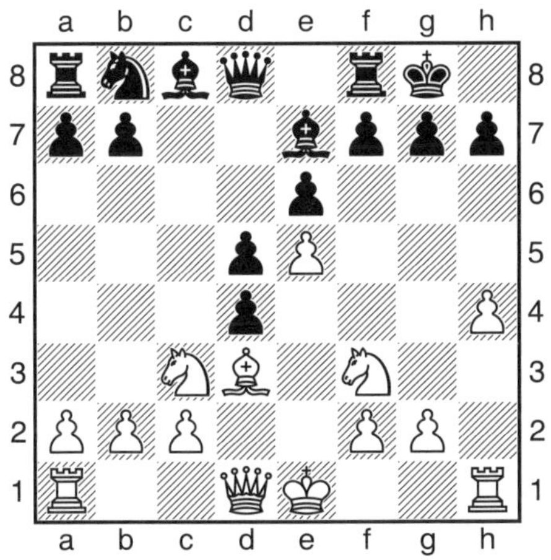

144a) Weiß am Zug

Durch das Vorhandensein eines weißen Bauern auf h4 ermutigt, versucht Schwarz die Verteidigung ...♔h6: 1 ♗xh7+ ♔xh7 2 ♘g5+ ♔h6!? *(144b)*.

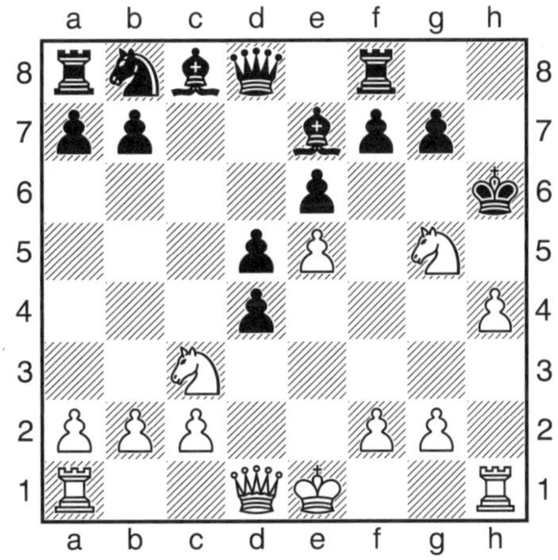

144b) Weiß am Zug

Es gibt keinen direkten Gewinn, weil Weiß auf der h-Linie kein Damenschach geben kann. Nach 3 ♕d3 (mit der Drohung ♕h7 matt) 3...g6 4 h5!? entsteht eine sehr unklare Position.

Tödliches Schachmatt 35

Das klassische Läuferopfer auf h7 (4)

Die Klassiker müssen neu geschrieben werden...

Es gibt so viele Stellungen, in denen das klassische Läuferopfer auf h7 gespielt werden kann, das man ein ganzes Buch nur über dieses Thema schreiben könnte. Der Angriff kann auch sofort fehlschlagen, beispielsweise wenn Schwarz nach dem weißen ♕h5 den Punkt h7 verteidigen kann. Ein schwarzer Springerzug nach f6 oder ein Läuferzug nach f5 würde dies leisten.

Andererseits gibt es einige verwirrende Versionen (unter anderem ein weißer Bauer auf h4 und ein Turm auf h1), in denen Weiß gewinnt, obwohl Schwarz den angreifenden Springer auf g5 schlagen kann.

Typisches Muster für das klassische Läuferopfer auf h7 (fortgeschrittene Version)

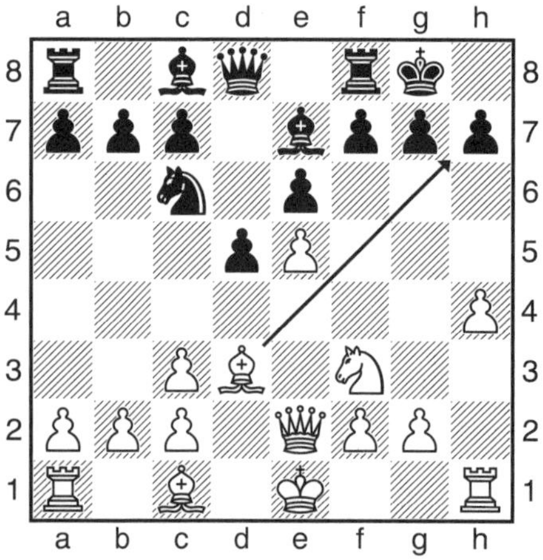

145a) Weiß am Zug

Trotz des verteidigenden Läufers auf e7 schlägt das Opfer *dank des weißen Bauern auf h4 und des Turmes auf h1* durch. 1 ♗xh7+ ♔xh7 2 ♘g5+ ♔g8 3 ♕h5 *(145b)*.

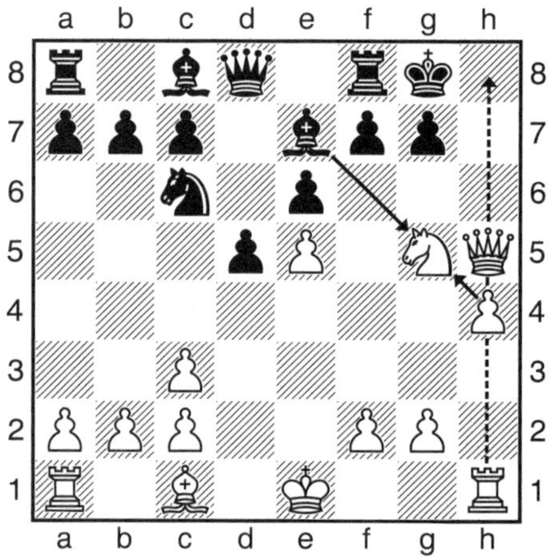

145b) Schwarz am Zug

Der Läufer kann den Springer schlagen, aber 3...♗xg5 4 hxg5 *öffnet die h-Linie für den weißen Turm*. Nach 4...f6 5 g6 kann Schwarz das Matt auf h7 oder h8 nicht mehr vermeiden.

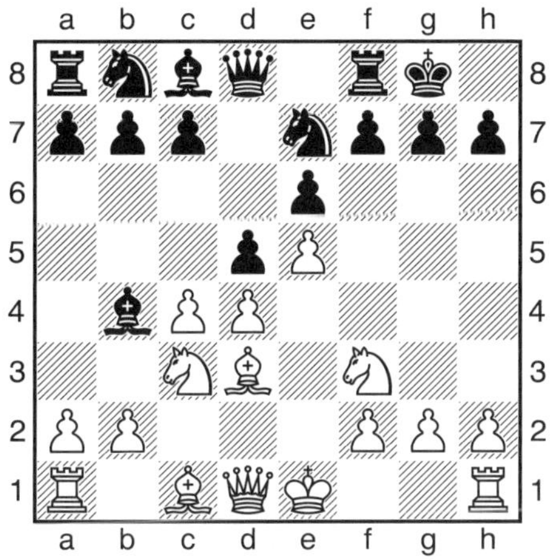

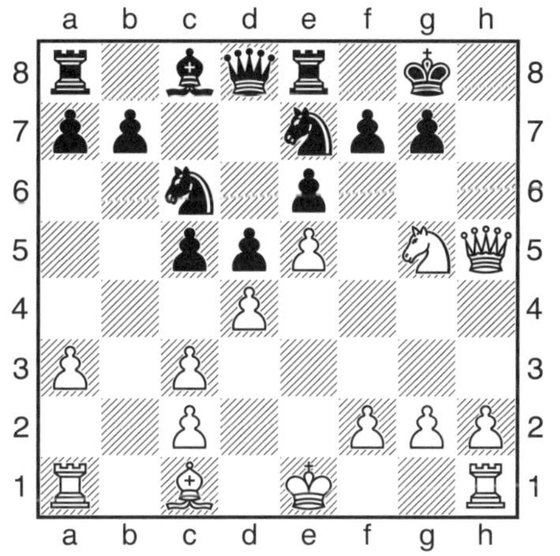

146a) Weiß am Zug

Ein schönes Beispiel, *wenn Schwarz einen Springer auf e7 hat.* Nach 1 ♗xh7+ ♔xh7 2 ♘g5+ ♔g8 3 ♕h5 ♖c8 *(146b)* verschmäht Weiß das „Angebot", den Bauern f7 zu verspeisen.

146b) Weiß am Zug

4 ♕h7+! ist korrekt (denn nach 4 ♕xf7+ ♔h8 5 ♕h5+ ♔g8 kann der schwarze König via f7 entkommen). Nach 4...♔f8 5 ♕h8+ ♘g8 6 ♘h7+ ♔e7 7 ♗g5+ gewinnt Weiß.

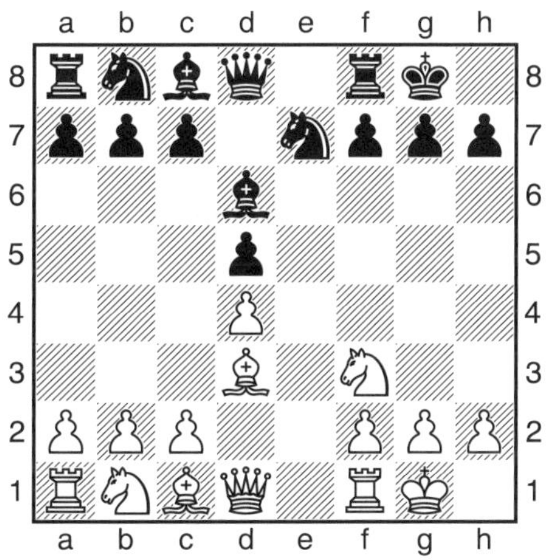

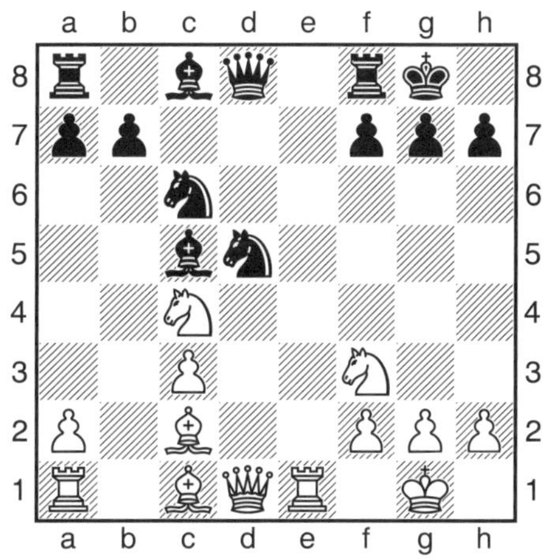

147) Weiß am Zug

Das Opfer ist hier *nicht* spielbar, *denn der schwarze Läufer kann die Diagonale b1-h7 erreichen*. Auf 1 ♗xh7+ ♔xh7 2 ♘g5+ ♔g8 3 ♕h5 kann Schwarz das Feld h7 mit 3...♗f5 verteidigen.

148) Weiß am Zug

Das Opfer ist hier *nicht* spielbar, denn *der schwarze Springer kann nach f6 ziehen*. Nach 1 ♗xh7+ ♔xh7 2 ♘g5+ ♔g8 3 ♕h5 verteidigt 3...♘f6 das Feld h7.

Tödliches Schachmatt 36 Matt auf der langen Diagonale

Eine gefährliche Zugstraße

Ein schwarzfeldriger Läufer, der die lange Diagonale a1-h8 kontrolliert, erzeugt viele kombinatorische Möglichkeiten. Er arbeitet außerdem gut mit anderen Figuren zusammen. Ein Angriff der Türme auf der h-Linie wird beispielsweise unterstützt, weil der Läufer das Feld h8 beherrscht.

Eine Dame-Läufer Batterie ist besonders vernichtend. Durch das Aufstellen der Dame auf der langen Diagonale vor dem Läufer droht Weiß auf den Feldern g7 und h8 Matt. Selbst wenn er das Matt verhindern kann, verliert Schwarz Material, wenn die Dame neben der Mattdrohung noch eine Figur angreifen kann.

Typisches Muster für das Matt auf der langen Diagonale

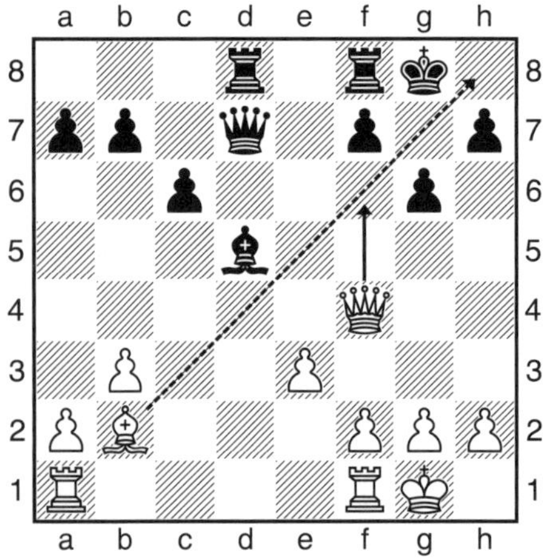

149a) Weiß am Zug

Der die lange Diagonale beherrschende weiße Läufer kontrolliert die Felder g7 und h8 neben dem schwarzen König. Weiß nutzt die Schwächen mit 1 ♕f6 *(149b)* aus.

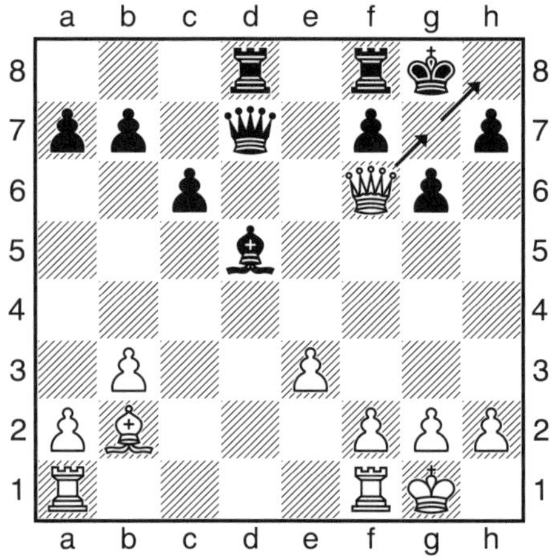

149b) Schwarz am Zug

Schwarz ist wegen der geschwächten schwarzen Felder hilflos. Es gibt keine Möglichkeit, Weiß daran zu hindern, im nächsten Zug mit 2 ♕g7 oder 2 ♕h8 matt zu setzen.

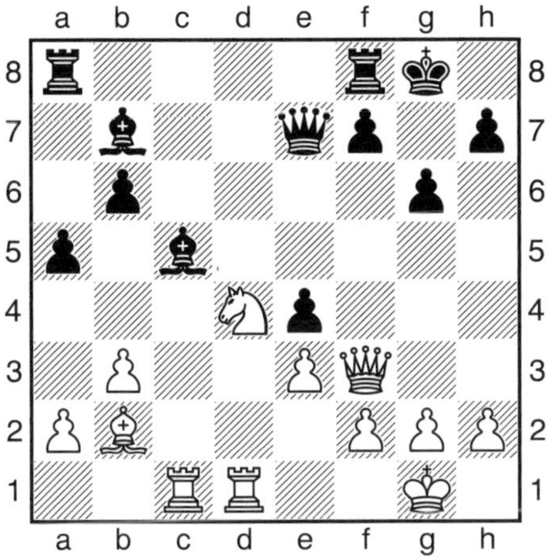

150a) Weiß am Zug

Weiß ignoriert den Angriff gegen seine Dame und spielt 1 ♘f5 (mit den Drohungen ♘h6 matt und ♘xc7+). Schwarz kann den Springer nicht schlagen (1...gxf5 2 ♕g3+) und antwortet 1...♕g5 *(150b)*.

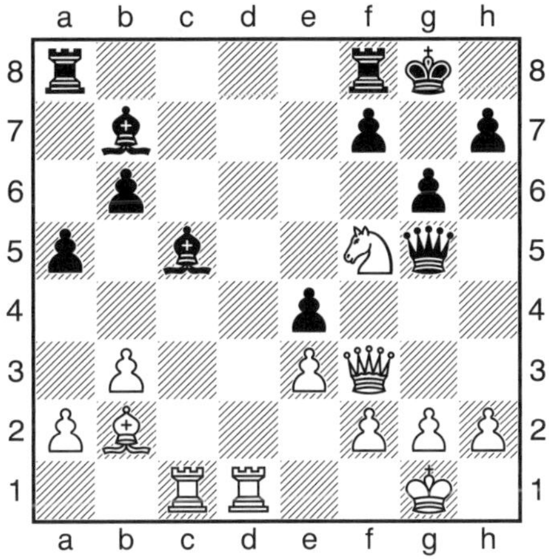

150b) Weiß am Zug

Das Opfer 2 ♘h6+ ♕xh6 lenkt die schwarze Dame ab. Weiß gewinnt nun mit 3 ♕f6, denn seine Mattdrohungen auf der langen Diagonale sind unparierbar.

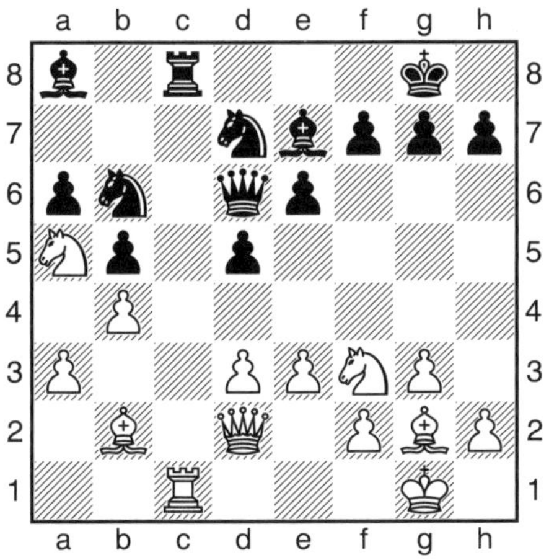

151) Weiß am Zug

Die zweizügige Kombination 1 ♖xc8+ ♘xc8 2 ♕c3 gewinnt wegen des Doppelangriffs eine Figur. Weiß greift den Springer c8 an und droht gleichzeitig auf g7 matt zu setzen.

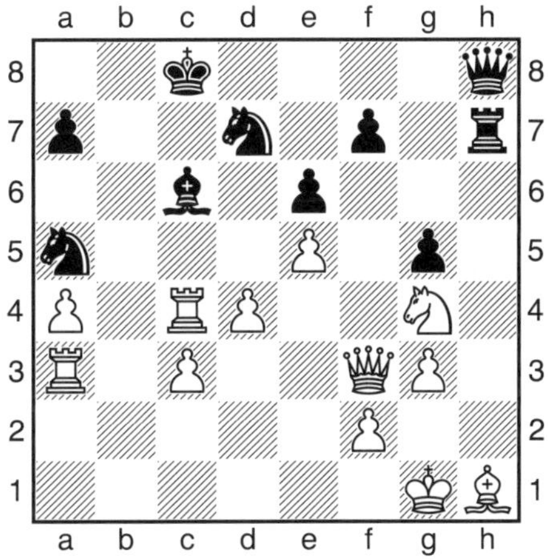

152) Schwarz am Zug

1...♖xh1+ 2 ♕xh1 ♕xh1 matt illustriert einen „Röntgenangriff". Die Kraft des schwarzen Laufers dringt durch die weiße Dame bis auf das Feld h1 hindurch.

Tödliches Schachmatt 37

Geschwächte schwarze Felder

Der unglückliche Fall, in dem der Fianchettoläufer fehlt

Geschwächte schwarze Felder entstehen, wenn der schwarze g-Bauer nach g6 gezogen hat, *aber Schwarz keinen Fianchettoläufer auf g7 mehr hat.* Die Abwesenheit des verteidigenden Läufers bedeutet, dass es für Weiß viel leichter ist, die Felder f6 und h6 zu Angriffszwecken zu nutzen. Weiterhin sind die schwarzen Felder g7 und h8 direkt neben dem kurz rochierten schwarzen König potenzielle Mattfelder.

Vier positionelle Methoden, die geschwächten schwarzen Felder auszunutzen, sind:

1) *der Marsch eines weißen Bauern nach f6 oder h6; oder*

2) *die Überführung eines weißen Läufers nach f6 oder h6.*

Ein Läufer oder Bauer auf h6 oder f6 ist besonders gefährlich, wenn sich die weiße Dame in den Angriff einschalten kann.

Grundmuster für ein Matt auf den schwarzen Feldern

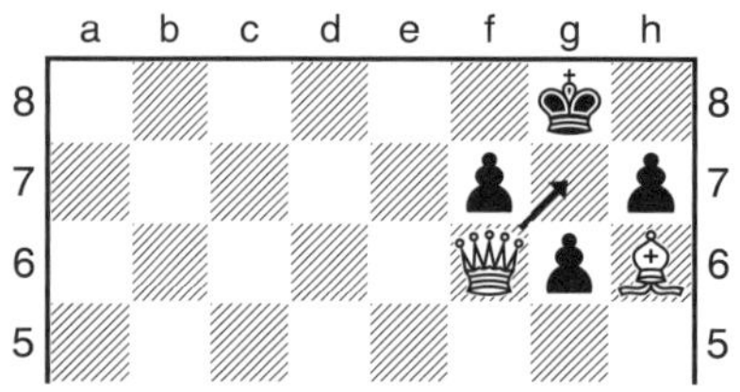

153) Weiß am Zug

1 ♕g7 ist Matt. Die weiße Dame wird vom Läufer h6 gedeckt.

154) Weiß am Zug

1 ♕g7 ist Matt. Die Dame wird vom Bauern h6 gedeckt.

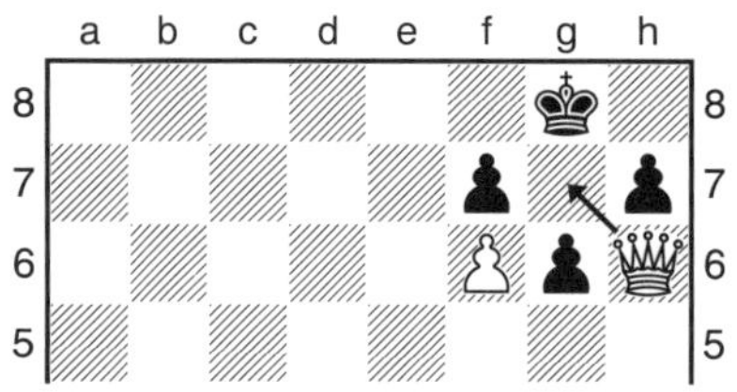

155) Weiß am Zug

1 ♕g7 ist Matt. Die Dame wird vom Bauern f6 gedeckt.

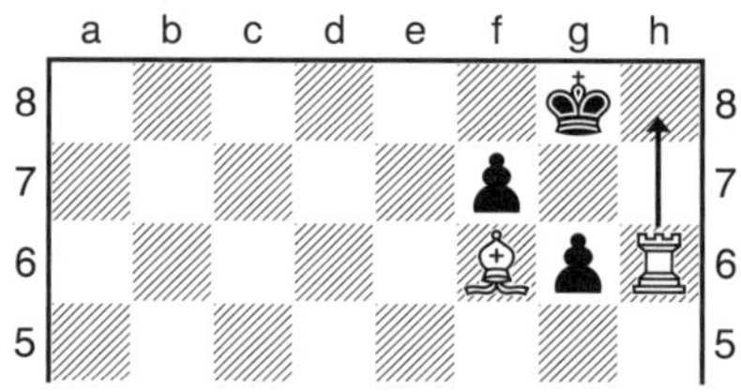

156) Weiß am Zug

1 ♖h8 ist Matt. Ein auf f6 postierter Läufer eröffnet eine große Zahl von Mattmotiven.

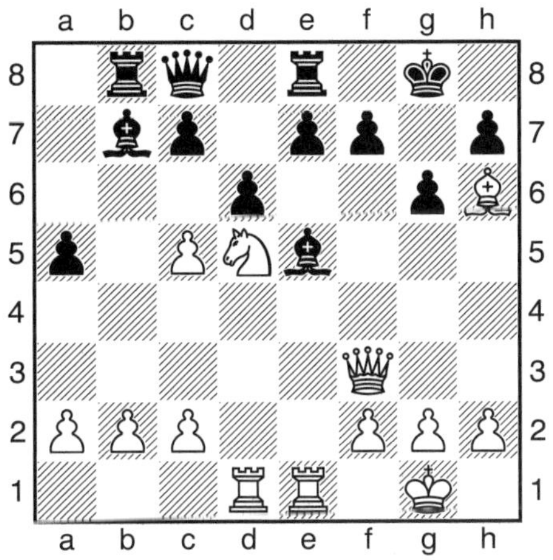

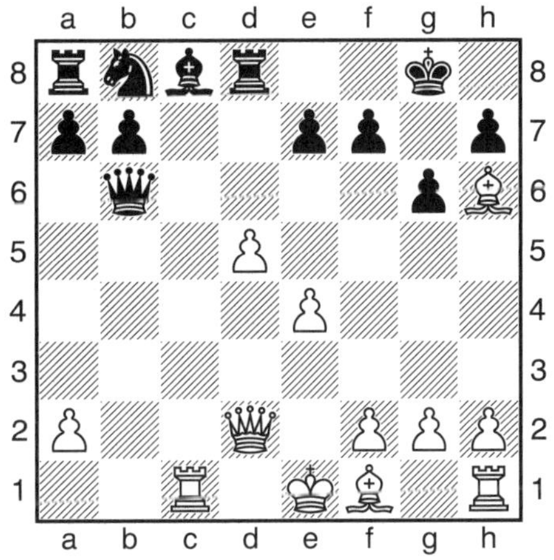

157) Weiß am Zug

Sowohl der schwarze Läufer e5 als auch der Bauer e7 werden beseitigt, so dass Weiß das Feld f6 nutzen kann: 1 ♖xe5 dxe5 2 ♘xe7+ ♖xe7 3 ♕f6, und Weiß gewinnt.

158) Weiß am Zug

Ein Läufer auf h6 unterstützt ebenfalls Grundreihenmatts. 1 ♕c3 droht Matt auf g7. Auf 1...f6 folgt 2 ♕xc8 ♖xc8 3 ♖xc8+ ♔f7 4 ♖f8 matt.

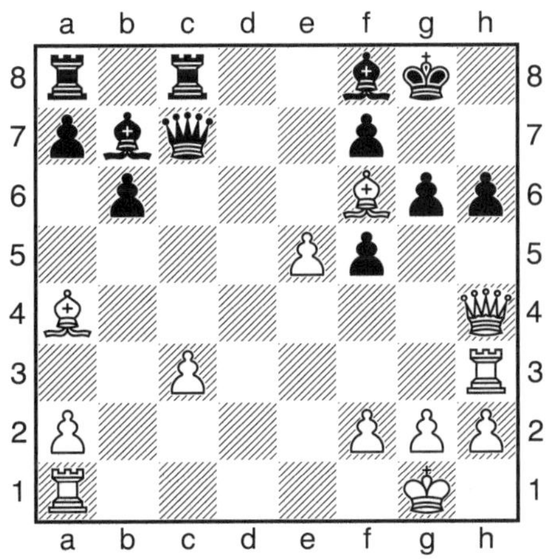

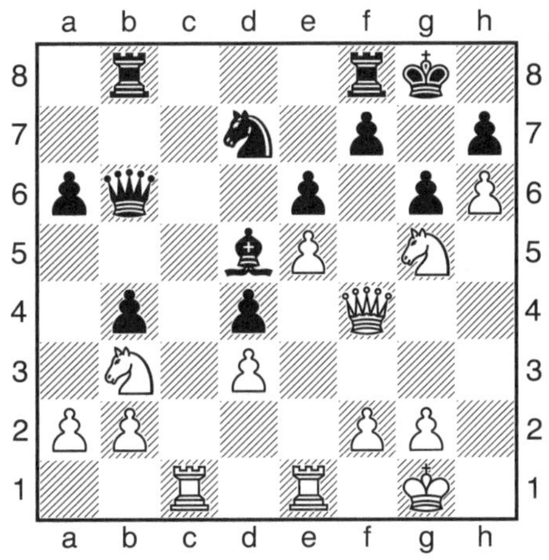

159) Weiß am Zug

Nach 1 ♕xh6 ♗xh6 2 ♖xh6 kann das Matt (durch ♖h8) nicht mehr verhindert werden. Ein Meister würde diese sehr gebräuchliche Kombination sofort sehen.

160) Weiß am Zug

Die weiße Dame würde sehr gerne nach f6 ziehen (um ♕g7 matt zu drohen). Daher wird der schwarze Springer mittels 1 ♘c5! abgelenkt und nach 1...♘xc5 2 ♕f6 ist das Matt unvermeidlich.

Tödliches Schachmatt 38 Ein weiteres Matt von Blackburne

Werde zum Bezwinger, mit Läufer & Springer

Läufer und Springer bilden ein gutes Team, um die geschwächten schwarzen Felder auszunutzen. Ein wunderschönes Beispiel dafür ist die 1897 gespielte Partie Albin-Blackburne.

Ein weißer Läufer auf der langen Diagonale a1-h8 kann für Schwarz unangenehm sein, wenn die Diagonale nicht durch Figuren oder Bauern verstellt ist. Selbst auf a1 oder b2 übt der Läufer starken Druck auf die schwarze Königsstellung aus. Dies ist besonders dann der Fall, wenn:

a) *Schwarz keinen schwarzfeldrigen Läufer mehr hat; und*

b) *der schwarze Bauer g7 gezogen hat oder nicht mehr vorhanden ist.*

Um eine so vorteilhafte Position auszunutzen, solltest du wenn möglich, einen Springer auf ein weißes Feld (wie f5 oder g4) in der Nähe des schwarzen Königs manövrieren.

Grundmuster für ein weiteres Matt von Blackburne

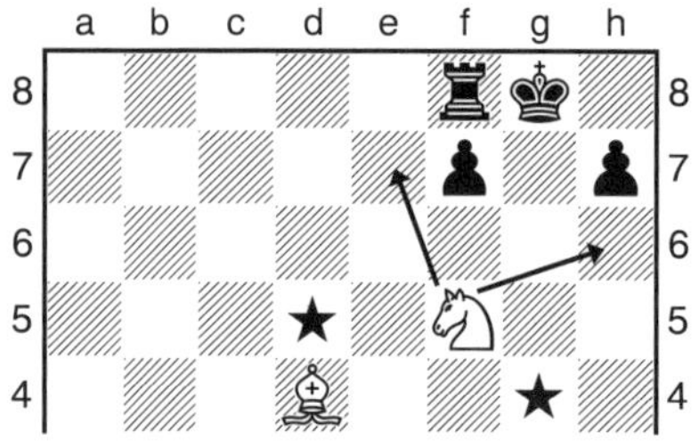

161) Weiß am Zug

Sowohl 1 ♘h6 als auch 1 ♘e7 setzen matt. Die Felder d5 und g4 (mit „*“ markiert) sind auch gute Vorposten für den weißen Springer.

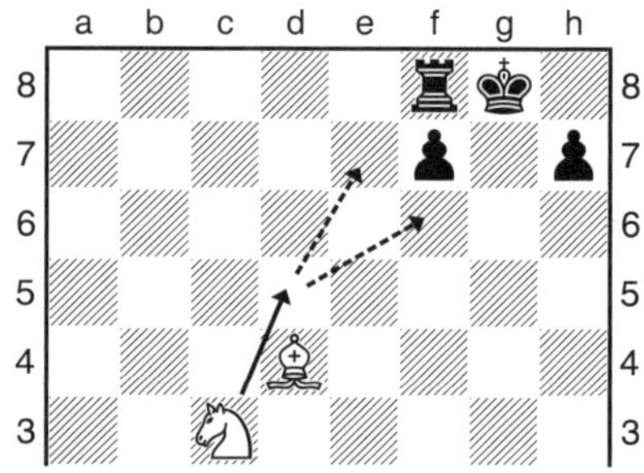

162) Weiß am Zug

1 ♘d5 droht Matt im nächsten Zug mittels 2 ♘e7 und ein unangenehmes Schach auf f6.

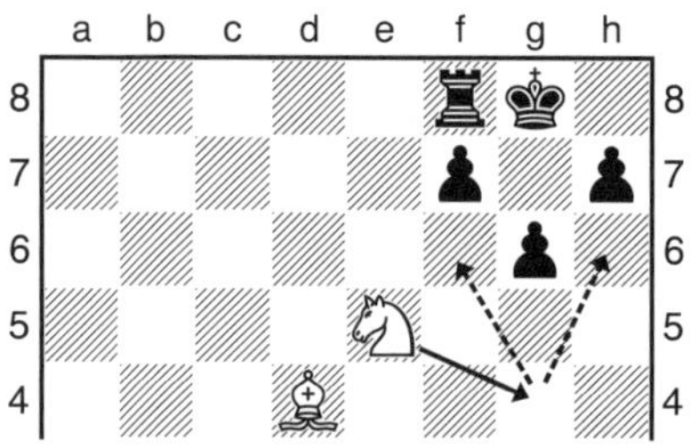

163) Weiß am Zug

1 ♘g4 ist häufig ein sehr gefährliches Manöver. Von g4 droht der Springer sowohl Matt auf h6 als auch ein gefährliches Schach auf f6.

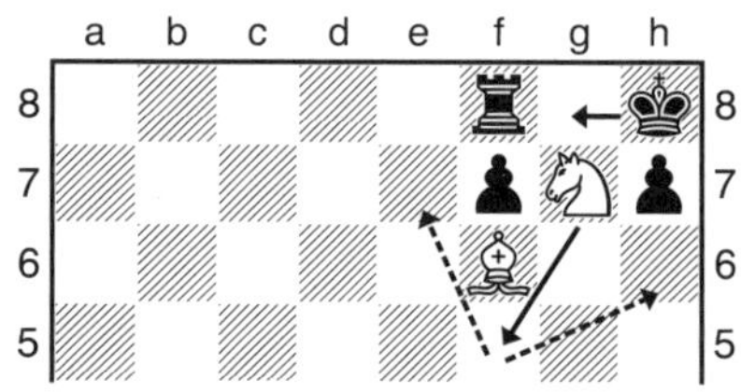

164) Weiß am Zug

Ein typisches Mattnetz entsteht nach 1 ♘f5+ ♔g8. Sowohl 2 ♘h6 als auch 2 ♘e7 setzen matt.

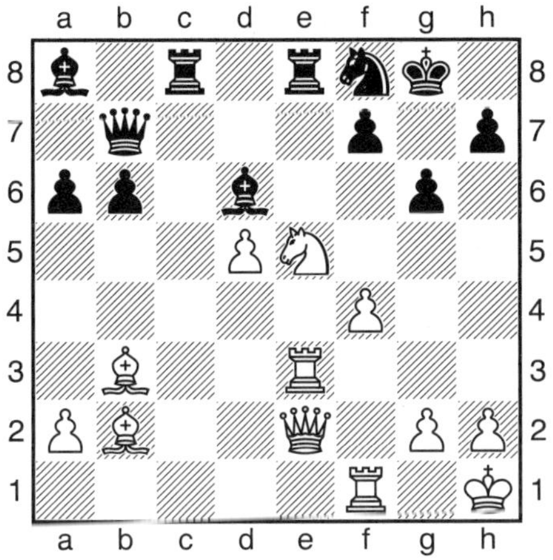

165) Weiß am Zug

1 ♘g4 gewinnt durch die Ausnutzung der *geschwächten schwarzen Felder* um den schwarzen König herum. Zusätzlich zu 2 ♘h6 matt droht Weiß 2 ♖xe8 und 2 ♘f6+.

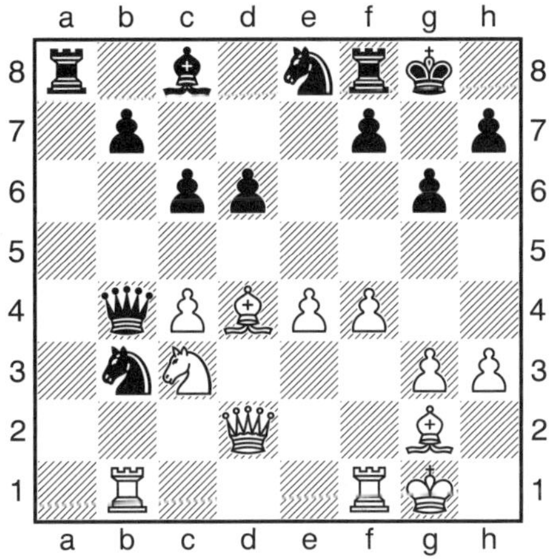

166) Weiß am Zug

Das spektakuläre 1 ♘d5! (mit der Drohung 2 ♘e7 matt) lässt Schwarz keine Zeit, die weiße Dame zu schlagen. Nach 1...cxd5 2 ♕xb4 gewinnt Weiß.

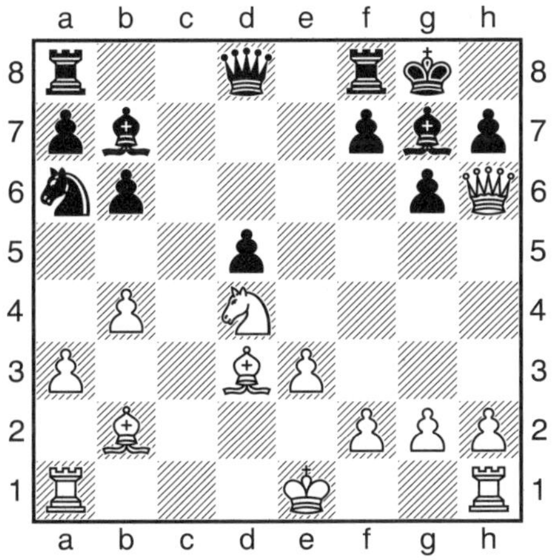

167) Weiß am Zug

Der schwarze Fianchettoläufer, der die schwarzen Felder schützt, wird einfach beseitigt: 1 ♕xg7+ ♔xg7 2 ♘f5++ (*Doppelschach!*) 2...♔g8 3 ♘h6 matt.

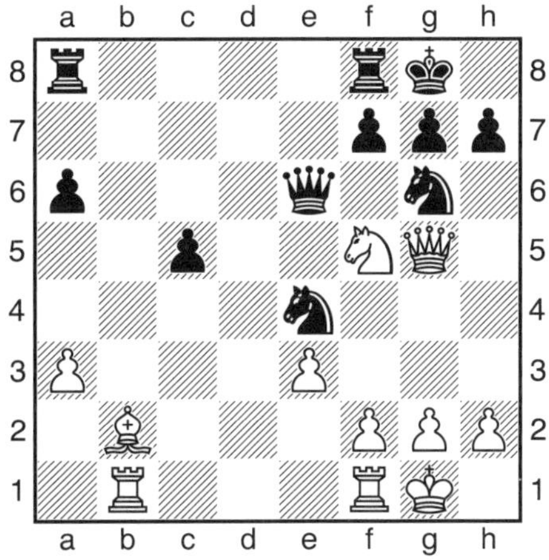

168) Weiß am Zug

Ein überraschendes, aber nicht ungewöhnliches Manöver gewinnt einzügig. 1 ♕h6! droht Matt auf g7, was nicht mehr verhindert werden kann, denn auf 1...gxh6 folgt 2 ♘xh6 matt.

Tödliches Schachmatt 39

Lollis Mattbilder

Ein kleiner Bauer sorgt für große Trauer

Der Vormarsch des f-Bauern, um die gegnerische Königsstellung aufzuweichen, kann ein starkes Manöver darstellen, wenn die Rahmenbedingungen stimmen. Sobald er das Feld f6 erreicht hat, wird er ein mächtiger Dorn in der schwarzen Seite sein. Einige der Drohungen – wie zum Beispiel Grundreihenmatt – können selbst bis ins Endspiel bestehen bleiben.

Die Lage wird für den Verteidiger extrem gefährlich, wenn die weiße Dame in der Nähe des schwarzen Königs ist. Obwohl ein sofortiges Matt auf g7 eventuell verhindert werden kann, *bricht die schwarze Verteidigung normalerweise zusammen, wenn Weiß einen weiteren Turm oder Springer in den Angriff führen kann.* Dieses Matt mit dem Turm ist nach dem italienischen Schachautor Giambattista Lolli (1698-1769) benannt.

Grundmuster mit dem Bauern auf f6

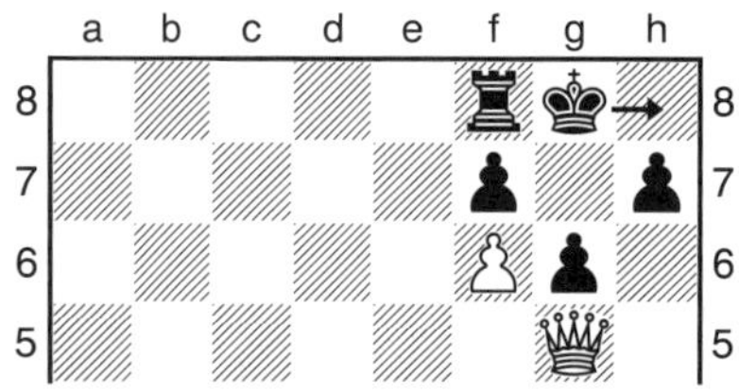

169a) Schwarz am Zug

Um die weiße Mattdrohung (♕h6 gefolgt von ♕g7) zu parieren, spielt Schwarz 1...♔h8 *(169b).*

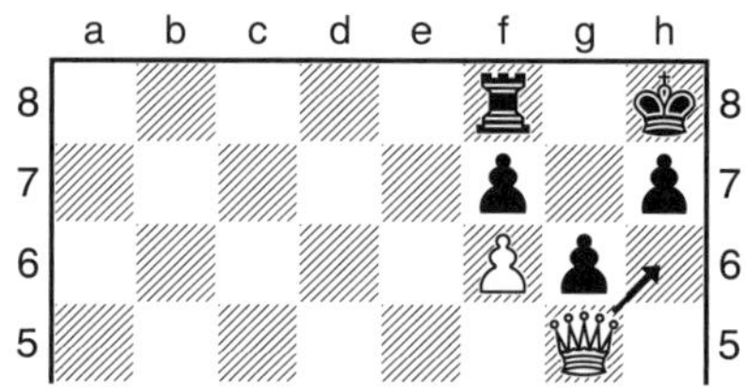

169b) Weiß am Zug

Die weiße Dame zieht mit 2 ♕h6 *(169c)* voran und droht, auf dem Feld g7 Matt zu geben.

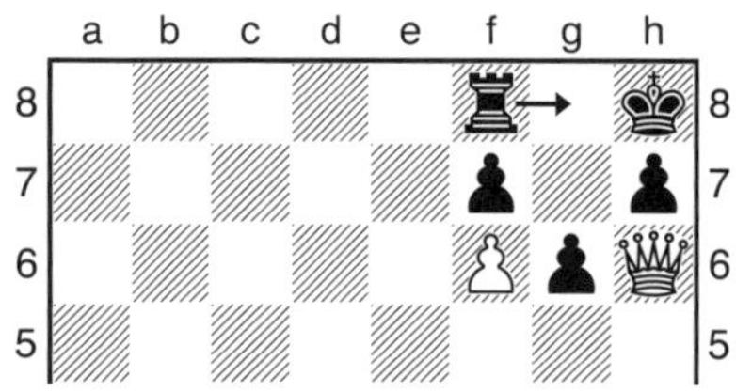

169c) Schwarz am Zug

1...♖g8 *(169d)* verhindert das Matt auf g7, *blockiert aber g8* – ein potenzielles Fluchtfeld des schwarzen Königs.

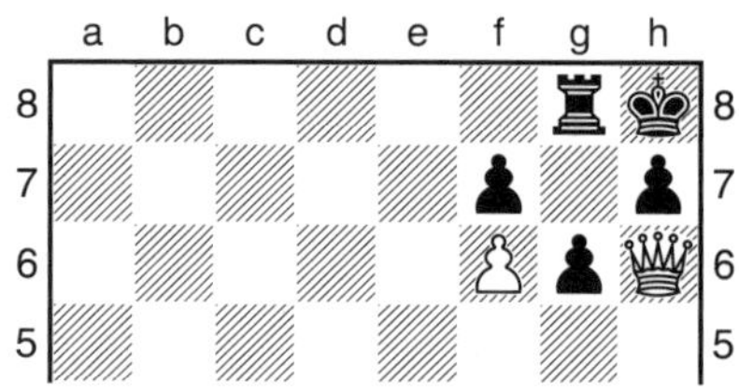

169d) Weiß am Zug

Durch Überführung *eines Springers nach g5* oder *eines Turmes auf die h-Linie* wird Weiß höchstwahrscheinlich schnell gewinnen.

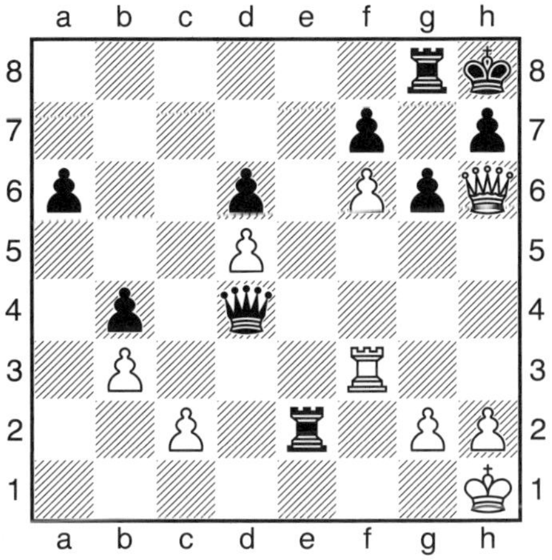

170) Weiß am Zug

Obwohl er einen Turm weniger hat und Schwarz selbst Matt droht, gewinnt Weiß durch Lollis Damenopfer: 1 ♕xh7+ ♔xh7 2 ♖h3+ ♕h4 3 ♖xh4 matt.

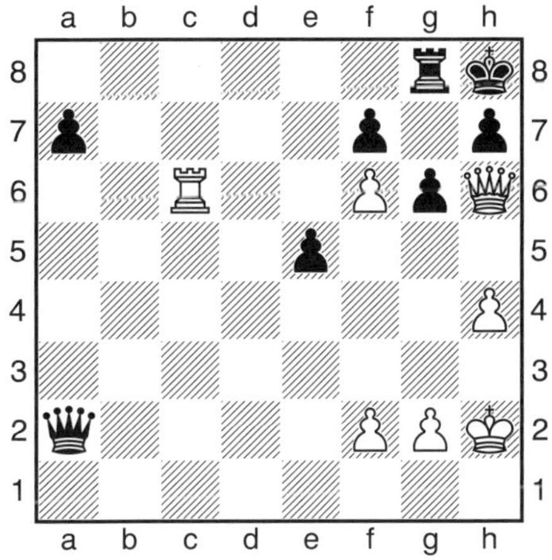

171) Weiß am Zug

Nach 1 ♖c8 kann Schwarz das Matt durch 2 ♕g7 nicht mehr verhindern.

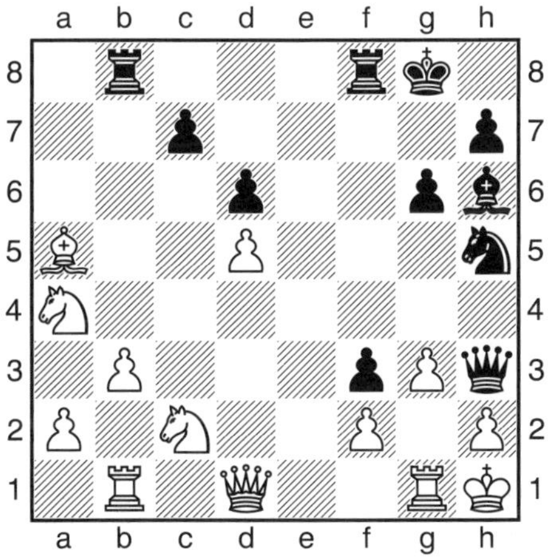

172) Schwarz am Zug

1...♘f6 2 ♕f1 ♘g4! 3 ♕xh3 ♘xf2 ist eine hübsche Version des erstickten Matts. 2 ♕xf3 ist angesichts von 2...♘g4 3 ♕g2 ♘xf2+ auch keine ausreichende Verteidigung.

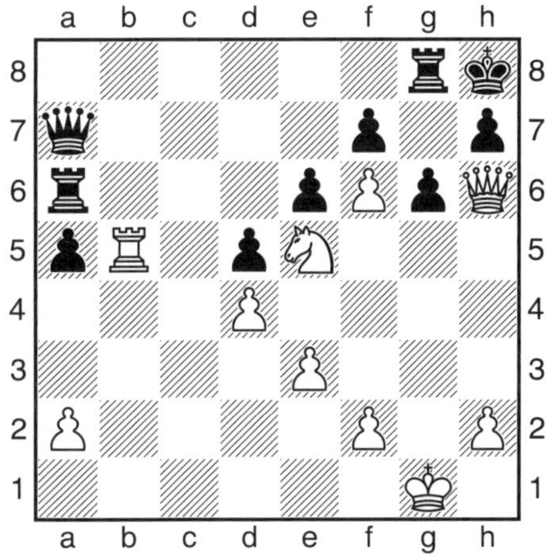

173) Weiß am Zug

Das Opfer 1 ♖b8! illustriert eine Kombination beider Motive in attraktiver Weise. 1...♖xb8 lässt 2 ♕g7 matt zu, und 1...♕xb8 scheitert an 2 ♘xf7 matt.

Tödliches Schachmatt 40

Matt auf der Grundreihe

Wenn Papas Bauern ungewollt zu Komplizen werden

Dies ist vermutlich das häufigste Motiv von allen. Das standardmäßige Grundreihenmatt entsteht, wenn eine Dame oder ein Turm auf der achten Reihe Schach geben kann und *der gegnerische König durch seine eigenen Bauern am Entkommen gehindert wird.* Üblicherweise stehen dafür alle drei schwarzen Königsflügelbauern direkt vor ihrem König. Im frühen Mittelspiel schützt diese Bauernformation (auf f7, g7 und h7) den schwarzen König sehr gut gegen einen *Frontalangriff*. Doch später, wenn an anderer Stelle des Brettes Bauern abgetauscht werden, öffnen sich Linien, und die Chancen steigen, dass die Dame oder einer der Türme auf die Grundreihe vordringen kann. Plötzlich stellt sich der schützende Bauernwall als tödliche Falle heraus.

Um zu vermeiden, selbst auf der Grundreihe matt gesetzt zu werden, solltest du dir überlegen, vorher ein „Luftloch" für den kurz rochierten König zu machen (z. B. durch ...h6).

Typisches Muster für das Matt auf der Grundreihe

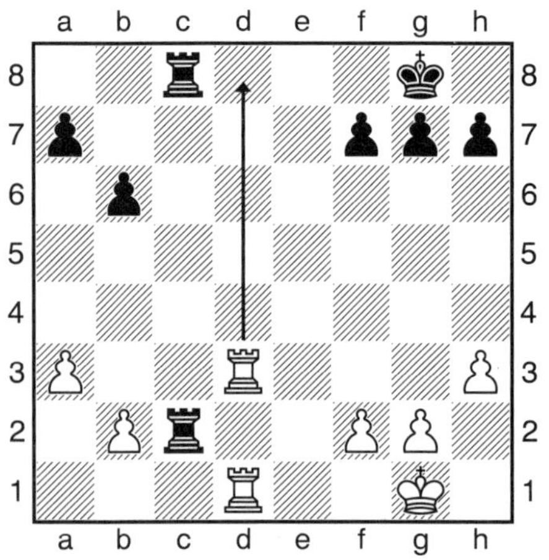

174a) Weiß am Zug

Schwarz wird dafür bestraft, dass er für seinen König kein Luftloch geöffnet hat. Weiß spielt 1 ♖d8+ ♖xd8 2 ♖xd8 matt *(174b).*

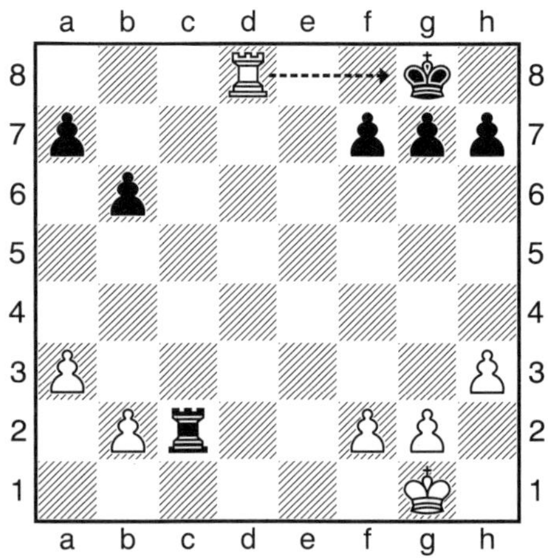

174b) Schwarz ist matt

Beachte, dass der schwarze König von seinen eigenen drei Königsflügelbauern eingeschlossen ist und dem weißen Turmschach nicht entkommen kann.

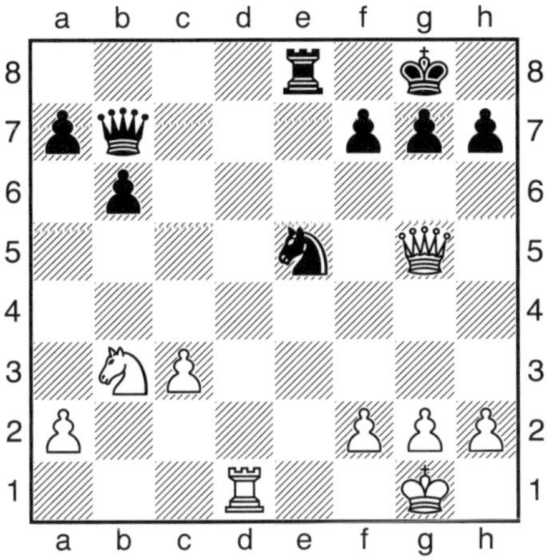

175) Weiß am Zug

1 ♕xe5 gewinnt eine Figur – eine typische Art, die Schwäche der Grundreihe auszunutzen. Auf 1...♖xe5 setzt Weiß mit 2 ♖d8+ ♖e8 3 ♖xe8 matt.

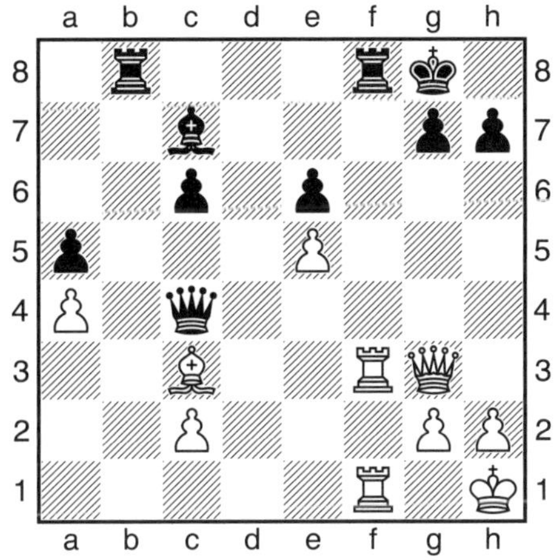

176) Schwarz am Zug

Wenn der weiße König in der Ecke steht, sind zwei Bauern (auf g2 und h2) genug, um ihn an der Flucht zu hindern. Schwarz setzt mittels 1...♕xf1+ 2 ♖xf1 ♖xf1 matt.

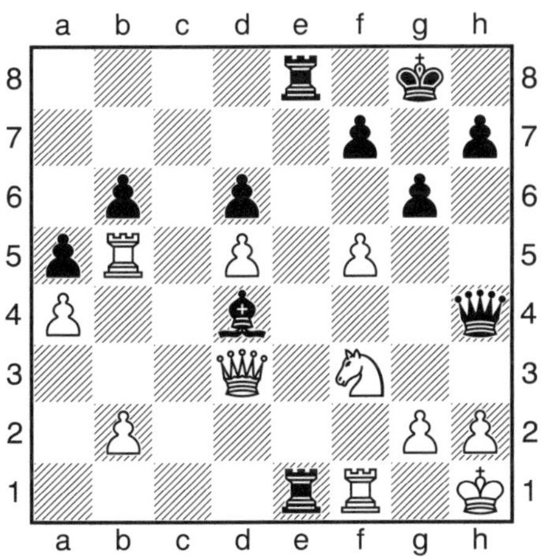

177) Schwarz am Zug

Das thematische Manöver 1...♕f2 beendet wegen der schwachen weißen Grundreihe die Partie, z. B. 2 ♘xe1 ♖xe1 3 ♖xe1 ♕xe1+ 4 ♕f1 ♕xf1 matt.

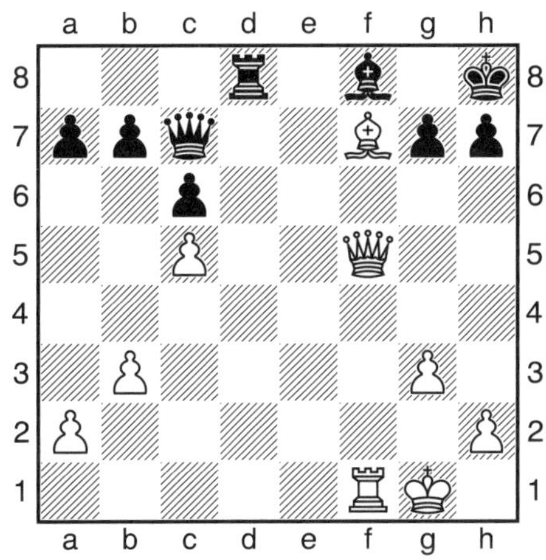

178) Weiß am Zug

Nach dem phantastischen 1 ♗e8! entscheiden die Drohungen gegen die schwarze Grundreihe. Auf 1...♗e7 folgt 2 ♕f8+, und 1...♖xe8 scheitert an 2 ♕xf8+ ♖xf8 3 ♖xf8 matt.

Tödliches Schachmatt 41

Verfeinerte Mattbilder auf der Grundreihe

Ein Grundreihenmatt mit Stil

In dieser hübschen Variante des standardmäßigen Grundreihenmatts, opfert Weiß zunächst eine Figur, um *den einzigen Verteidiger der Grundreihe abzulenken.* In der großen Mehrzahl der Fälle geschieht dies auf dem Feld f7, und die beteiligte schwarze Figur ist ein Turm auf f8.

Obwohl jede Figur für dieses Opfer verwendet werden kann, ist das Schlagen mit der Dame auf f7 (was Schach gibt und den schwarzen Turm angreift) klarerweise die vernichtendste Möglichkeit. Es gibt zwei Grundmuster, auf die du achten solltest. In einem wird die Dame von Läufer und Turm unterstützt. Im anderen (was einen Zug länger dauert) geben ihr zwei Türme die nötige Unterstützung.

Typisches Muster für ein verfeinertes Grundreihenmatt

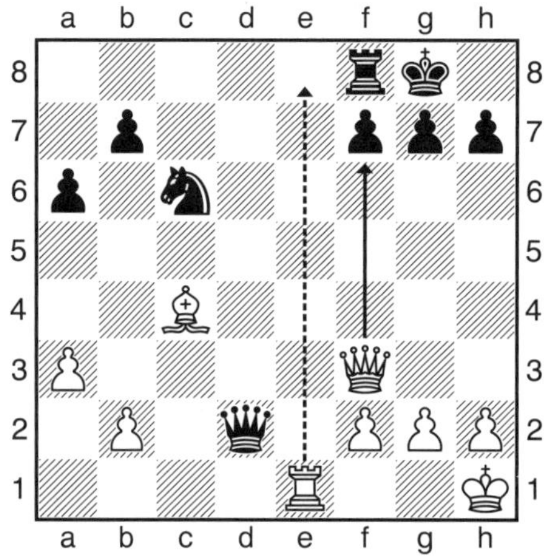

179a) Weiß am Zug

Wenn der schwarze Turm nicht wäre, könnte Weiß mit seinem Turm sofort auf der Grundreihe matt setzen. Es folgt das Ablenkungsopfer 1 ♕xf7+, das 1...♖xf7 *(179b)* erzwingt.

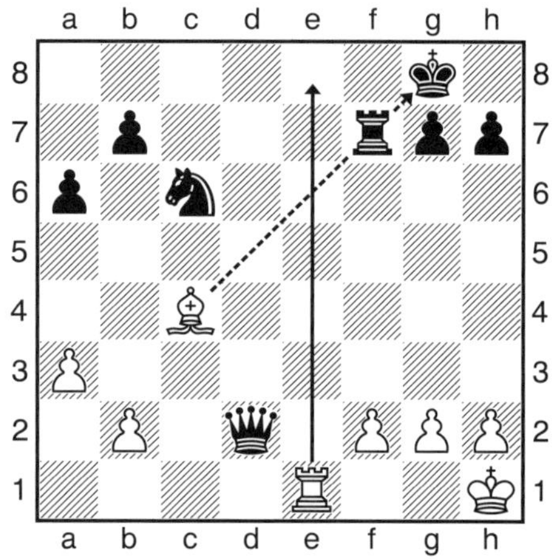

179b) Weiß am Zug

2 ♖e8 ist nun Grundreihenmatt. Der schwarze Turm kann nicht dazwischenziehen, weil er vom weißen Läufer c4 gefesselt ist.

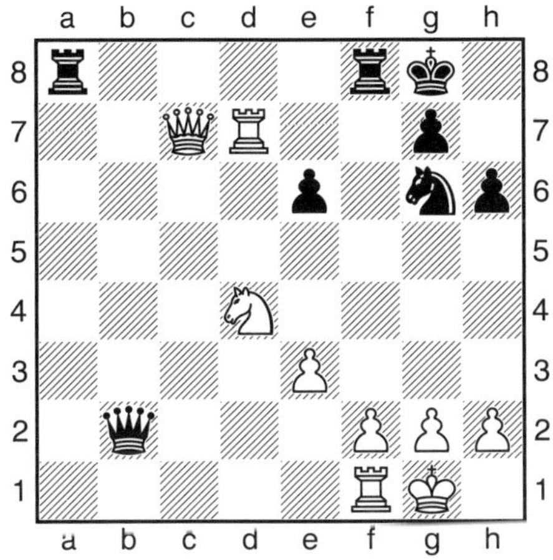

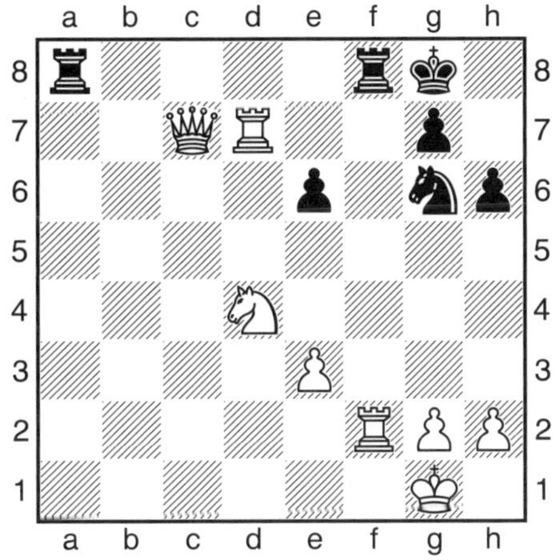

180a) Schwarz am Zug

Den Gegner in einer verlorenen Stellung auszutricksen, heißt „Schwindel“ – und dies ist ein Beispiel dafür! Nach 1...♕xf2+ muss Weiß mit 2 ♖xf2 schlagen.

180b) Schwarz am Zug

Nach 1...♖a1+ wird die trickreiche schwarze Idee offensichtlich. Der weiße Turm kann zwar mit 2 ♖f1 dazwischen ziehen, aber Schwarz setzt durch das Schlagen auf f1 mit einem der beiden Türme matt.

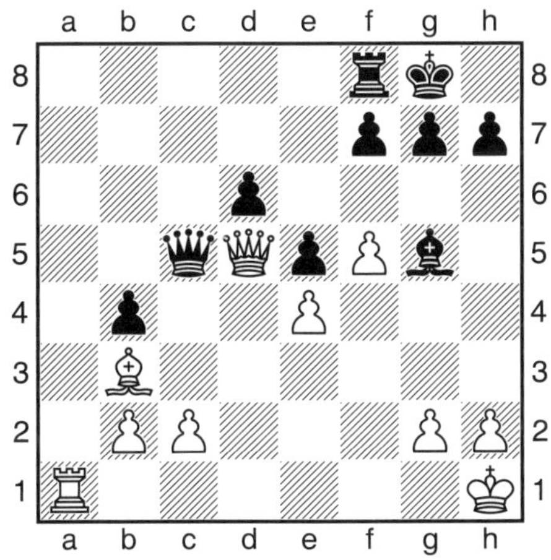

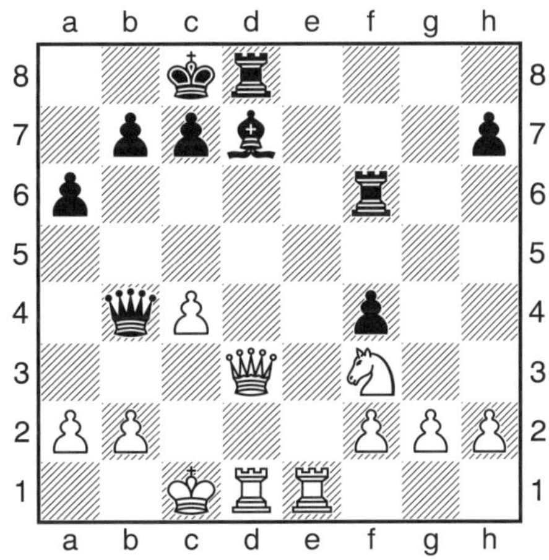

181) Weiß am Zug

Die weiße Dame kann von fast überall her kommen, um sich auf f7 zu opfern. Diese Version wird leicht von Schwarz übersehen. 1 ♕xf7+ ♖xf7 2 ♖a8+ nebst Matt.

182) Weiß am Zug

Am Damenflügel kommt es seltener vor, doch Versionen des Grundreihenmatts sind auch hier möglich. Weiß spielt 1 ♕xd7+ ♖xd7 2 ♖e8+ ♖d8 3 ♖(einer von beiden)xd8 matt.

Tödliches Schachmatt 42 Weitere Grundreihenmatts

Die Warnsignale zu verstehen, wird dir viele Punkte – auch halbe – einbringen

Im standardmäßigen Grundreihenmatt (Tödliches Schachmatt 40) war der schwarze König fatalerweise von seinen eigenen drei ungezogenen Königsflügelbauern eingeschnürt. Wenn der weiße Turm oder die weiße Dame auf der achten Reihe Schach gibt, dann hat der unglückliche Monarch keine Möglichkeit zu fliehen.

Es gibt viele Variationen dieses Motivs. Ein Grundreihenmatt kann selbst dann noch auftauchen, wenn einer dieser drei Bauern gezogen hat (oder nicht mehr da ist).

Dies entsteht, wenn die *potenzielle Fluchtroute von weißen Bauern oder Figuren kontrolliert wird.*

Grundmuster für ein Grundreihenmatt (wenn Schwarz einen Fianchettoläufer hat)

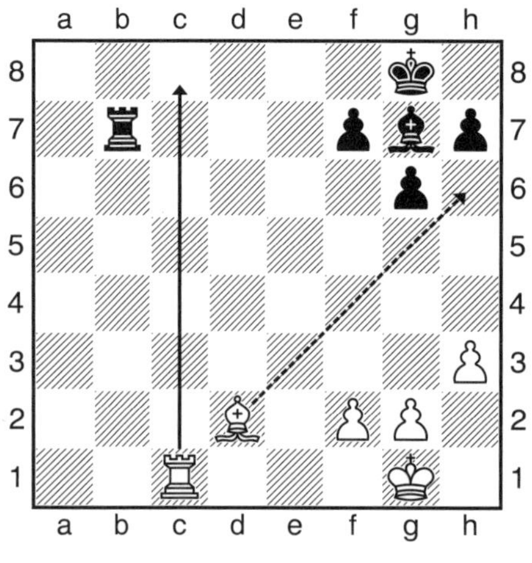

183a) Weiß am Zug

Nach 1 ♖c8+ ♗f8 2 ♗h6 *(183b)* kann der schwarze König nicht via g7 entfliehen, denn der weiße Läufer kontrolliert dieses Feld.

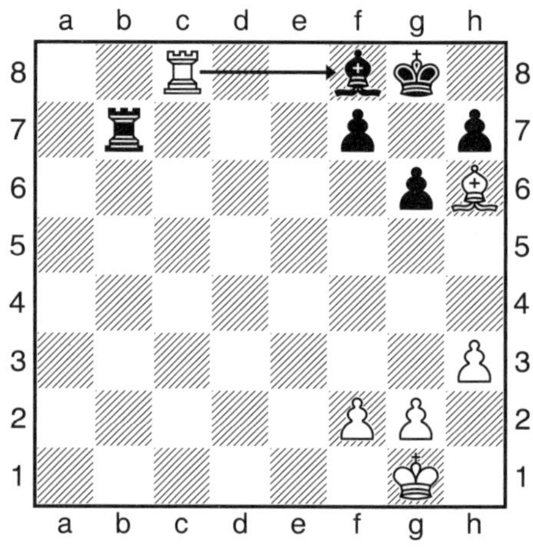

183b) Schwarz am Zug

Schwarz ist verloren, obwohl er am Zug ist. Es gibt gegen die weiße Mattdrohung ♖xf8 keine Verteidigung.

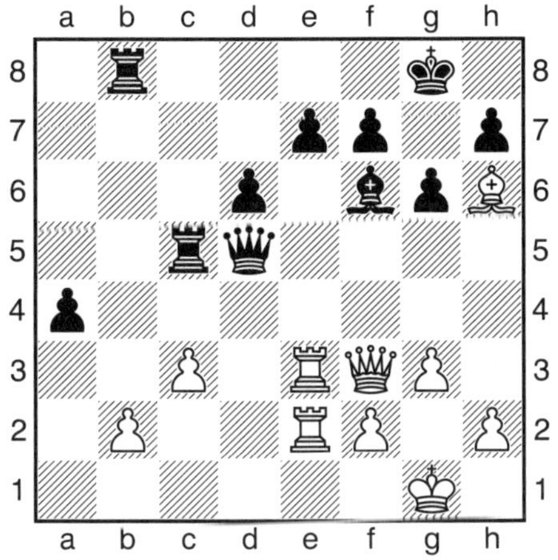

184) Weiß am Zug

Das Warnsignal ist hier ein weißer Läufer auf h6, der verhindert, dass der schwarze König die Grundreihe verlässt. Weiß spielt 1 ♕xf6 exf6 2 ♖e8+ ♖xe8 3 ♖xe8 matt.

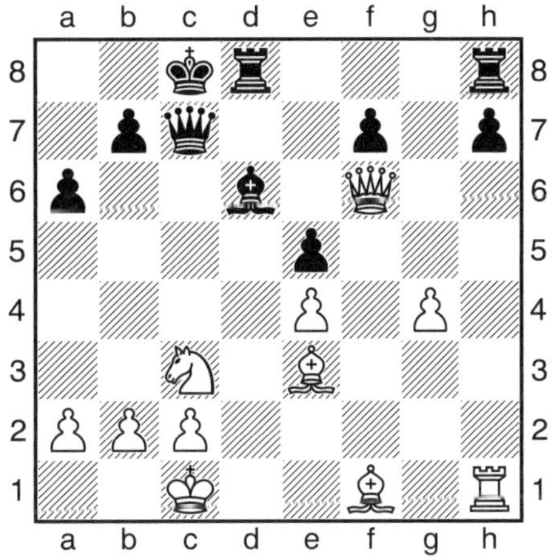

185) Schwarz am Zug

Hier kann Schwarz ungestraft den Springer schlagen: 1...♕xc3. Denn Weiß wird auf der Grundreihe matt gesetzt, wenn er zurückschlägt: 2 bxc3 ♗a3+ 3 ♔b1 ♖d1+ 4 ♗c1 ♖xc1 matt.

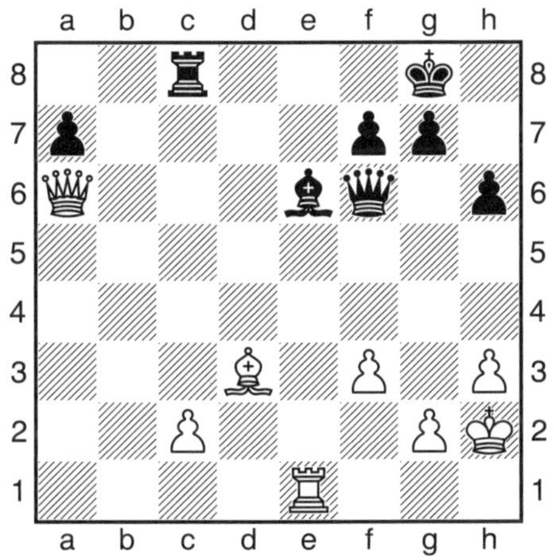

186) Weiß am Zug

Das Feld h7 – der einzige potenzielle Fluchtweg des schwarzen Königs – *wird vom weißen Läufer d3 kontrolliert*. Weiß gewinnt mit 1 ♕xc8+ ♗xc8 2 ♖e8 matt.

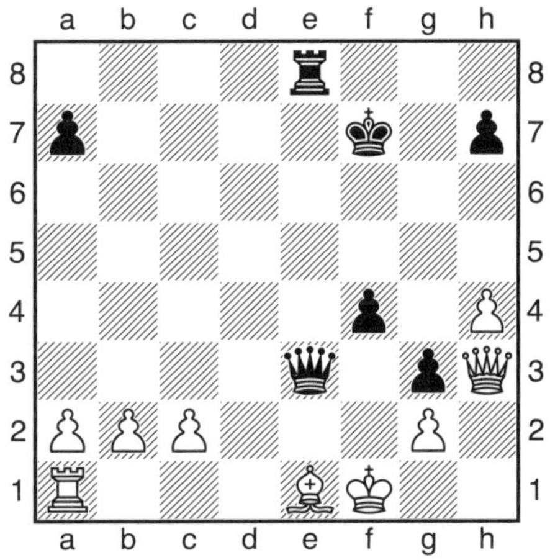

187) Schwarz am Zug

Nach 1...♕e2+ 2 ♔g1 ♕xe1+ 3 ♖xe1 ♖xe1 wird Weiß auf der Grundreihe matt. Der schwarze Bauer auf g3 überwacht zwei kritische Fluchtfelder: h2 und f2.

Tödliches Schachmatt **43**

Türme und Ablenkungen

Wenn der Wachmann seinen Posten verlässt...

Obwohl es einfach ist, beide Begriffe zu verwechseln, gibt es einen feinen Unterschied zwischen einem *Ablenkungs*opfer und einem Hinlenkungsopfer. Bei einem Hinlenkungsopfer wird die gegnerische Figur *auf ein spezielles Feld* gelockt. Bei einem Ablenkungsopfer wird eine Figur *von einem bestimmten Feld weg* gelenkt. Es macht keinen wirklichen Unterschied, auf welchem Feld die abgelenkte Figur landet. Die Idee besteht einfach darin, dass sie ihre Verteidigungsfunktion nun nicht mehr erfüllt.

Türme eignen sich hervorragend für Ablenkungsopfer auf der achten Reihe. Normalerweise bedeutet dies, dass andere Türme abgelenkt werden! Das Resultat ist normalerweise ein entscheidender Materialgewinn, aber hin und wieder kommen auch Matts vor.

Typisches Muster für Ablenkungskombinationen

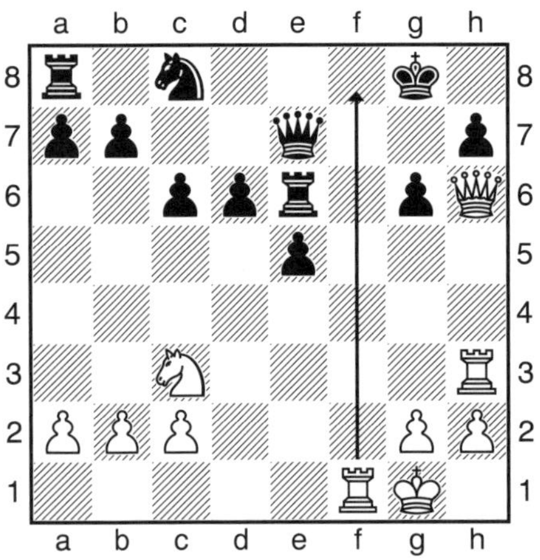

188) Weiß am Zug

1 ♖f8+ *lenkt die schwarze Dame von der Verteidigung von h7 ab.* Nach dem forcierten 1...♕xf8 spielt Weiß 2 ♕xh7 matt.

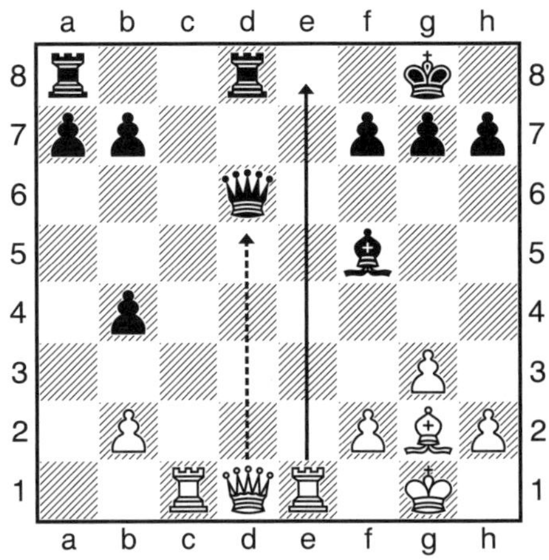

189) Weiß am Zug

Hier gewinnt Weiß die schwarze Dame mittels 1 ♖e8+ ♖xe8 2 ♕xd6. Das Opfer *hat den schwarzen Turm von der Verteidigung der Dame d6 abgelenkt.*

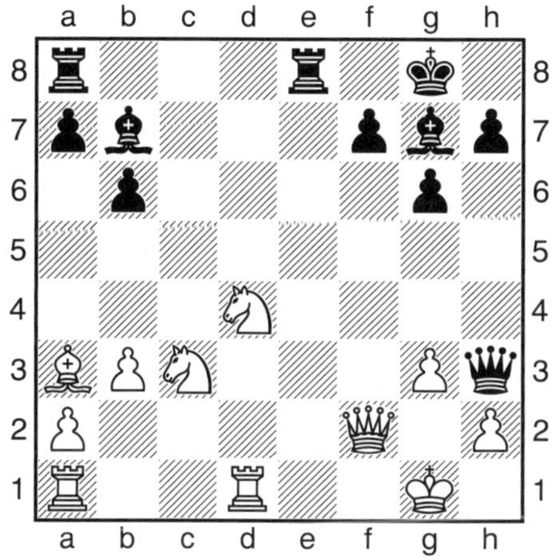

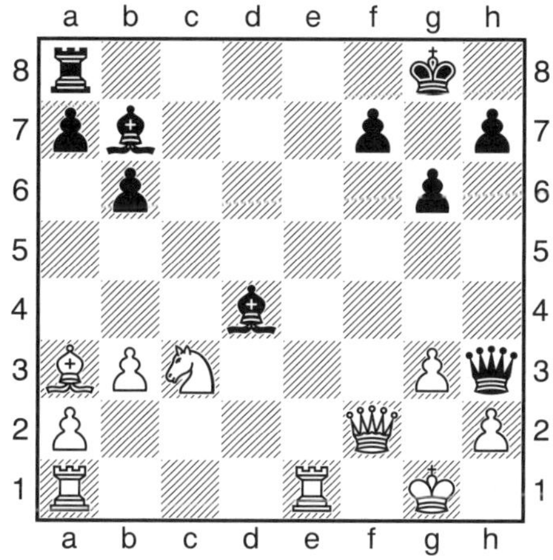

190a) Schwarz am Zug

Der faszinierende Zug 1...♖e1+! zielt darauf ab, die weiße Dame abzulenken, die im Moment das Mattfeld g2 abdeckt. Nach 2 ♖xe1 folgt 2...♗xd4 *(190b)*.

190b) Weiß am Zug

Der weiße Turm wurde von d1 abgelenkt und kann den Läufer d4 nicht schlagen. Nach 2 ♕xd4 (andernfalls verliert Weiß die Dame) spielt Schwarz 2...♕g2 matt.

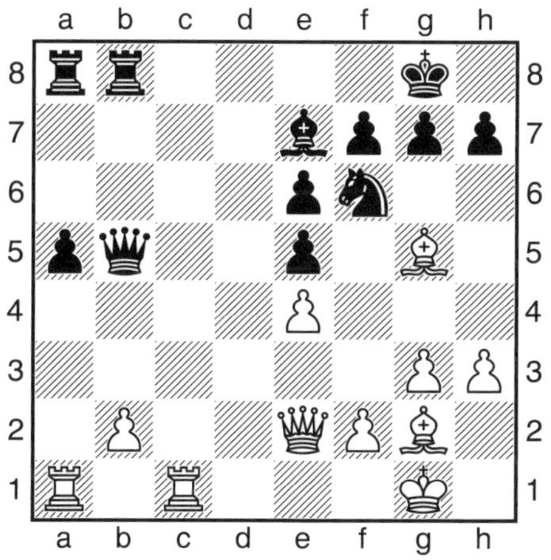

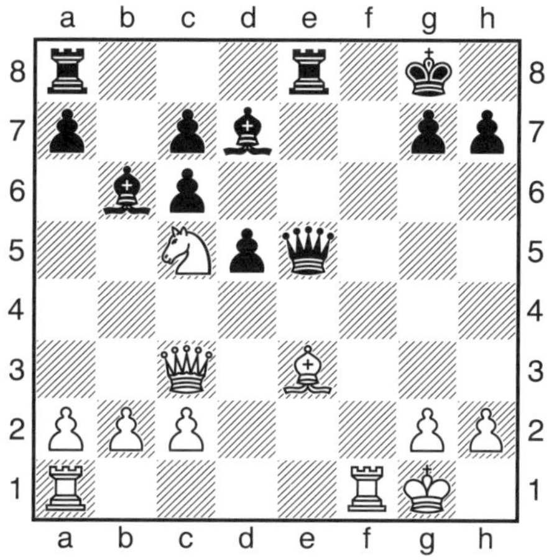

191) Weiß am Zug

Dies ist die häufigste Form der Ablenkung eines Turmes. 1 ♖c8+ gewinnt, da Weiß nach 1...♗f8, durch 2 ♕xb5 ♖xb5 3 ♖xa8 einen Turm erobern kann.

192) Weiß am Zug

Das wunderschöne 1 ♖f8+! ist sowohl ein Hinlenkungs- (nach 1...♔xf8 gabelt 2 ♘xd7+ König und Dame auf) als auch ein Ablenkungsopfer (auf 1...♖xf8 kommt 2 ♕xe5 mit Damengewinn).

Tödliches Schachmatt 44 Zwei Türme auf der siebten Reihe

Die Schweine sind doch nicht so blind...

Zwei Türme auf der siebten Reihe können eine große Macht entfalten – eine Art Tornado auf dem Schachbrett. Herumstehende Bauern werden eingesammelt, wenn die Türme ihr Unwesen treiben, Schach geben und den gegnerischen König terrorisieren.

Weil die Türme sich gegenseitig unterstützen, können sie immer wieder Mattdrohungen aufstellen und ihre Anwesenheit paralysiert den Verteidiger. Trotzdem sind die Türme im Mittelspiel normalerweise nicht in der Lage, alleine matt zu setzen. Es wird zumindest die Hilfe einer weiteren Angriffsfigur (genau genommen Bauer oder Figur) benötigt, um dieses Ziel zu erreichen.

Manchmal können zwei Türme auf der siebten Reihe nur Remis durch Dauerschach oder Stellungswiederholung herausholen. Das kommt vor, wenn der Gegner materiell im Vorteil ist oder selbst über starke Drohungen verfügt. Zwei Türme, die nur „Schach grunzen" können, aber kein Matt, wurden von dem berühmten Angriffsspieler Dawid Janowski *blinde Schweine* genannt.

Typisches Muster für ein Matt mit zwei Türmen auf der siebten Reihe

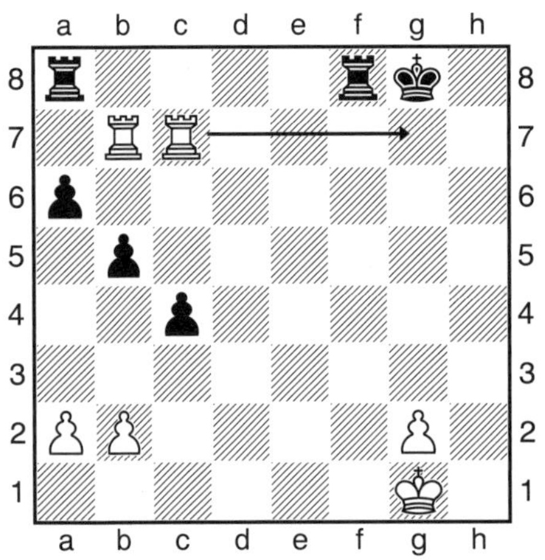

193) Weiß am Zug

Der schwarze König kann nicht via f8 entfliehen, denn sein eigener Turm hindert ihn daran. Weiß gibt mittels 1 ♖g7+ ♔h8 2 ♖h7+ ♔g8 3 ♖bg7 matt.

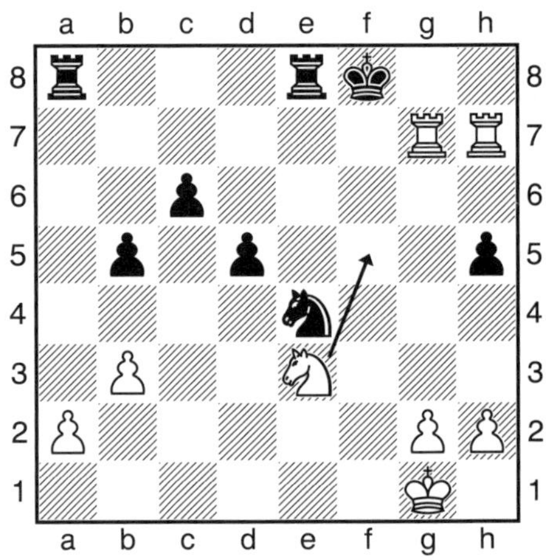

194) Weiß am Zug

Hier können die Türme alleine nicht matt setzen – eine weitere Figur muss ihnen helfen. 1 ♘f5 (deckt den Turm auf g7) stellt die unparierbare Drohung 2 ♖h8 auf.

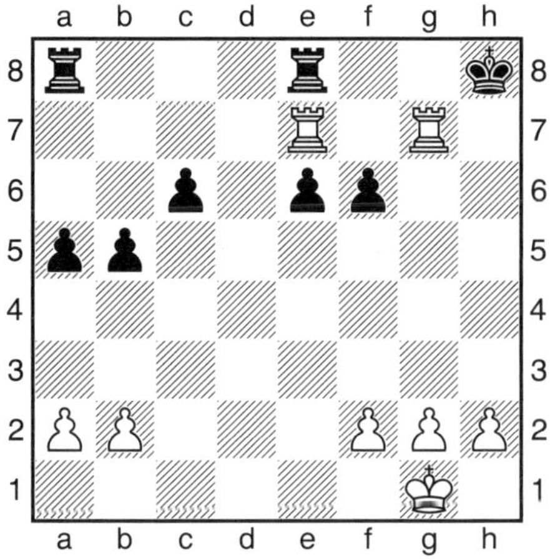

195a) Weiß am Zug

Die Türme dominieren die siebte Reihe wunderbar. Aber um zu gewinnen, braucht Weiß eine weitere Angriffsfigur: 1 ♖h7+ ♔g8 2 ♖eg7+ ♔f8 3 h4! *(195b)*.

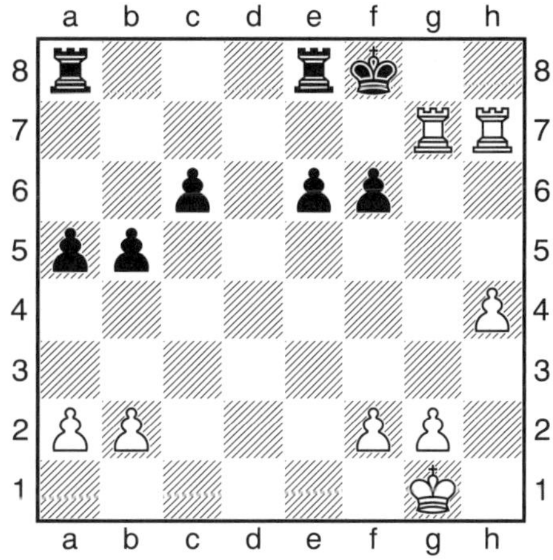

195b) Schwarz am Zug

Der Vormarsch des h-Bauern entscheidet! Weiß plant h5 und h6 (was den Turm g7 deckt), gefolgt von ♖h8 matt. Schwarz kann sich dagegen nicht zur Wehr setzen.

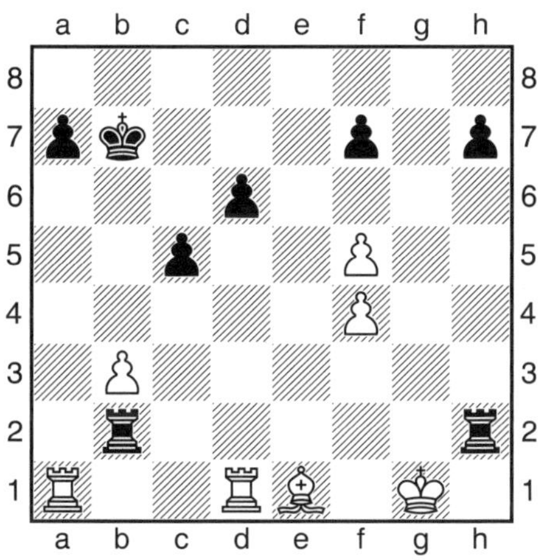

196) Schwarz am Zug

Schwarz, der eine Figur weniger hat, sichert sich das Remis durch *ständige Drohungen*: 1...♖bg2+ 2 ♔f1 ♖b2 (mit der Drohung 3...♖h1 matt) 3 ♔g1 ♖bg2+ 4 ♔f1 usw.

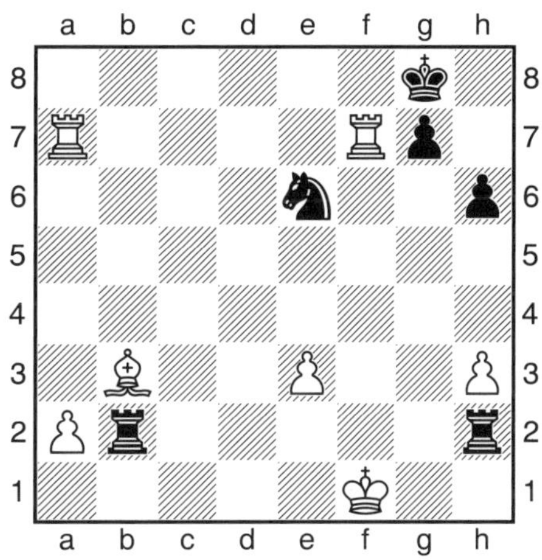

197) Weiß am Zug

Beide Spieler haben Türme auf der siebten Reihe, aber Weiß ist am Zug *und* sein Läufer hilft ihm: 1 ♖xg7+ ♔f8 2 ♖af7+ ♔e8 3 ♗a4+ ♔d8 4 ♖g8+ ♘f8 5 ♖gxf8 matt.

Tödliches Schachmatt **45**

Anderssens Matt

Diese „Horrorläufer" musst du im Auge behalten

Der Name stammt von der wunderschönen Partie Anderssen-Zukertort, Barmen 1869, in der Weiß zunächst seine Dame und danach einen Läufer opferte, um das Matt zu erzwingen. Anderssens Matt beinhaltet *ein Opfer auf h7* – um die h-Linie zu öffnen und den schwarzen König zu exponieren – gefolgt von einem *Matt auf dem Feld h8.* Es folgen zwei Umstände, unter denen eine solche Kombination höchstwahrscheinlich möglich ist:

1) Wenn Weiß über zwei „Horwitz Läufer"[1] auf den Diagonalen b1-h7 und a1-h8 verfügt und *Schwarz keinen verteidigenden g-Bauern auf g7 oder g6 hat.*

2) Wenn Weiß einen Bauern auf dem Feld g7 direkt vor dem schwarzen König hat.

Typisches Muster für Anderssens Matt

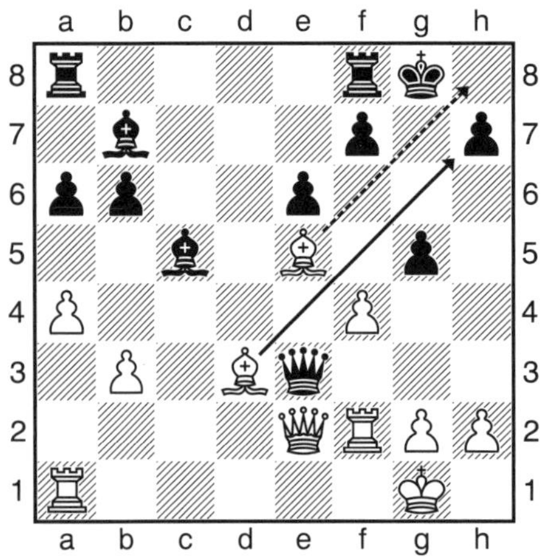

198a) Weiß am Zug

Weil Schwarz ein verteidigender Bauer auf g7 oder g6 fehlt, kontrollieren die weißen Läufer viele Felder am Königsflügel. Weiß opfert mittels 1 ♗xh7+ ♔xh7 *(198b).*

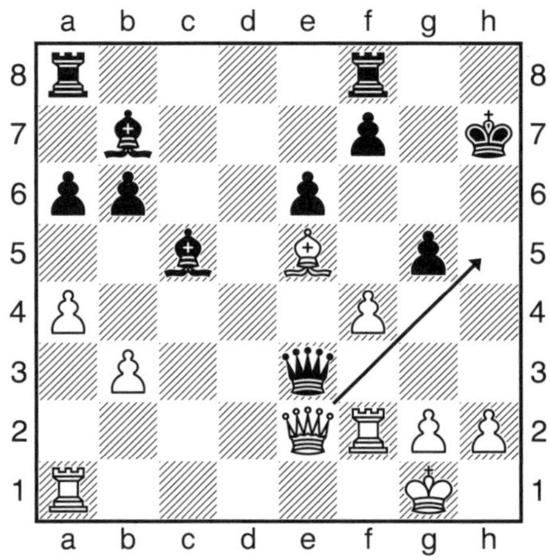

198b) Weiß am Zug

Die weiße Dame nutzt die neu geöffnete h-Linie nun mittels 2 ♕h5+ ♔g8 3 ♕h8 matt.

---

1 „Horwitz Läufer" bezieht sich auf ein Läuferpaar, das aggressiv auf zwei benachbarten Diagonalen platziert ist.

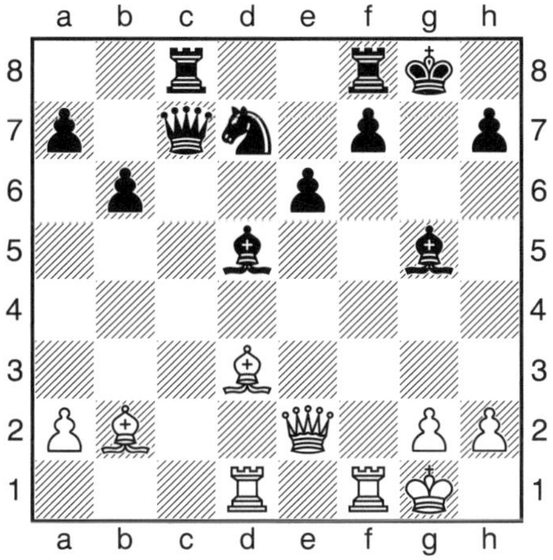

199) Weiß am Zug

Nach 1 ♗xh7+ ♔xh7 2 ♕h5+ ♗h6 hat Schwarz zwar das Matt auf h8 verhindert, aber Weiß kann mit der Fortsetzung 3 ♖xf7+ ♖xf7 4 ♕xf7+ ♗g7 5 ♕xg7 matt dennoch gewinnen.

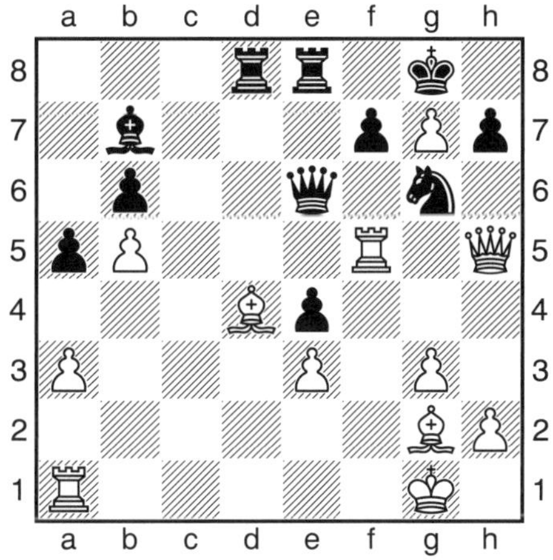

200) Weiß am Zug

Ein weißer Bauer auf g7 kontrolliert das Feld h8 – und kann sich gegebenenfalls in eine Dame verwandeln: 1 ♕xh7+ ♔xh7 2 ♖h5+ ♔g8 3 ♖h8+ ♘xh8 4 gxh8♕ matt.

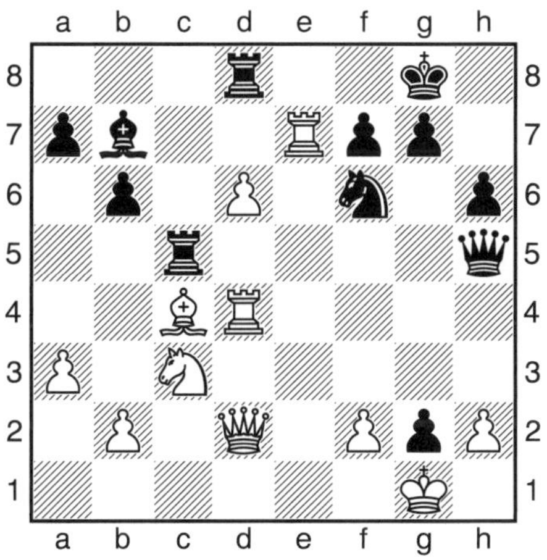

201a) Schwarz am Zug

Der Bauer g2 ist gedeckt (vom Läufer b7) und ein schwarzer Turm kann die h-Linie erreichen. Daher folgte das Damenopfer 1...♕xh2+ 2 ♔xh2 ♖h5+ *(201b)*.

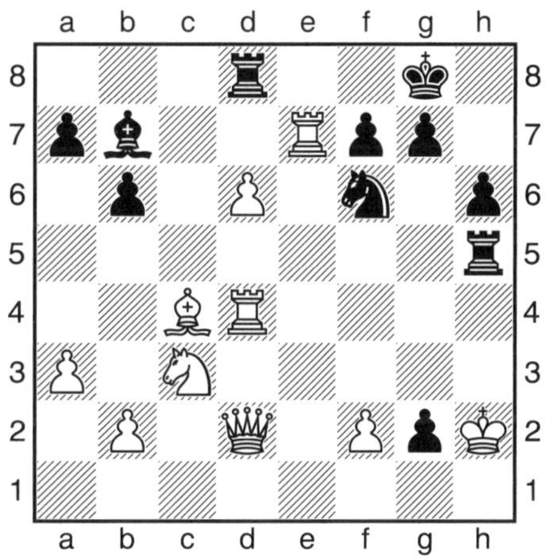

201b) Weiß am Zug

3 ♔g1 scheitert an 3...♖h1 matt. Der Vormarsch 3 ♔g3 ist jedoch ebenfalls verhängnisvoll, denn Schwarz kann mit 3...g1♕+ 4 ♔f4 ♕g5 in zwei Zügen matt setzen.

Tödliches Schachmatt **46**

Ein Bauer auf der siebten Reihe

Eine neue Dame – und das im Mittelspiel!

Ein Bauer, der die siebte Reihe erreicht hat, macht viele magische Kombinationen möglich. Dies gilt besonders, wenn der Bauer auf g7 oder h7 steht und der gegnerische König direkt vor ihm auf der achten Reihe platziert ist.

Ein solcher Bauer kontrolliert viele wichtige Felder, was einem Mattangriff sehr helfen kann. Tödliches Schachmatt 45, Anderssens Matt, hat bereits einige Beispiele dafür gebracht.

Noch gefährlicher ist allerdings die Möglichkeit eines *Hinlenkungsopfers*, um den Bauern umwandeln zu können.

Typisches Muster mit einem Bauern auf der siebten Reihe

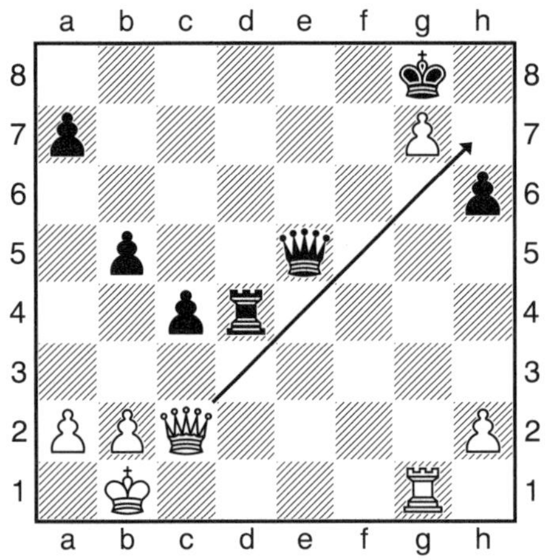

202a) Weiß am Zug

Das Material ist ausgeglichen. Schwarz stände gut – wenn nicht das dramatische Damenopfer 1 ♕h7+! ♔xh7 *(202b)* den schwarzen König auf ein fatales Feld lenken würde.

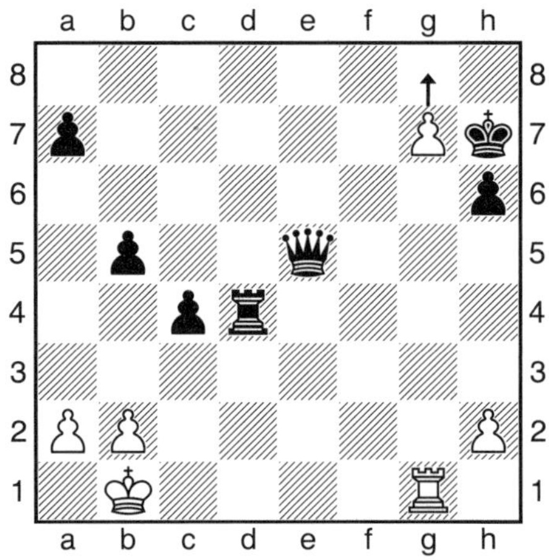

202b) Weiß am Zug

Weiß wandelt seinen g-Bauern mit 2 g8♕ um. Der Bauer wird zur Dame, und der schwarze König ist matt.

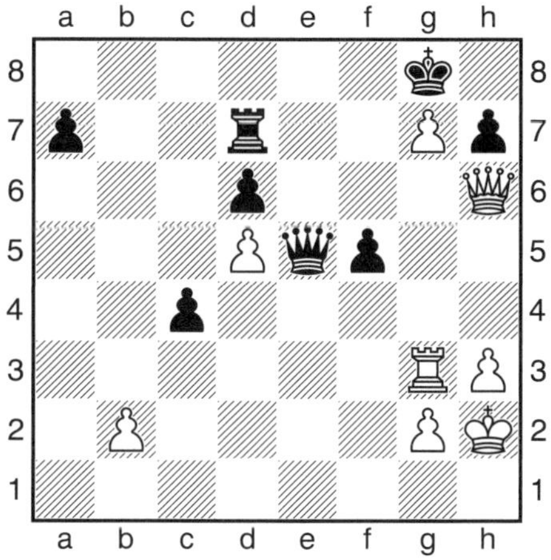

203) Weiß am Zug

Obwohl der weiße Turm gefesselt ist, funktioniert die thematische Kombination: 1 ♕xh7+ ♔xh7 2 g8♕+ ♔h6 3 ♕g6 matt.

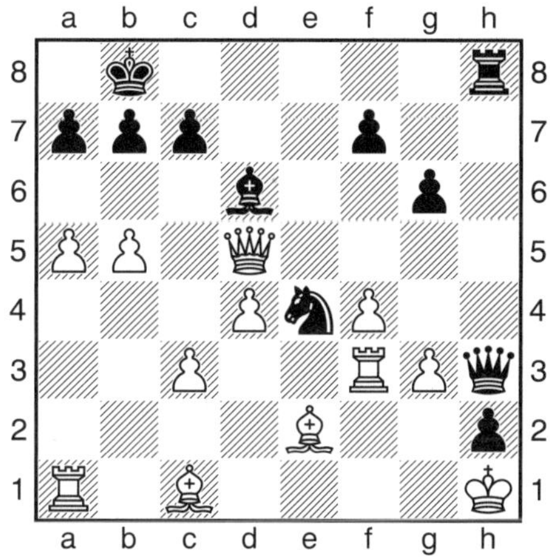

204) Schwarz am Zug

Der Gewinn ist durch 1...♕g2+ 2 ♔xg2 h1♕ matt zu erzwingen. Beachte, dass Schwarz eine ganze Dame geopfert hat, um seinen h-Bauern umwandeln zu können und dadurch schachmatt zu geben.

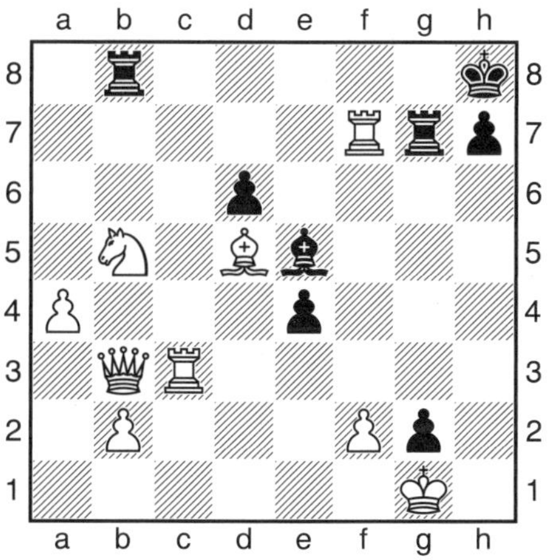

205) Schwarz am Zug

Das Opfer 1...♗h2+ zwingt den weißen König, das Feld g1 zu verlassen, und dem schwarzen g-Bauern damit das Vorrücken zu ermöglichen. 2 ♔xh2 g1♕+ 3 ♔h3 ♕h1 ist Matt.

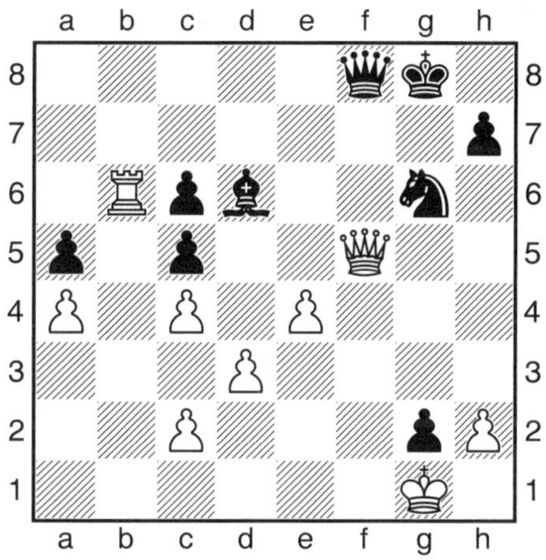

206) Schwarz am Zug

Ein magisches Beispiel: 1...♗xh2+! 2 ♔xh2 ♕h6+ gewinnt. Nach 3 ♔xg2 gabelt 3...♘h4+ den König und die Dame auf, während 3 ♔g3 g1♕+ und 3 ♔g1 ♕h1+ ebenfalls gewinnen.

Tödliches Schachmatt **47**

Legalls Matt

Legalls Scheinopfer kommt sogar noch häufiger vor...

Legalls berühmtes Matt (auch Seekadettenmatt genannt) kommt normalerweise in der Eröffnung vor und beinhaltet eine spektakuläre weiße *Entfesselungsaktion*. Es entsteht, wenn Schwarz einen Läufer auf g4 hat, der einen weißen Springer f3 gegen die Dame d1 fesselt. Weiß würde daher seine wertvolle Dame verlieren, wenn der Springer zieht. Aber in einigen Ausnahmefällen kann Weiß ein Opfer anbieten (meist indem er ♘e5 spielt). Die Idee besteht darin, dass die weißen Leichtfiguren in einem oder zwei Zügen matt geben können, wenn Schwarz die Dame schlägt.

Legalls Matt kommt nur auf Anfängerniveau vor, aber eine verfeinerte Version (*Legalls Scheinopfer*) kann jeden austricksen. Weiß hat kein forciertes Matt, nachdem er seine Dame aufgegeben hat, sondern gewinnt statt dessen durch ♗b5+ genügend Material zurück.

Typisches Muster für Legalls Matt

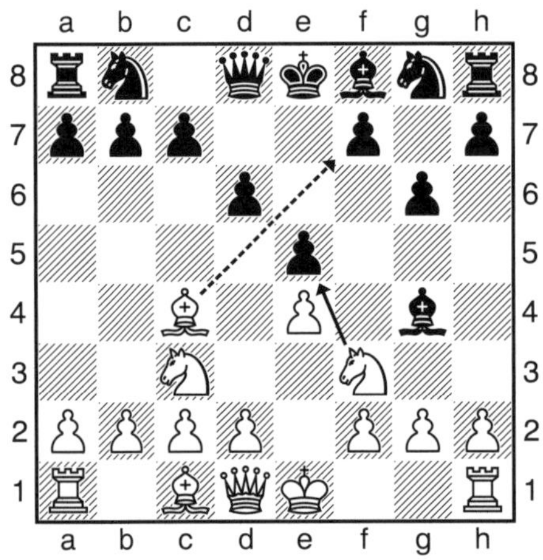

207a) Weiß am Zug

Nach 1 ♘xe5 schlägt Schwarz die weiße Dame mit 1...♗xd1 (denn 1...dxe5 2 ♕xg4 würde einen Bauern verlieren). Weiß setzt mit 2 ♗xf7+ *(207b)* fort.

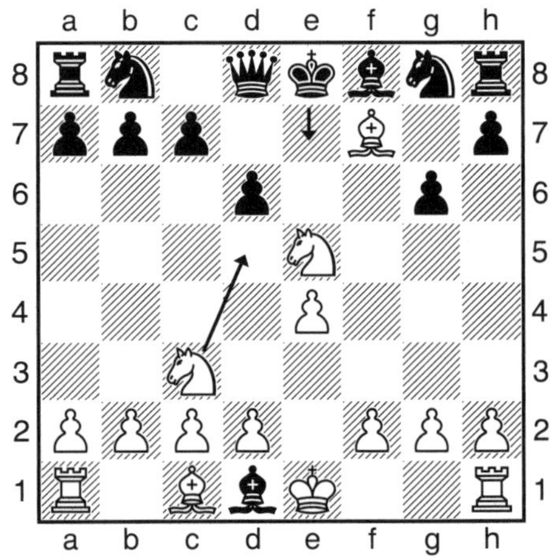

207b) Schwarz am Zug

Der schwarze König kann nur mit 2...♔e7 ausweichen, worauf Weiß 3 ♘d5 matt antworten kann. Weiß braucht *drei* angreifende Leichtfiguren, um auf diese Art matt zu setzen.

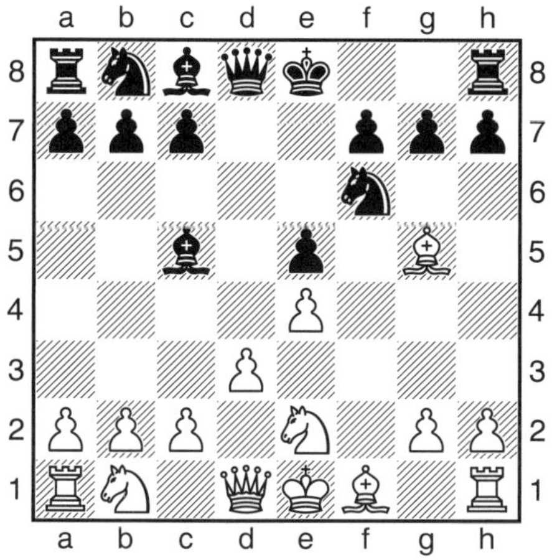

208) Schwarz am Zug

In diesem Fall ist es möglich, mit nur zwei Leichtfiguren matt zu setzen, weil der weiße Springer e2 dieses Feld verstopft. Schwarz spielt 1...♘xe4 2 ♗xd8 ♗f2 matt.

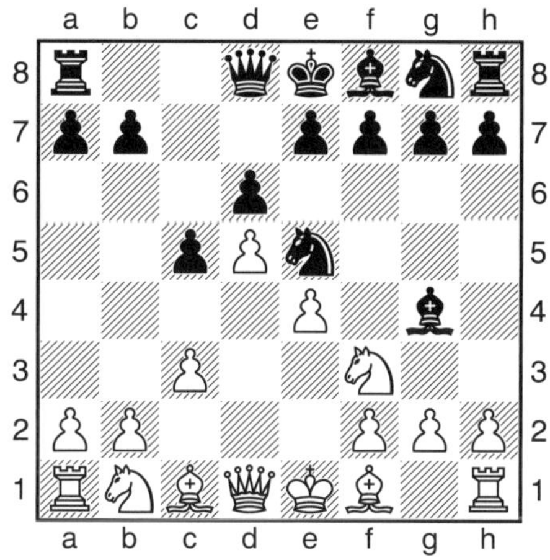

209) Weiß am Zug

Ein typisches Beispiel für *Legalls Scheinopfer*. 1 ♘xe5 ♗xd1 2 ♗b5+ gewinnt Material, denn Schwarz muss seine Dame mit 2...♕d7 dazwischenstellen.

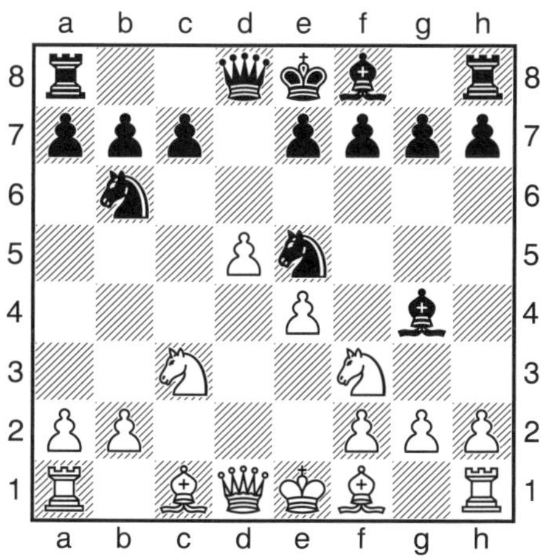

210a) Weiß am Zug

Die Fesselung wird mittels 1 ♘xe5 gebrochen. Weiß opfert seine Dame, obwohl 1...♗xd1 2 ♗b5+ c6 *(210b)* es Schwarz ermöglicht, das Läuferschach abzublocken.

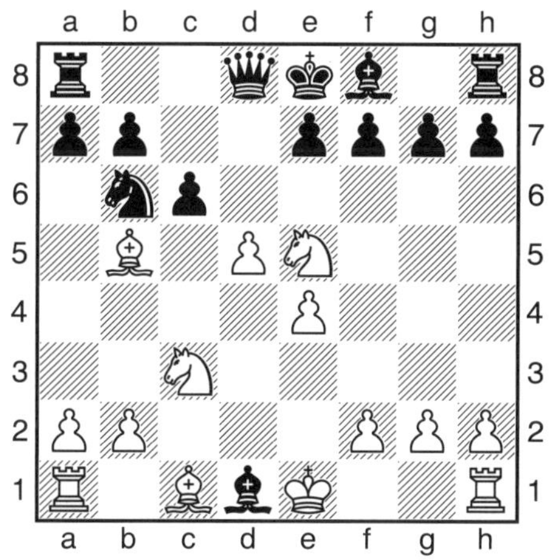

210b) Weiß am Zug

Nach 3 dxc6 ist Schwarz hilflos gegen die drohenden Abzugsschachs (4 cxb7+ und 4 c7+), z. B. 3...a6 4 c7+ oder 3...♕c7 4 cxb7+ ♔d8 5 ♘xf7 matt.

Tödliches Schachmatt 48

Das Läuferopfer auf f7

Direkt in der Eröffnung gewinnen

Vor der Rochade ist das Feld f7 der schwächste Punkt im schwarzen Lager. Der schwarze *Entwicklungsrückstand* ist jedoch nicht der Hauptgrund für „Unfälle" auf diesem Feld. *Ungünstige* Aufstellung der Figuren ist die eigentliche Ursache. Ein häufiger Fehler von Schwarz ist die Entwicklung der Leichtfiguren am Damenflügel vor denen am Königsflügel. Es gibt zwei Standardfälle, in denen Weiß das gewaltige Opfer ♗xf7+ spielen kann.

1) Der schwarze Springer zieht zu früh nach d7

Das Manöver ♗xf7+ gefolgt von ♘g5+ und ♘e6 gewinnt danach oft sofort. *Denn der schwarze Läufer c8 kontrolliert das Feld e6 nicht mehr, so dass der weiße Springer es nun gegebenenfalls nutzen kann.*

2) Der schwarze Läufer zieht zu früh nach g4

Dies ist häufig ein taktischer Fehler. Nach ♗xf7+ ♔xf7 spielt Weiß ♘g5+ (oder manchmal auch ♘e5+), wodurch die weiße Dame gleichzeitig den schwarzen Läufer g4 angreift.

Typisches Muster für das Opfer ♗xf7+

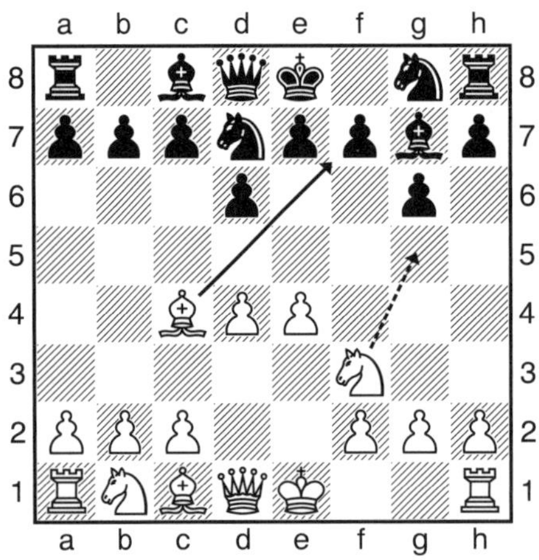

211a) Weiß am Zug

Der schwarze Springer ist zu früh nach d7 entwickelt worden, wodurch die schwarze Kontrolle über das Feld e6 geschwächt ist. Weiß opfert mit 1 ♗xf7+ ♔xf7 2 ♘g5+ *(211b)*.

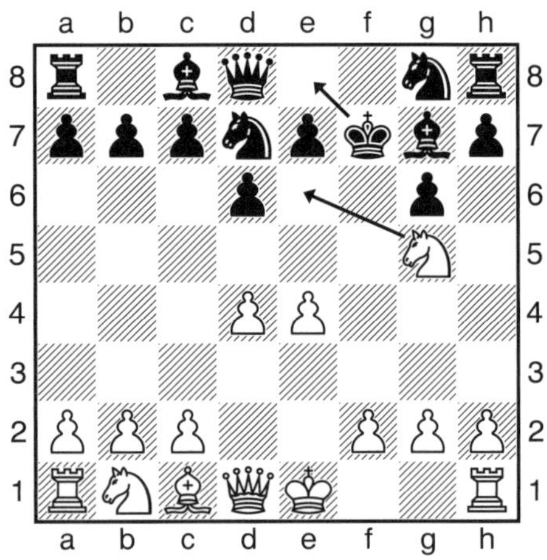

211b) Schwarz am Zug

Der König steht im Schach des weißen Springers und hat kein gutes Feld. Auf 2...♔f6 folgt 3 ♕f3 matt, gegen 2...♔f8 verfügt Weiß über 3 ♘e6+ und 2...♔e8 lässt 3 ♘e6 mit Damengewinn zu.

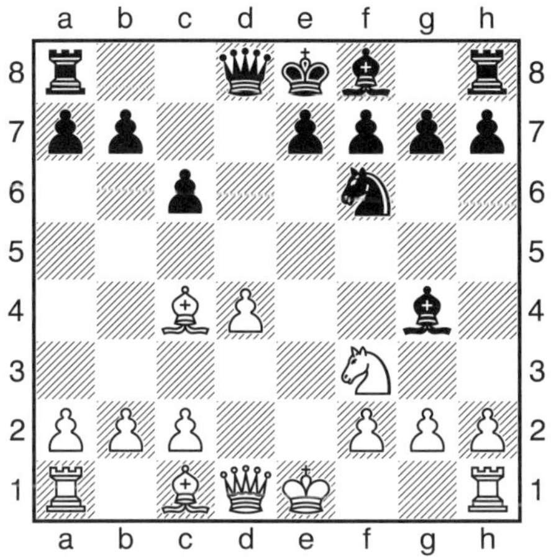

212) Weiß am Zug

Weiß kann einen Bauern gewinnen, indem er den schwarzen Läufer als Zielscheibe benutzt. Nach 1 ♗xf7+ ♔xf7 2 ♘e5+ muss der schwarze König ziehen. Weiß gewinnt den Läufer mit 3 ♘xg4 zurück.

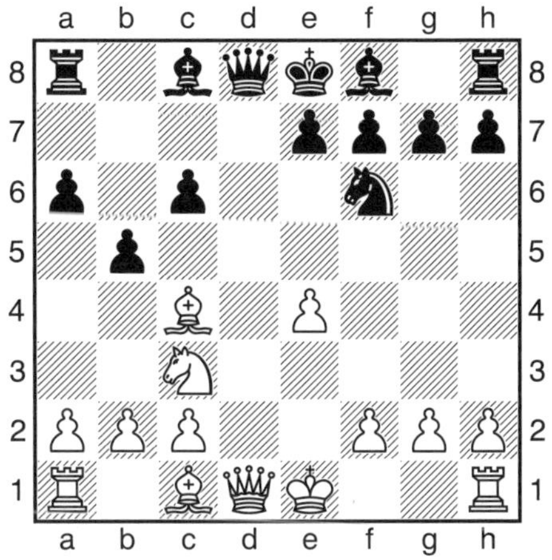

213) Weiß am Zug

Wenn die d-Linie schon sehr früh geöffnet wurde, dann solltest du genau darauf achten, ob das folgende Ablenkungsopfer funktioniert: 1 ♗xf7+ ♔xf7 2 ♕xd8 mit Damengewinn.

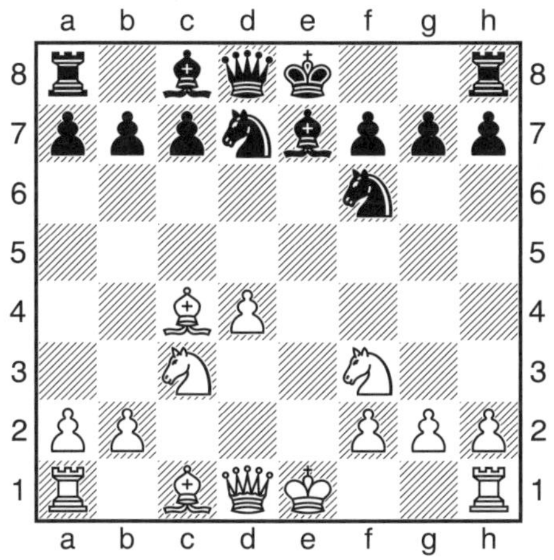

214a) Weiß am Zug

Schwarz hat ebenso viele Figuren entwickelt wie Weiß, aber seine Steine *sind momentan sehr unglücklich postiert*. Weiß kann sofort zuschlagen: 1 ♗xf7+ ♔xf7 2 ♘g5+ *(214b)*.

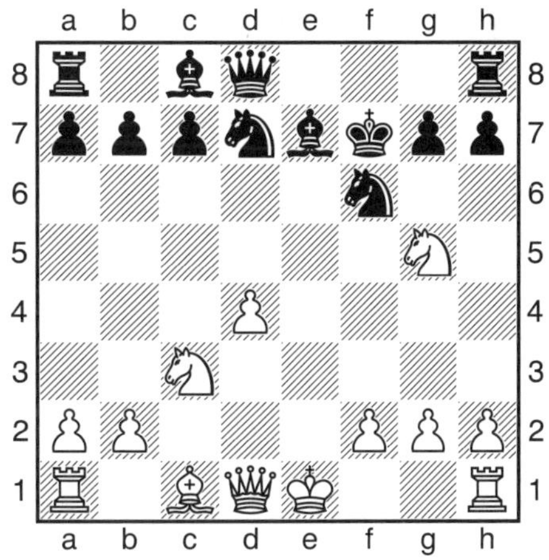

214b) Schwarz am Zug

Nach dem Rückzug 1...♔g8 folgt 2 ♕b3+ nebst Matt. Nach 1...♔g6 2 ♕d3+ ♔h5 3 ♕f5 ist der schwarze König jedoch so exponiert, dass er bald untergehen wird.

Tödliches Schachmatt 49

Springeropfer auf f7 & e6

Papa wird bedauern, nicht rochiert zu haben

Es gibt Ähnlichkeiten zum Tödlichen Schachmatt 48. In einer frühen Partiephase, vor der Rochade, ist der König anfällig gegen Opfer, die seine zentrale Bauerndeckung hinwegfegen. Es ist erneut nicht *unbedingt* ein Mangel an Entwicklung, der das vernichtende Opfer zulässt. Manchmal sind die schwarzen Figuren einfach ungünstig postiert.

1) Springeropfer auf f7

Es gibt verschiedene Ideen hinter diesem Opfer. Die Beseitigung des Bauern f7 vernichtet einen sehr wichtigen Verteidiger des Feldes e6. Weiß könnte alternativ auch darauf aus sein, die Diagonale h5-e8 zu öffnen oder den schwarzen König nach f7 zu locken, damit eine weitere Figur mit Schach in den Angriff eingreifen kann.

2) Springeropfer auf e6

Der Plan besteht hier darin, die Zentralbauern zu vernichten oder die Diagonale h5-e8 auszunutzen (die geöffnet wird, wenn Schwarz den Springer mit ...fxe6 schlägt).

Typisches Muster für das Springeropfer auf f7

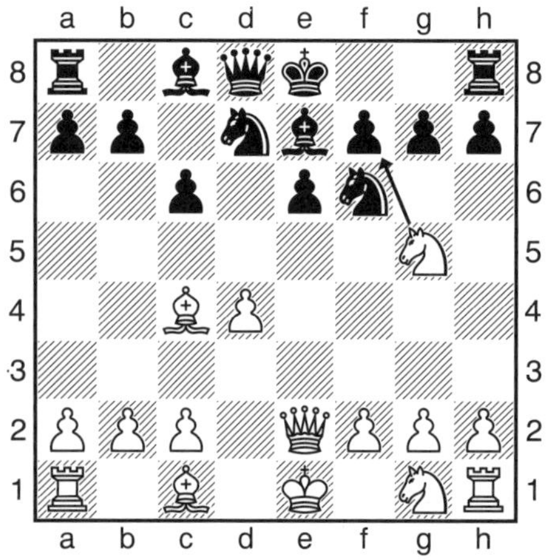

215a) Weiß am Zug

Schwarz hat zwar im Prinzip eine solide Stellung, doch er ist einen Zug von der Rochade entfernt. Weiß nutzt seine Chance durch das Springeropfer 1 ♘xf7 ♔xf7 *(215b)*.

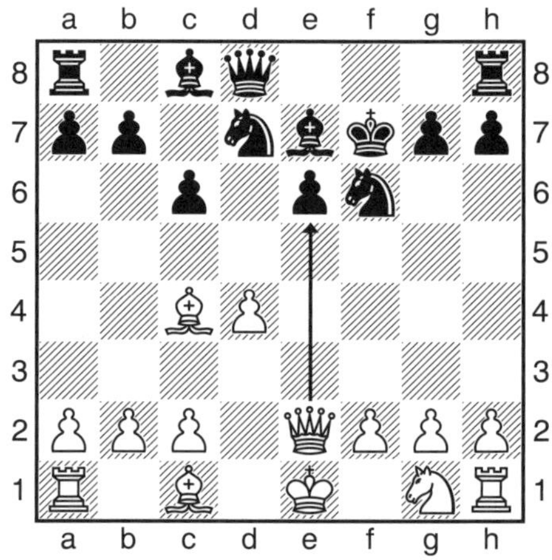

215b) Weiß am Zug

Nach 2 ♕xe6+ sind die verteidigenden schwarzen Bauern verschwunden. Auf 2...♔e8 oder 2...♔f8 setzt Weiß mittels 3 ♕f7 matt, und gegen 2...♔g6 spielt er 3 ♗d3+ ♔h5 4 ♕h3 matt.

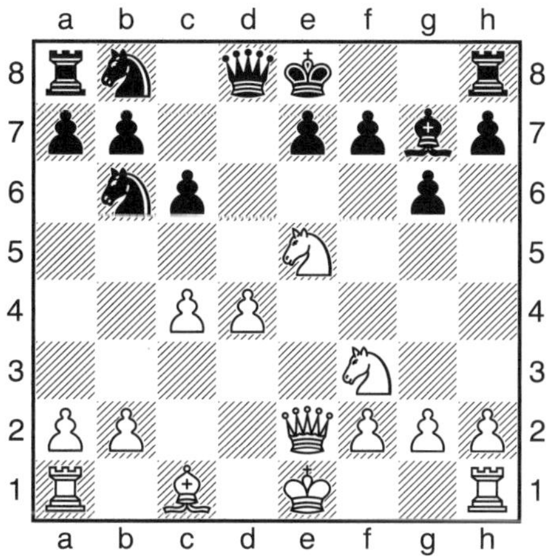

216) Weiß am Zug

Die Beseitigung des Bauern f7 *schwächt die schwarze Kontrolle des Feldes e6.* Weiß spielt 1 ♘xf7 ♔xf7 2 ♘g5+ ♔c8 3 ♘e6 und gabelt Dame und Läufer auf.

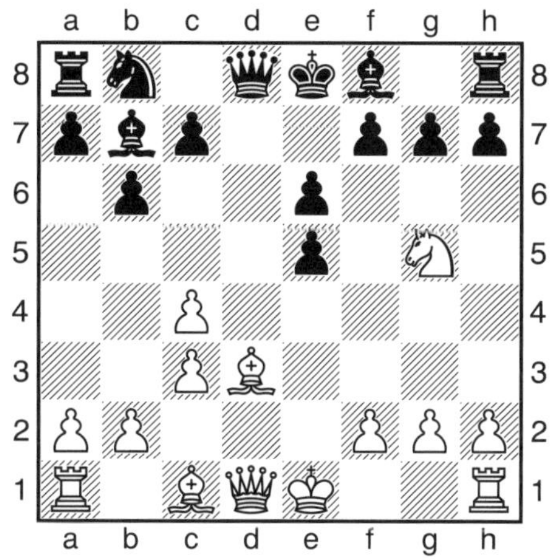

217) Weiß am Zug

Nach 1 ♘xf7 ♔xf7 2 ♗g6+ gewinnt Weiß die Dame für zwei Leichtfiguren: 2...hxg6 (auf 2...♔e7 folgt 3 ♗g5 matt) 3 ♕xd8. Eine gut versteckte Kombination.

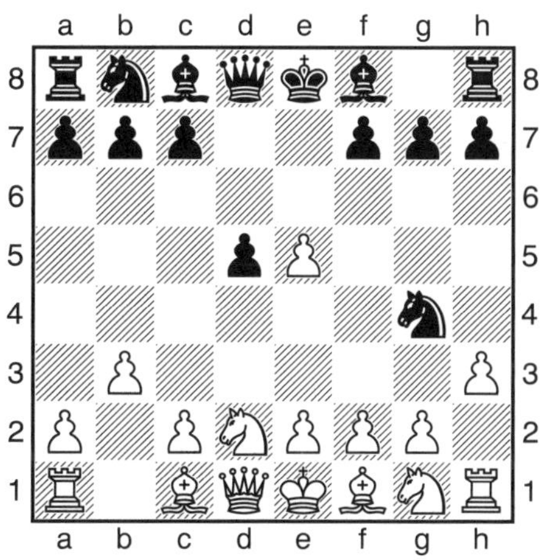

218) Schwarz am Zug

Diese sehr alte Falle zeigt ein Springeropfer, welches die verwundbare Diagonale öffnet. 1...♘e3 2 fxe3 (oder Weiß verliert die Dame) 2...♕h4+ 3 g3 ♕xg3 matt.

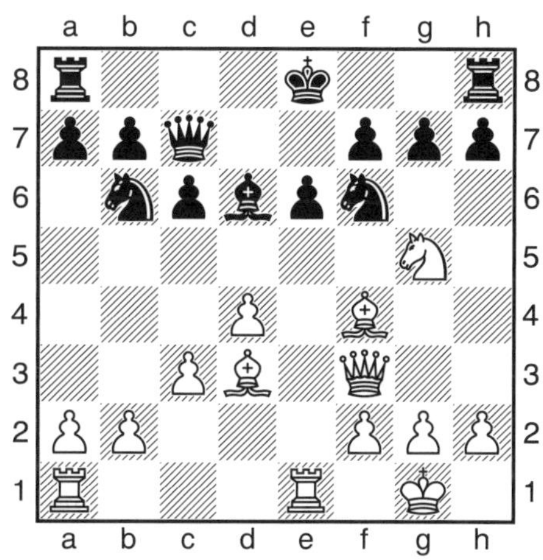

219) Weiß am Zug

Schwarz (dem ein Zug fehlt, um sich mit der kurzen Rochade in Sicherheit zu bringen) muss zusehen, wie sein Bauernschild weggefegt wird: 1 ♘xe6 fxe6 2 ♖xe6+, und im nächsten Zug fällt der schwarze Läufer d6.

Tödliches Schachmatt 50

Fischers Falle

Zwei Opfer zum Preis von einem

Der berühmte deutsche Meister Dr. Siegbert Tarrasch (1862-1934) ist einst auf dieses Opfer hereingefallen. 1958 erschuf die amerikanische Legende Bobby Fischer seine eigene Version in der Aufsehen erregenden Partie gegen Samuel Reschewski.

Die Voraussetzungen für dieses listige Vorgehen sind recht einfach. Weiß benötigt einen Läufer, der den schwarzen Bauern f7 angreift und einen Springer, der mit großer Wirkung nach e6 ziehen könnte, wenn der Bauer f7 nicht vorhanden wäre.

Unter diesen Umständen kann Weiß erwägen, das Opfer ♗xf7+ zu spielen, um im nächsten Zug über ♘e6 zu verfügen. Eine wichtige Pointe, die viele Verteidiger übersehen, entsteht dann, wenn der schwarze König den Läufer f7 schlagen kann. Dadurch scheint die Kontrolle über e6 erhalten zu bleiben. Doch Weiß kann das mächtige ♘e6 ohnehin spielen und den Springer als weiteres Opfer anbieten. Der schwarze König wird dadurch ins Zentrum gelockt, wo er so gut wie immer matt gesetzt wird.

Typisches Muster für Fischers Falle

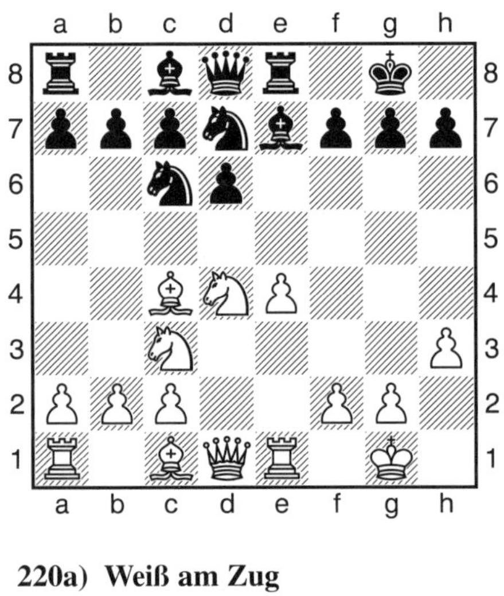

220a) Weiß am Zug

Der Läufer wird mittels 1 ♗xf7+ geopfert, was 1...♔xf7 erzwingt. Darauf folgt das phantastische 2 ♘e6 *(220b)* mit Angriff auf die schwarze Dame.

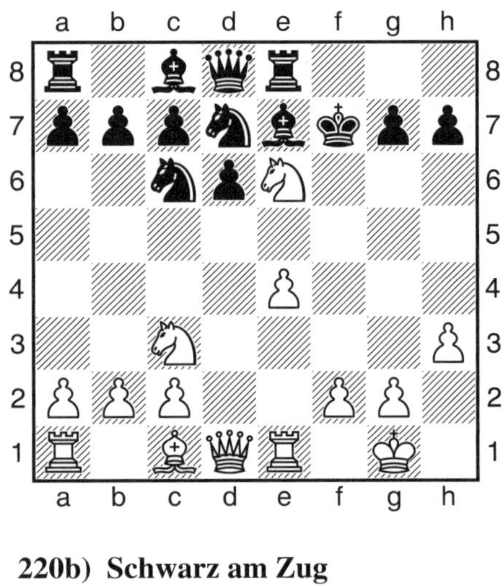

220b) Schwarz am Zug

Um Damenverlust zu vermeiden, schlägt Schwarz mit 2...♔xe6. Nun ist der König im Zentrum sehr exponiert. Weiß setzt mit 3 ♕d5+ ♔f6 4 ♕f5 matt fort.

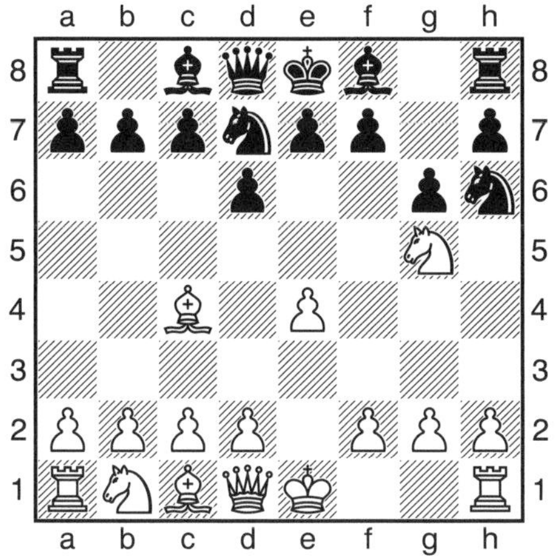

221) Weiß am Zug

In dieser Stellung kann Schwarz nicht mit dem König auf f7 zurückschlagen. Weiß gewinnt mit 1 ♗xf7+ ♘xf7 2 ♘e6 einfach die schwarze Dame.

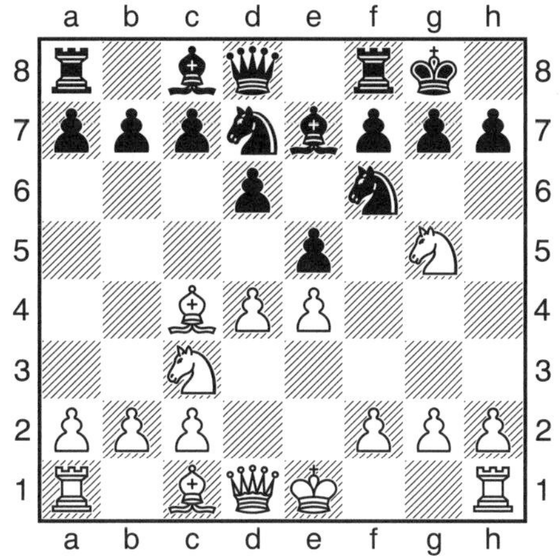

222) Weiß am Zug

1 ♗xf7+ ♖xf7 2 ♘e6 ♕e8 3 ♘xc7 gabelt die schwarze Dame und den schwarzen Turm auf. Erschwerend ist allerdings, dass der weiße Springer nach 3...♕d8 4 ♘xa8 gefangen werden könnte.

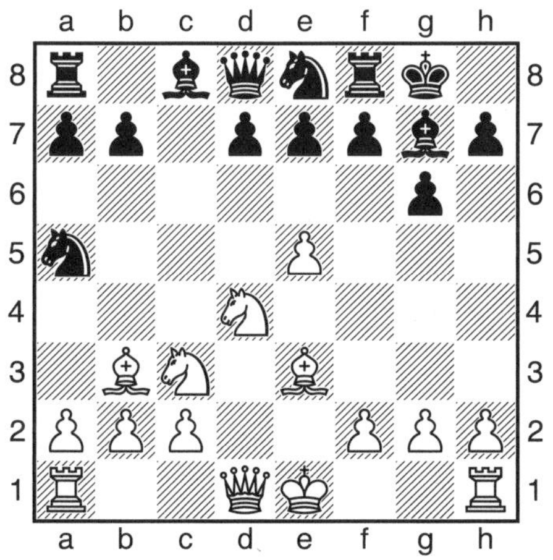

223a) Weiß am Zug

Dies ist die Partie Fischer-Reschewski. Die solide schwarze Position wird durch 1 ♗xf7+ ♔xf7 (1...♖xf7 2 ♘e6! dxe6 3 ♕xd8 mit Damengewinn) 2 ♘e6 *(223b)* schwer erschüttert.

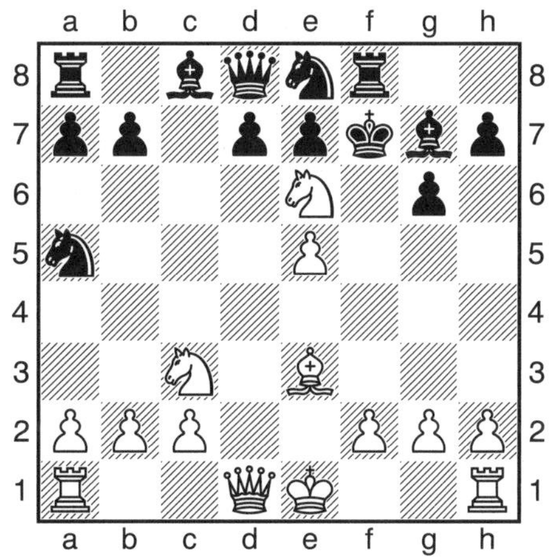

223b) Schwarz am Zug

Um seine Dame zu retten, spielt Schwarz 2...♔xc6 (auf 2...dxc6 folgt 3 ♕xd8). Nach 3 ♕d5+ ♔f5 geht der schwarze König allerdings unter, z. B. 4 g4+ ♔xg4 5 ♖g1+ ♔h5 6 ♕d1+.

Teststellungen

In jeder der folgenden Stellungen besteht deine Aufgabe darin, die Gewinnkombination zu finden, die entweder *zum Matt führt* oder *Material gewinnt*. Alle 36 Stellungen stammen aus tatsächlich gespielten Turnierpartien. Wenn du die Idee nicht auf Anhieb findest, dann solltest du mindestens 10 Minuten pro Stellung auf die Suche nach der Lösung verwenden. Wenn du danach noch einen Hinweis brauchst, dann solltest du das *Tödliche Schachmatt* nochmals betrachten, das neben der Stellung angegeben ist, um das Hauptmotiv zu sehen, das der Kombination zu Grunde liegt.

Die Lösungen stehen auf Seite 121.

Auswertung des erzielten Ergebnisses

Wenn du die Teststellungen ohne die Hilfen in Angriff nimmst, dann kannst du deine ungefähre Spielstärke anhand der Anzahl der korrekt gelösten Kombinationen wie folgt ermitteln:

Alle 36	**Meisterstärke**
30-35	**Turnierspieler**
25-29	**Exzellente Mustererkennung**
20-24	**Gute Mustererkennung**
15-19	**Vielversprechend – du solltest einem Schachclub beitreten!**
10-14	**Durchschnittlich**
5-9	**Es wird weitere Praxis benötigt**
0-4	**Spielt Papa vielleicht Backgammon?**

ANASTASIAS MATT

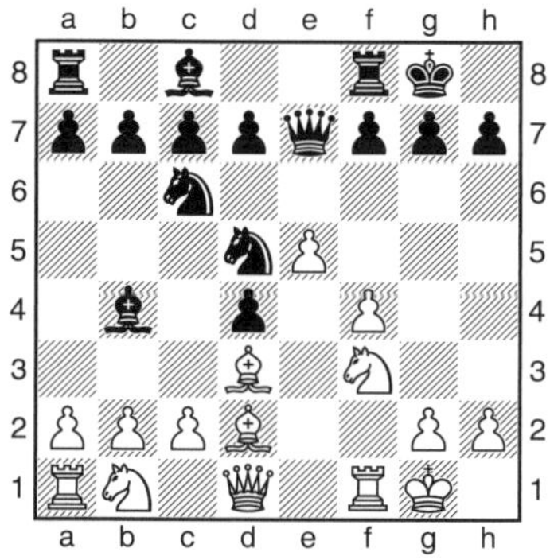

224) Weiß am Zug.
Hilfe: siehe Schachmatt 32.

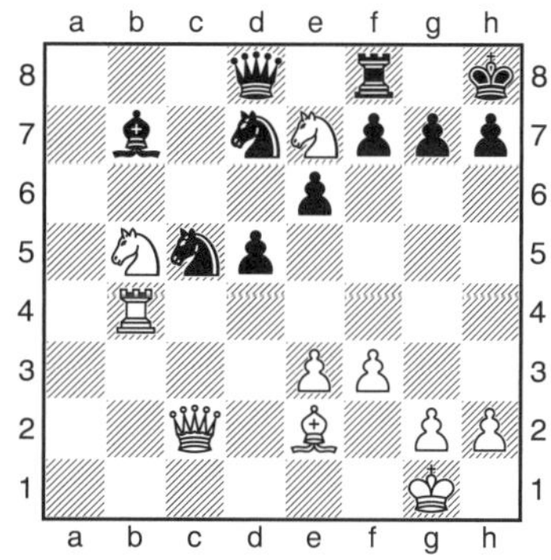

225) Weiß am Zug.
Hilfe: siehe Schachmatt 1.

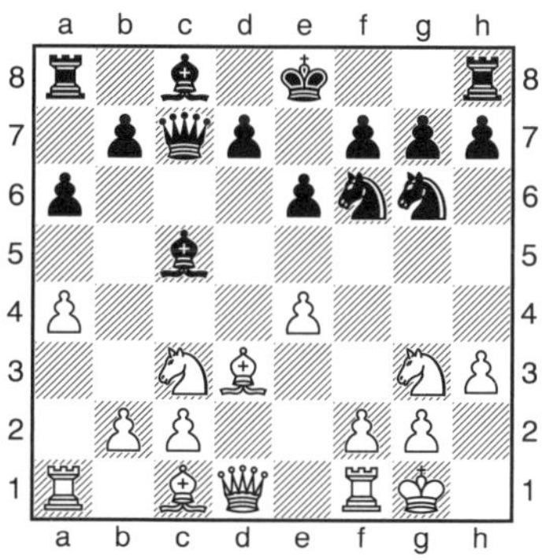

226) Schwarz am Zug.
Hilfe: siehe Schachmatt 28.

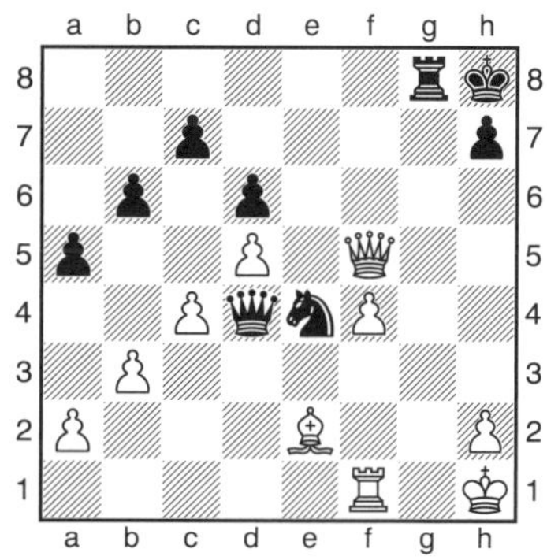

227) Schwarz am Zug.
Hilfe: siehe Schachmatt 5.

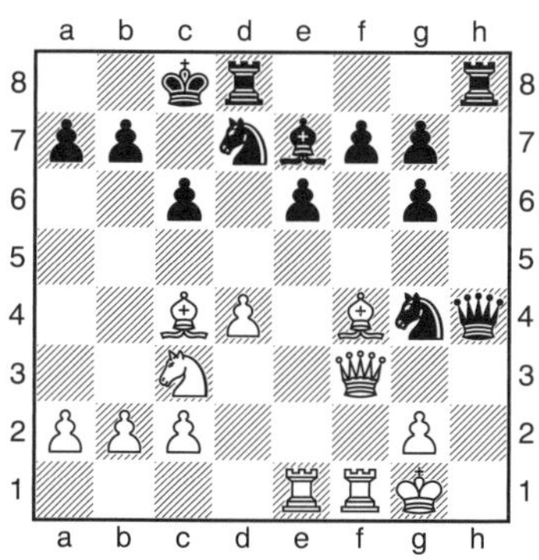

228) Weiß am Zug.
Hilfe: siehe Schachmatt 14.

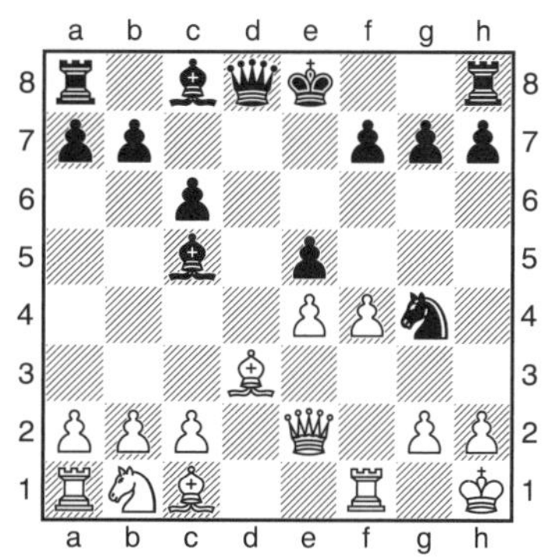

229) Schwarz am Zug.
Hilfe: siehe Schachmatt 2.

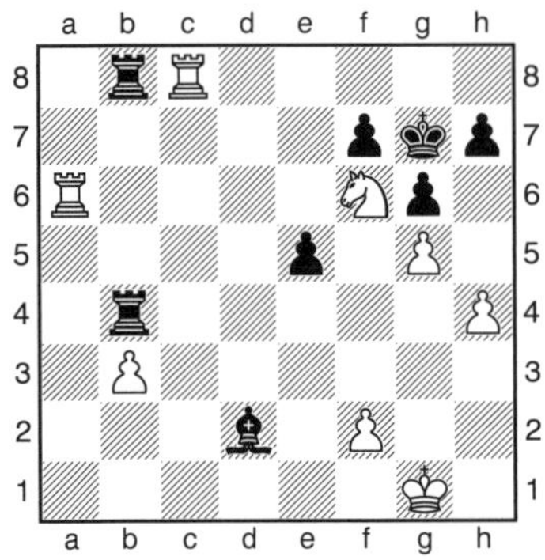

230) Weiß am Zug.
Hilfe: siehe Schachmatt 3.

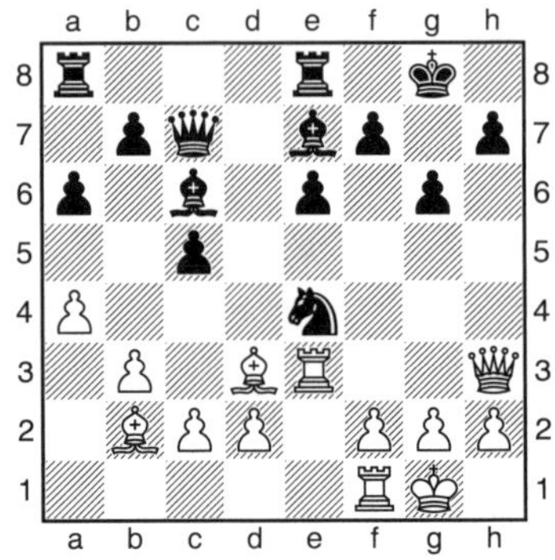

231) Weiß am Zug.
Hilfe: siehe Schachmatt 37.

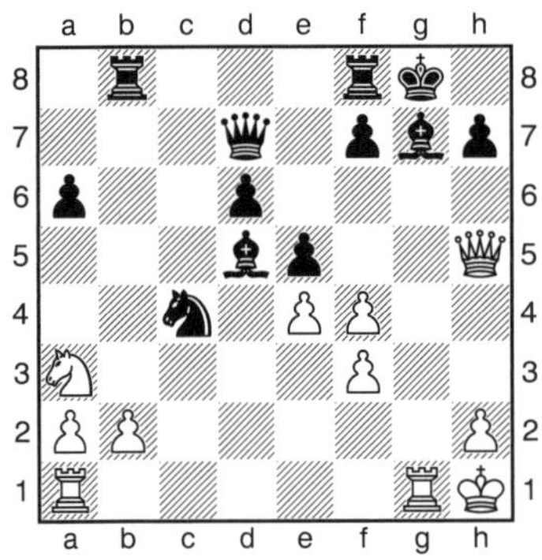

232) Weiß am Zug.
Hilfe: siehe Schachmatt 21.

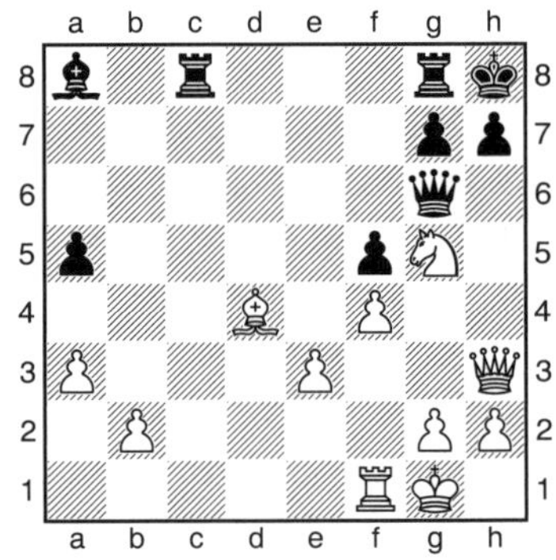

233) Weiß am Zug.
Hilfe: siehe Schachmatt 4.

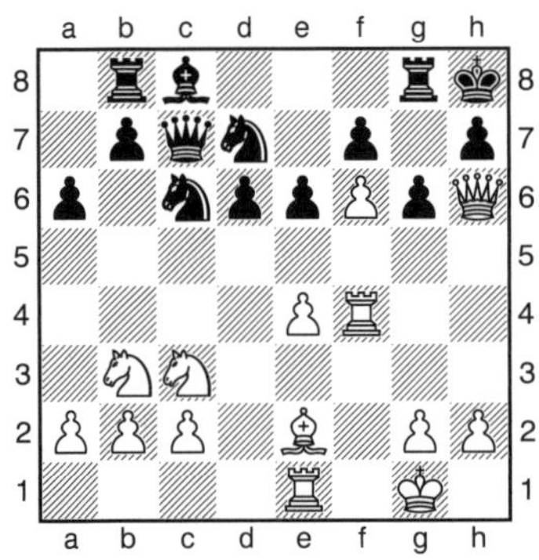

234) Weiß am Zug.
Hilfe: siehe Schachmatt 39.

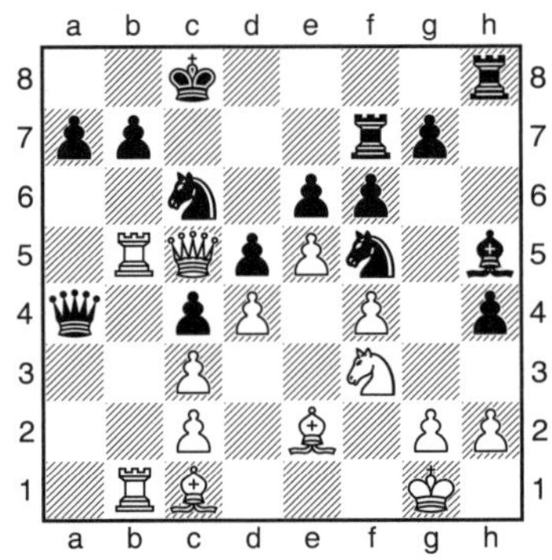

235) Weiß am Zug.
Hilfe: siehe Schachmatt 15.

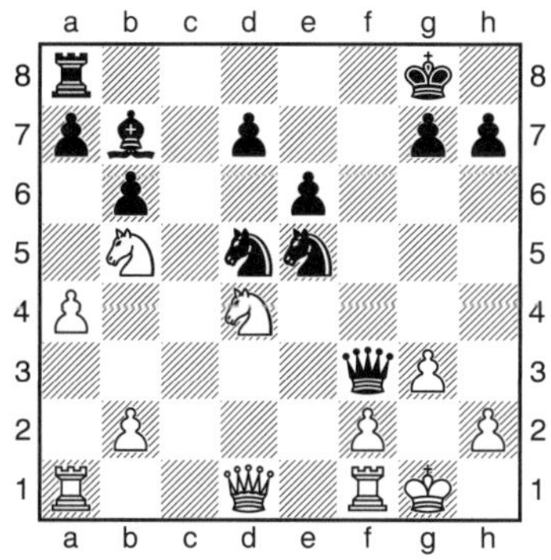

236) Schwarz am Zug.
Hilfe: siehe Schachmatt 38.

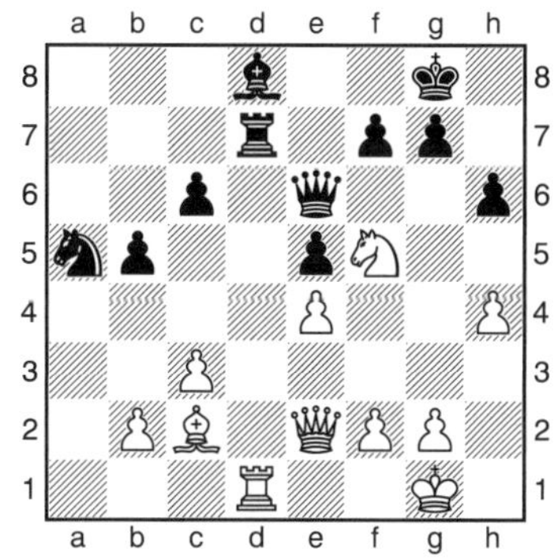

237) Weiß am Zug.
Hilfe: siehe Schachmatt 22.

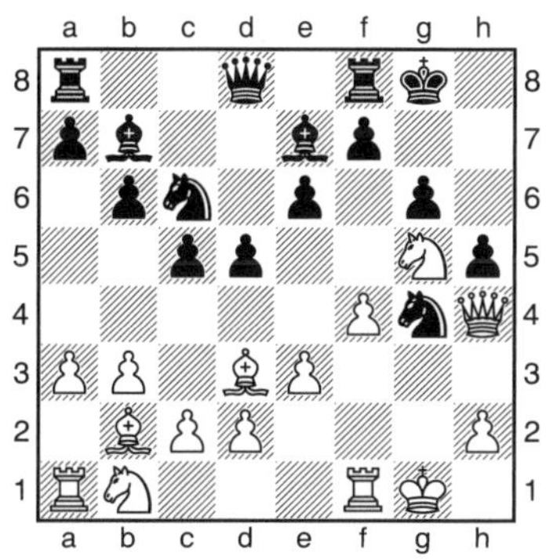

238) Weiß am Zug.
Hilfe: siehe Schachmatt 13.

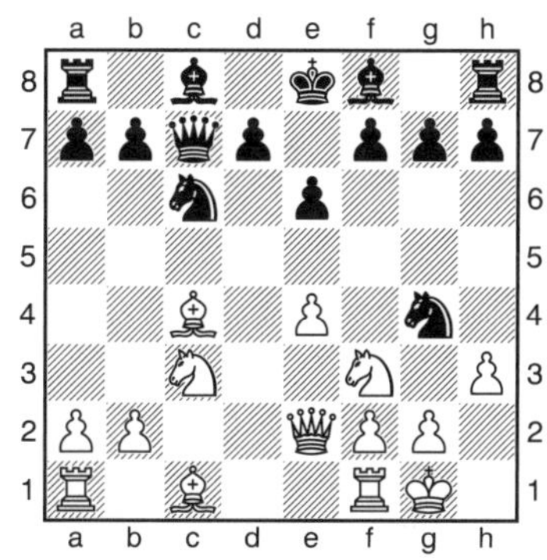

239) Schwarz am Zug.
Hilfe: siehe Schachmatt 31.

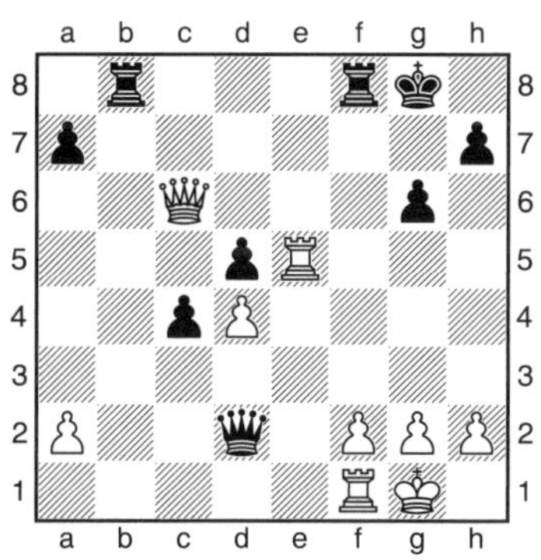

240) Schwarz am Zug.
Hilfe: siehe Schachmatt 41.

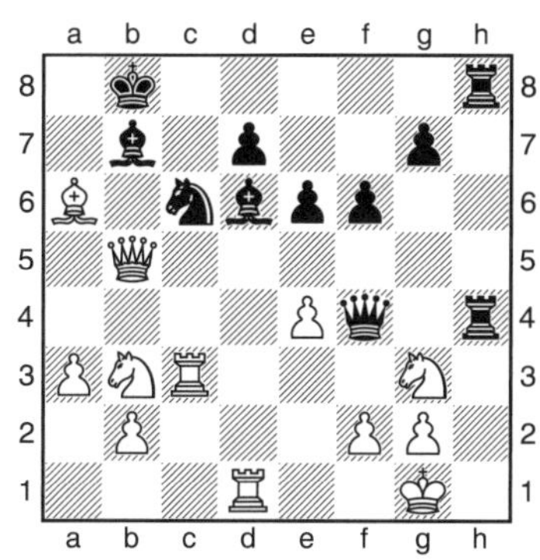

241) Schwarz am Zug.
Hilfe: siehe Schachmatt 7.

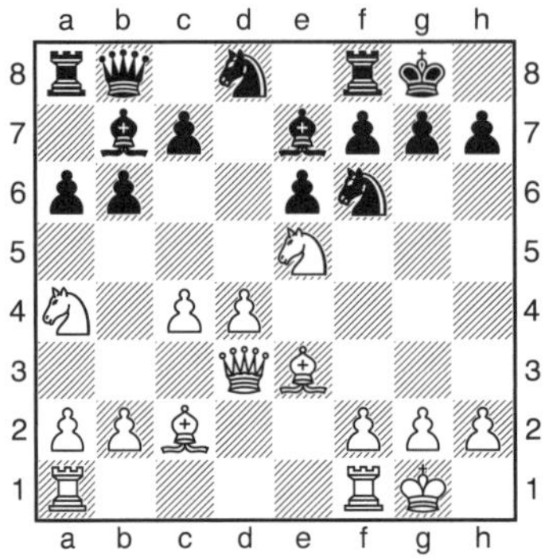

242) Weiß am Zug.
Hilfe: siehe Schachmatt 30.

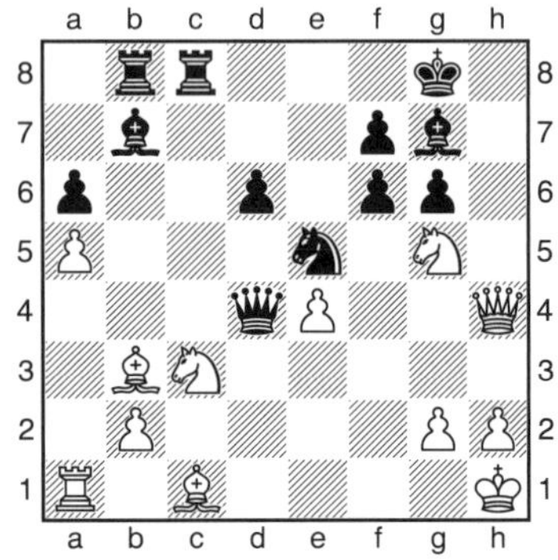

243) Weiß am Zug.
Hilfe: siehe Schachmatt 50.

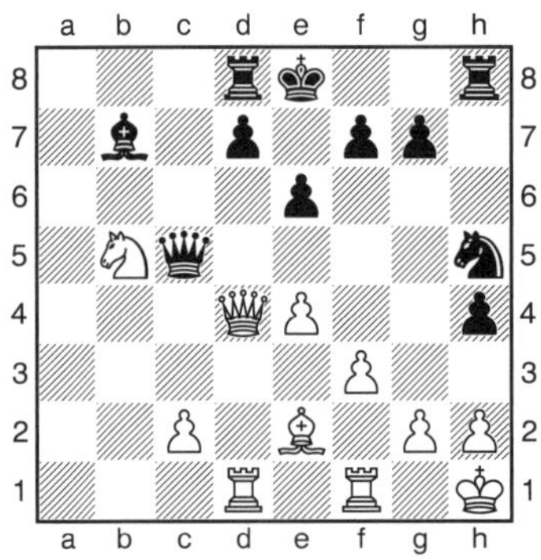

244) Schwarz am Zug.
Hilfe: siehe die Schachmatts 9 & 6.

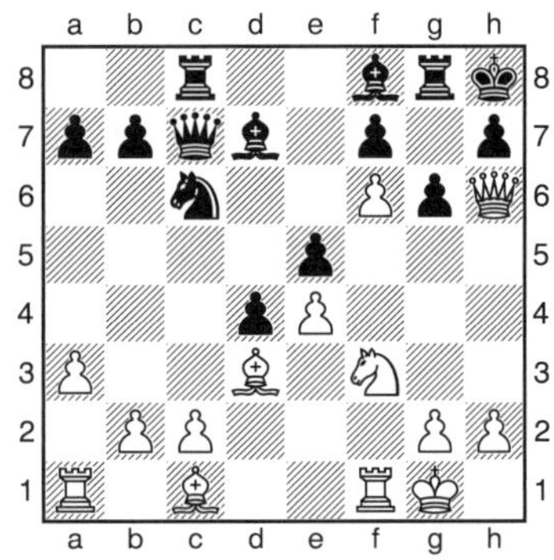

245) Weiß am Zug.
Hilfe: siehe Schachmatt 5.

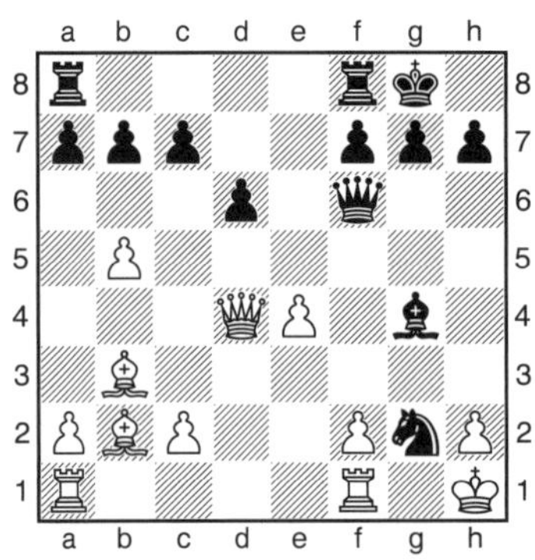

246) Schwarz am Zug.
Hilfe: siehe Schachmatt 38.

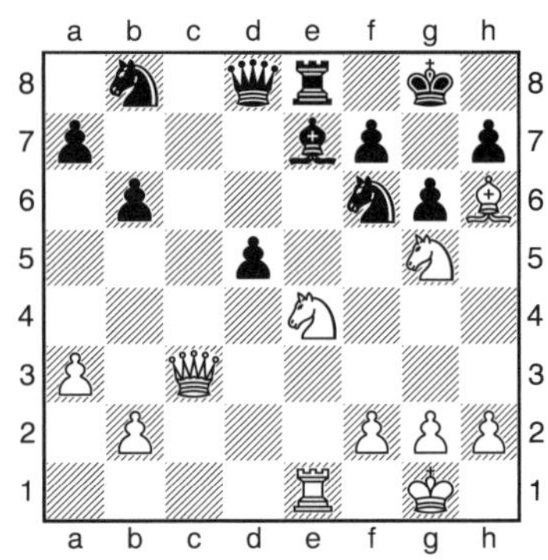

247) Weiß am Zug.
Hilfe: siehe Schachmatt 42.

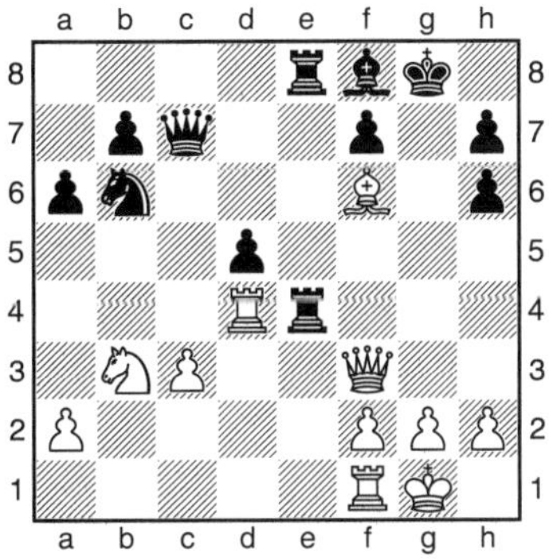

248) Weiß am Zug.
Hilfe: siehe die Schachmatts 37 & 18.

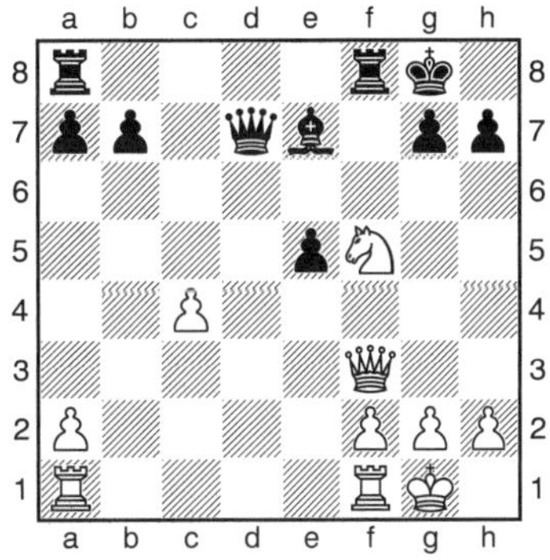

249) Weiß am Zug.
Hilfe: siehe Schachmatt 23.

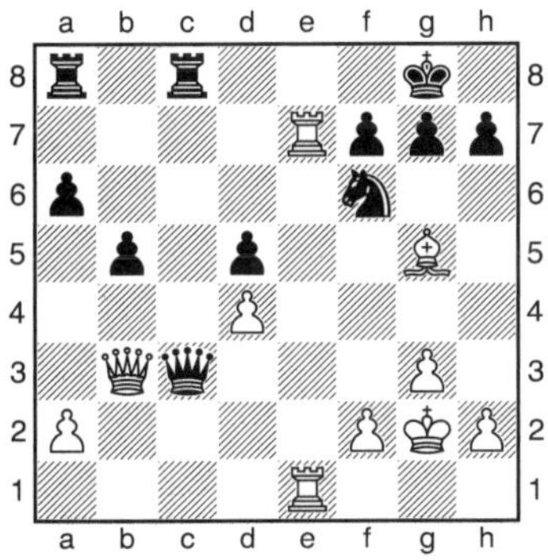

250) Weiß am Zug.
Hilfe: siehe Schachmatt 43.

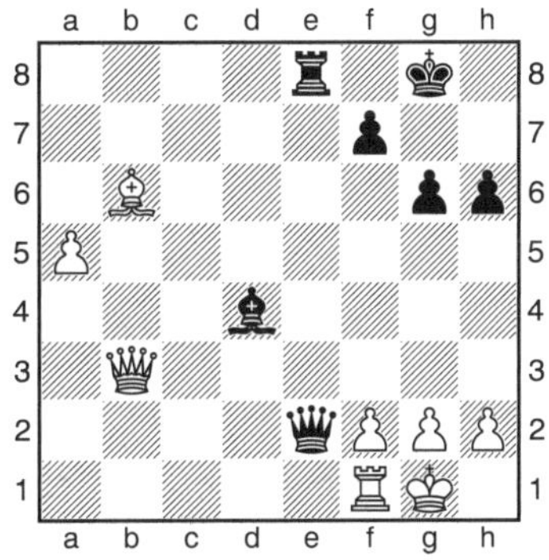

251) Schwarz am Zug.
Hilfe: siehe Schachmatt 41.

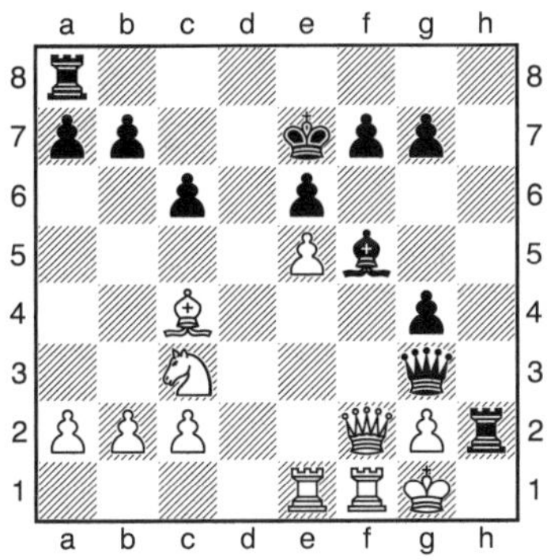

252) Schwarz am Zug.
Hilfe: siehe Schachmatt 6.

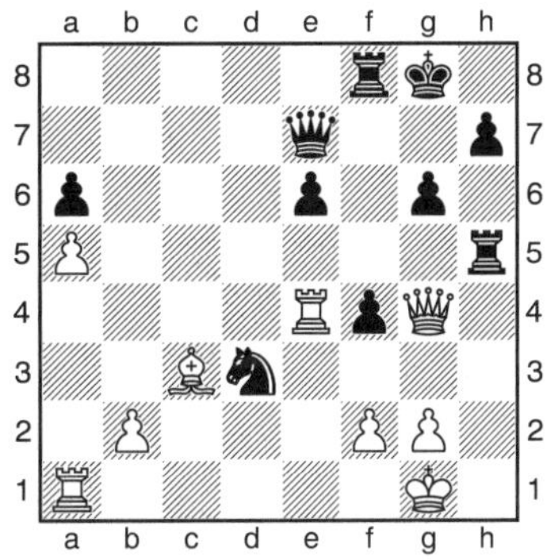

253) Schwarz am Zug.
Hilfe: siehe Schachmatt 12.

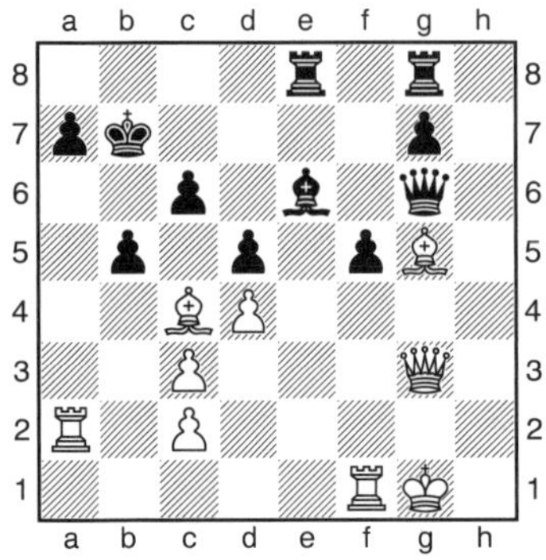

254) Weiß am Zug.
Hilfe: siehe Schachmatt 24.

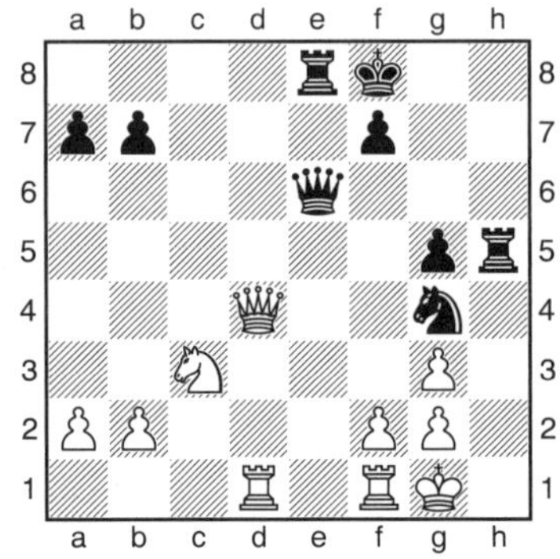

255) Schwarz am Zug.
Hilfe: siehe Schachmatt 6.

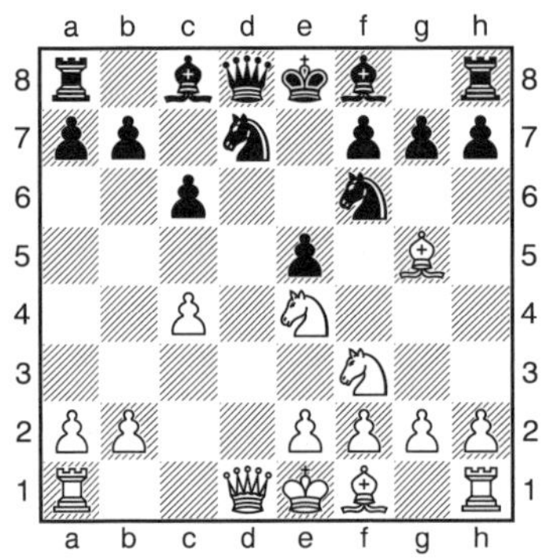

256) Schwarz am Zug.
Hilfe: siehe Schachmatt 47.

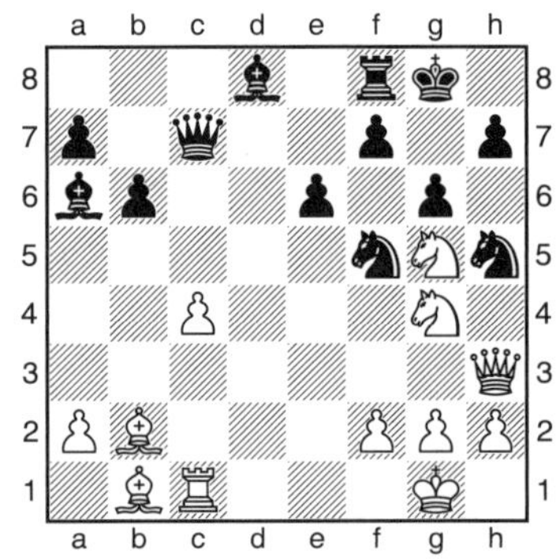

257) Weiß am Zug.
Hilfe: siehe die Schachmatts 38 & 13.

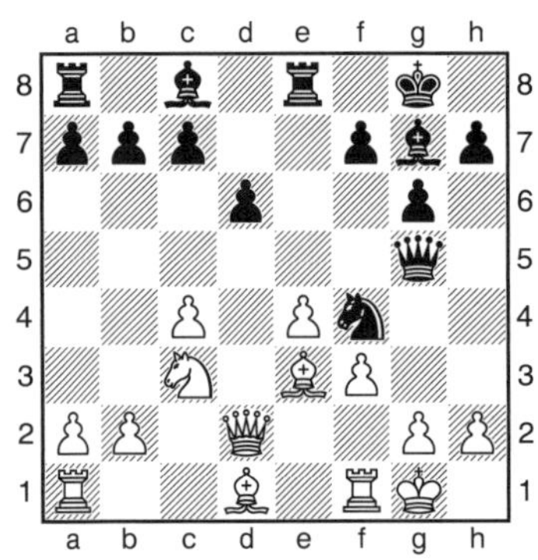

258) Schwarz am Zug.
Hilfe: siehe Schachmatt 22.

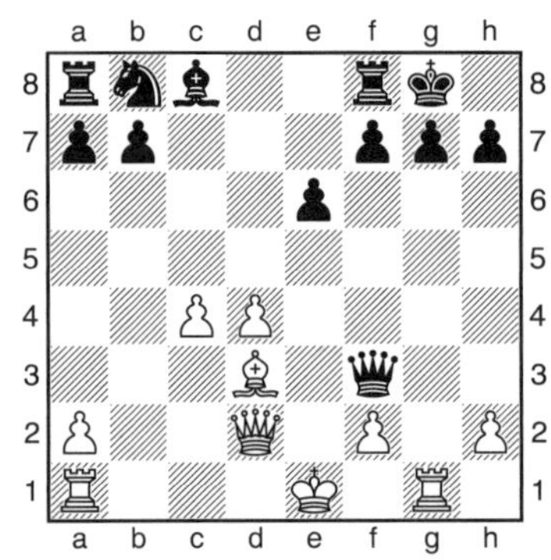

259) Weiß am Zug.
Hilfe: siehe die Schachmatts 21 & 42.

Lösungen der Teststellungen

224. Das *klassische Läuferopfer auf h7* entscheidet: 1 ♗xh7+ ♔xh7 2 ♘g5+ ♔g8 (auf 2...♔g6 gewinnt 3 f5+) 3 ♕h5, und Schwarz hat gegen ♕h7+ keine Verteidigung.

225. Weiß nutzt die Motive aus *Anastasias Matt*: 1 ♕xh7+ ♔xh7 2 ♖h4 matt.

226. Schwarz gewinnt mit 1...♕xg3 eine Figur in einer einfachen Version von *Kortschnojs Manöver.*

227. 1...♕g1+ 2 ♖xg1 ♘f2 ist eine hübsche Version des *erstickten Matts.*

228. Nach einem Damenopfer geben die beiden Läufer *Bodens Matt* mittels 1 ♕xc6+ bxc6 2 ♗a6 matt.

229. 1...♘xh2 nutzt aus, dass der *verteidigende f-Bauer fehlt.*

230. Nach 1 ♖a8 ♖xa8 (1...♖xc8 2 ♖xc8 macht keinen Unterschied) 2 ♖xa8 kann Schwarz das *Arabische Matt* durch 3 ♖g8 nicht mehr verhindern.

231. *Die geschwächten schwarzen Felder* sind hier das Motiv. Der weiße Läufer beherrscht die lange Diagonale und unterstützt das folgende Matt des weißen Turmes mittels 1 ♕xh7+ ♔xh7 2 ♖h3+ ♔g8 3 ♖h8.

232. Bei diesem *Turmopfer auf g7* führt die weiße Dame ein Zigzack-Manöver durch, bevor der zweite weiße Turm matt setzt: 1 ♖xg7+ ♔xg7 2 ♕g5+ ♔h8 3 ♕f6+ ♔g8 4 ♖g1+ ♕g4 5 ♖xg4.

233. 1 ♕xh7+ ♕xh7 2 ♘f7 ist ein *ersticktes Matt*, das dein Papa hassen wird.

234. Weiß gewinnt durch eine direkte Anwendung von *Lollis Matt*: 1 ♕xh7+ ♔xh7 2 ♖h4 matt.

235. 1 ♕xc6+ bxc6 2 ♖b8+ ♔d7 (oder 2...♔c7) 3 ♖1b7 matt – ein Motiv aus *andere Mattbilder am Damenflügel.*

236. 1...♕g2+! 2 ♔xg2 ♘f4++ erzwingt *Blackburnes weiteres Matt* nach 3 ♔g1 ♘h3.

237. Nach einem vorgeschalteten Turmtausch kommt der gewaltige *Springer f5* zum Zuge. 1 ♖xd7 ♕xd7 2 ♕g4, und Weiß droht sowohl Matt auf g7 als auch Damengewinn durch ♘xh6+.

238. Das säbelrasselnde 1 ♕xh5 führt zu *Blackburnes Matt* nach 1...gxh5 2 ♗h7.

239. Hier ist das Thema die *Beseitigung des Verteidigers auf f6* (tatsächlich wird der Verteidiger auf f3 beseitigt, da Schwarz am Zug ist). 1...♘d4 gewinnt. Nach 2 ♕d1 (2 ♘xd4 ♕h2 matt) 2...♘xf3+ 3 ♕xf3 ♕h2 ist es Matt.

240. Ein *verfeinertes Grundreihenmatt* ist hier die Lösung: 1...♕xf2+ 2 ♖xf2 ♖b1+ 3 ♖f1 ♖(einer von beiden)xf1 matt.

241. Das Thema ist ein *doppeltes Turmopfer auf h8* (oder h1 aus schwarzer Sicht). Hier gewinnt Schwarz mittels 1...♖h1+ 2 ♘xh1 ♖xh1+ 3 ♔xh1 ♕h2 matt.

242. Weiß profitiert von der *Dame-Läufer Batterie* und gewinnt mittels 1 ♘d7, was die latenten Mattdrohungen gegen h7 ausnutzt. Auf 1...♘xd7 setzt 2 ♕xh7 matt, und nach 1...♕c8 folgt 2 ♘xf6+ ♗xf6 3 ♕xh7 matt.

243. Eine originelle Version von *Fischers Falle.* Weiß gewinnt die schwarze Dame durch 1 ♗xf7+ ♘xf7 2 ♕h7+ ♔f8 3 ♘e6+ und als nächstes 4 ♘xd4.

244. *Taimanows Springerschach* wird zunächst dazu benutzt, die h-Linie zu öffnen. Danach folgt ein einfaches Turmopfer auf dem Feld h1: 1...♘g3+ 2 hxg3 hxg3+ 3 ♔g1 ♖h1+ 4 ♔xh1 ♕h5+ 5 ♔g1 ♕h2 matt.

245. Eine weitere Version des *erstickten Matts*: 1 ♘g5 ♗xh6 2 ♘xf7 matt.

246. 1...♗f3 2 ♕xf6 ♘f4+ 3 ♔g1 ♘h3 (oder 3...♘e2) matt ist *ein weiteres Matt von Blackburne*.

247. Das *Grundreihenmatt* funktioniert nur, wenn Weiß die richtige Zugfolge wählt: 1 ♕xf6 (nicht 1 ♘xf6+ ♗xf6 2 ♖xe8+ ♕xe8 3 ♕xf6, und Schwarz gewinnt durch Grundreihenmatt: 3...♕e1) 1...♗xf6 2 ♘xf6+ und gewinnt, denn auf 2...♕xf6 setzt 3 ♖xe8 matt.

248. 1 ♕g4+ ♖xg4 2 ♖xg4+ ♗g7 3 ♖xg7+ ♔f8 (3...♔h8 4 ♖g6 matt) 4 ♖xh7 mit der unparierbaren Drohung ♖h8 matt ist eine Kombination der Motive *geschwächte schwarze Felder* und *Morphys Matt.*

249. Der *Springer f5* schlägt erneut zu: 1 ♕d5+ ♕xd5 2 ♘xe7+, und Weiß hat nach 3 ♘xd5 eine Figur mehr.

250. Eine *Ablenkung des Turmes* gewinnt die schwarze Dame: 1 ♖e8+ ♘xe8 2 ♖xe8+ ♖xe8 3 ♕xc3.

251. 1...♕xf2+ 2 ♖xf2 ♖e1 matt: die häufigste Form des *verfeinerten Grundreihenmatts.*

252. Wenn der schwarze Turm auf h8 und nicht auf h2 stände, wäre ...♕h2 matt möglich. Schwarz erreicht dies durch ein *einfaches Turmopfer auf der h-Linie*: 1...♖h1+ 2 ♔xh1 ♖h8+ 3 ♔g1 ♕h2 matt.

253. 1...♖h1+ 2 ♔xh1 ♘xf2+ gabelt König und Dame – der alte *♖h8+ & ♘xf7+ Trick* aus schwarzer Sicht.

254. Das *Hinlenkungsopfer des Turmes auf h7* Motiv ist hier auf den *Damenflügel* verlegt: 1 ♖xa7+ ♔xa7 2 ♕c7+ ♔a8 (oder 2...♔a6) 3 ♖a1 matt.

255. 1...♖h1+ 2 ♔xh1 ♕h6+ 3 ♔g1 ♕h2 matt ist erneut das Motiv *einfaches Turmopfer.* Beachte, dass 1...♕h6 an 2 ♕d6+ mit Damentausch scheitert.

256. Schwarz entledigt sich der Fesselung durch eine Version von *Legalls Matt*: 1...♘xe4 2 ♗xd8 ♗b4+ 3 ♘d2 ♗xd2+ 4 ♕xd2 ♘xd2 mit Figurengewinn.

257. 1 ♕xh5 (nicht 1 ♗xf5 ♗xg5) mit Gewinn ist eine nette Mischung von *Blackburnes Matt* und dem *weiteren Matt von Blackburne*: 1...gxh5 2 ♘h6+ ♘xh6 3 ♗xh7 matt.

258. 1...♗d4 ist eine geschickte Ausnutzung des *Springers auf f5* (bzw. in diesem Fall des Springers auf f4, da Schwarz angreift). 2 ♕xd4 lässt 2...♕xg2 matt zu, während 2 ♗xd4 nach 2...♘h3+ 3 ♔h1 ♕xd2 die Dame verliert. Es bleibt 2 ♖e1 übrig. Doch auch das verliert: 2...♗xe3+ 3 ♖xe3 ♘xg2 4 ♕xg2 ♕xe3+.

259. Hier gewinnt das *Turmopfer auf g7*, denn nach 1 ♖xg7+ ♔xg7 2 ♕g5+ ♔h8 3 ♕h6 droht Weiß *Grundreihenmatt* (mittels ♕xf8) und ♕xh7 matt.

Begriffserklärungen

Ablenkungsopfer – Ein Ablenkungsopfer lockt eine verteidigende Figur von einem bestimmten Feld *weg*.

Dauerschach – Wenn eine Seite unendlich viele Schachs geben kann, dann führt dies zum Remis.

Doppelangriff – *Die meisten Kombinationen basieren auf diesem Motiv.* Zwei Drohungen werden gleichzeitig aufgestellt. Das Ziel besteht darin, dass der Verteidiger nur eine davon abwehren kann.

Doppelschach – Wenn der König im Schach von zwei Figuren gleichzeitig steht.

Fesselung – Wenn eine Figur nicht ziehen kann, ohne dass eine wertvollere dahinter angegriffen wird, dann sagt man, dass die Figur *gefesselt* ist.

Fianchettierter Läufer – Ein Läufer, der auf die lange Diagonale entwickelt worden ist, nachdem der b- oder g-Bauer ein Feld nach vorne gezogen hat. So ist beispielsweise ein weißer Läufer in der Konstellation weiße Bauern auf h2, g3 und f2 und Läufer auf g2 *fianchettiert*.

Fluchtfeld – Ein Feld, auf dem der König entkommen kann.

Gabel – Wenn zwei Figuren (oder mehr) von einer gegnerischen so angegriffen werden, dass Materialverlust unvermeidlich ist.

Halboffene Linie – Eine Linie, auf der nur Bauern des Gegners stehen. Halboffene Linien können im Königsangriff für die *Schwerfiguren* – Damen und Türme – sehr nützlich sein.

Hinlenkungsopfer – Ein Opfer, das zum Ziel hat, eine gegnerische Figur auf ein bestimmtes Feld zu locken. Viele Hinlenkungsopfer sind auch Ablenkungsopfer (siehe oben), und in diesen Fällen können die Begriffe vertauscht werden.

Horwitzläufer – Zwei Läufer auf benachbarten Diagonalen, die direkt auf den gegnerischen König zeigen.

Lange Diagonale – Die Diagonalen a1-h8 und h1-a8 werden lange Diagonalen genannt.

Leichtfiguren – Läufer und Springer sind *Leichtfiguren*.

Mattnetz – Ein König, der in einer Formation gefangen ist, in der Matt unvermeidlich ist, obwohl es viele Züge dauern kann, bis es erreicht ist.

Offene Linie – Eine Linie, auf der sich *keine Bauern befinden*, heißt offene Linie. Normalerweise sind Türme auf solchen Linien sehr gut platziert, denn sie können darauf frei operieren.

Qualität, die – Wenn eine Seite einen Turm für einen Läufer oder Springer mehr hat, dann sagt man, dass sie „die Qualität“ mehr hat. „Qualitätsgewinn“ ist ein häufiger Ausdruck im Schach, der bedeutet, dass eine Seite einen Turm gegen einen Läufer oder einen Springer gewinnt.

Qualitätsopfer – Das Opfer eines Turmes (der 5 Punkte wert ist) für einen Springer oder einen Läufer (die jeweils 3 Punkte wert sind).

Racheschach – Ein Schach, dass praktisch keine Bedeutung hat und in einer verlorenen Stellung gespielt wird, meist um die Partie noch um einen oder zwei Züge zu verlängern und das Matt hinauszuzögern.

Räumungsopfer – Ein Opfer, um das Feld, *auf dem die Figur steht*, zu räumen, damit es von einer anderen Figur derselben Farbe genutzt werden kann.

Röntgenangriff – Ein Angriff auf einer Linie oder Diagonale, wobei die *Wirkung durch eine gegnerische Figur hindurch zur Geltung kommt* (siehe Diagramm 152 für ein Beispiel).

Schwerfiguren – Dies bezieht sich auf Damen und Türme.

Schwindel – Ein teuflischer Trick, der eine verlorene Partie rettet oder eine ausgeglichene gewinnt.

Spieß – Ein Manöver, das Material gewinnt und von Läufern, Türmen oder Damen durchgeführt werden kann. Eine gegnerische Figur wird angegriffen und gezwungen, aus dem Weg zu ziehen, so dass eine weniger wertvolle Figur dahinter gewonnen werden kann.

Tempo – Die Zeiteinheit, die einem Zug entspricht. Ein Zug, der „mit Tempo“ gemacht werden kann, ist einer, der Zeit gewinnt, indem er eine nützlich Funktion erfüllt und gleichzeitig eine Drohung aufstellt (wie ein Schach oder ein Angriff auf eine Figur).

Überlastung einer Figur – Wenn eine Figur mehr als nur eine wichtige Verteidigungsfunktion erfüllt, und *nicht mehr alle davon erfüllen kann*, dann sagt man, dass sie überlastet ist.

Abschließend...

Was tun, wenn Garry Kasparow dein Papa ist?

Zugegeben, wenn dein Papa einer der größten Schachspieler aller Zeiten ist, könnte das ein Problem darstellen! Du solltest die Hoffnung jedoch nicht aufgeben. Zunächst können wir feststellen, dass es möglich ist, Kasparow durch Anwendung der Themen dieses Buches zu schlagen, wie die folgenden Beispiele zeigen:

Karpow – Kasparow

WM Kampf (3. Partie), Moskau 1984/5

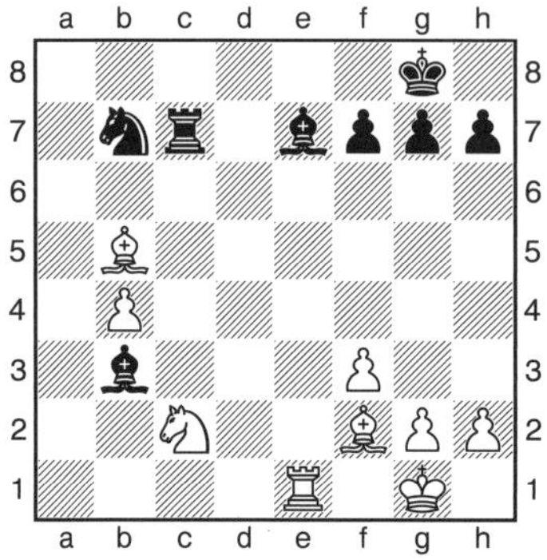

260) Weiß am Zug

Karpow gewann durch 1 ♗b6, denn nach 1...♖xc2 2 ♖xe7 würde Kasparow seinen Springer verlieren oder auf der *Grundlinie matt gesetzt werden*. Beispielsweise 2...♘d6 3 ♗c5 ♘xb5 4 ♖e8 matt. Einfach!

Short – Kasparow

Brüssel 1986

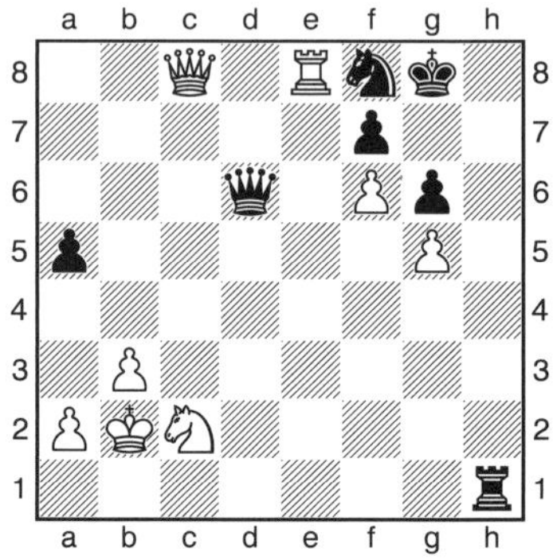

261) Weiß am Zug

Hier werden *die geschwächten schwarzen Felder* (die durch den weißen Bauern f6 verursacht worden sind) bei der Gewinnführung gegen Kasparow hilfreich sein. Nach 1 ♖d8 ♕e5+ 2 ♔a3 kann sich Schwarz gegen die Drohung 3 ♖xf8+ nicht länger verteidigen.

Topalow – Kasparow

Moskau Olympiade 1994

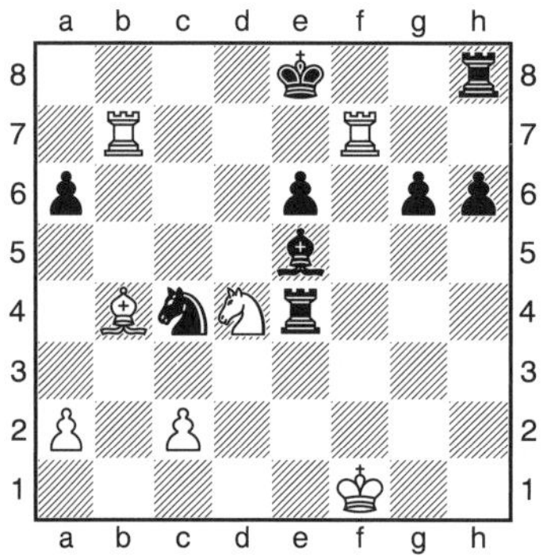

262) Weiß am Zug

Die mächtige Kraft der *beiden Türme auf der siebten Reihe* war hier für Kasparows Niederlage verantwortlich. Weiß gewinnt mittels 1 ♖fe7+ ♔d8 2 ♘c6+, denn nach 2...♔c8 folgt 3 ♘a7+ ♔d8 4 ♖bd7 matt.

Swidler – Kasparow

Tilburg 1997

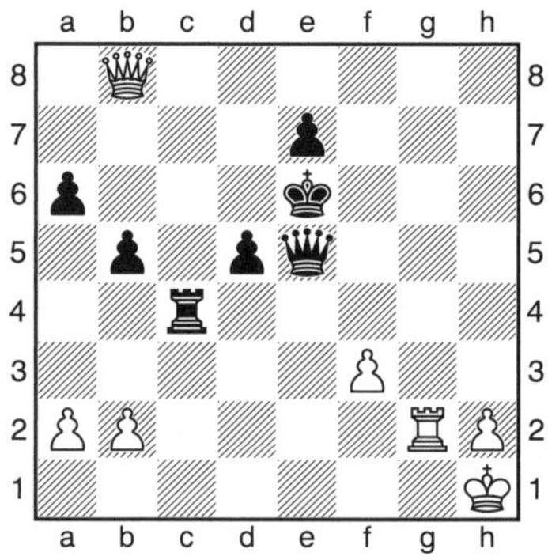

263) Weiß am Zug

Peter Swidler gewann hier durch die Drohung, Kasparows Dame mittels eines *Hinlenkungsopfers des Turmes* zu gewinnen. 1 ♖g6+ ♔f5 2 ♖g5+! ♔xg5 3 ♕xe5+ nutzt dasselbe Motiv wie Tödliches Schachmatt 24.

Wie diese Verlustpartien von Kasparow zeigen, ist selbst der Champion hilflos gegen diese grundlegenden Angriffsmotive. Die Schwierigkeit besteht natürlich in erster Linie darin, eine so vorteilhafte Angriffsstellung überhaupt zu bekommen. Wenn du ein *wirklich* starker Spieler werden möchtest – ein potenzieller Meister –, dann musst du an allen Aspekten deines Spiels arbeiten. Daher beschließe ich dieses Buch mit einigen Tipps, wie du weiter verfahren könntest, wenn du alle wichtigen Motive in diesem Buch beherrschst. Sie funktionieren sogar, wenn dein Papa nicht Garry Kasparow heißt...

Zur weiteren Steigerung der Spielstärke

1) Spiele viele Partien

Schnellpartien, langsame Partien, freundliche oder ernsthafte – spiele sehr häufig, möglichst gegen Gegner, die etwas stärker sind als du selbst. Analysiere nach Möglichkeit nach der Partie, in dem du die Partie mit deinem Gegner diskutierst und die Gedanken vergleichst. Ein gutes PC Programm (wie z. B. *Fritz*) wird auch gute Praxis liefern.

2) Lese viele Schachbücher

Es gibt eine wunderbare Auswahl an Schachbüchern. Studiere Eröffnungen, Mittelspiele und die Endspiele. Du kannst diese drei Gebiete gleichzeitig untersuchen, wenn du die Partiensammlung eines großen Meisters nachspielst. Abonniere eine Schachzeitschrift und spiele viele Großmeisterpartien schnell nach, um ein „Gefühl" dafür zu bekommen, wie starke Spieler ihre Figuren entwickeln und Angriffe vorbereiten.

3) Stelle ein Eröffnungsrepertoire zusammen

Es ist sehr wichtig, wie du eine Partie eröffnest, denn eine gute Eröffnung wird dir helfen, Angriffsstellungen zu bekommen. Habe vor der „Theorie" keine Angst, sondern nutze sie zu deinem Vorteil! Es macht viel Spaß, Systeme aufs Brett zu bekommen, die du vorher mit Hilfe von Büchern zu Hause genau studiert hast.

Wenn du einem Schachclub beitrittst und damit beginnst, Turniere zu spielen, dann schreibe deine Partien stets auf, und schau dir die Eröffnungen später genau an.

4) Konzentriere dich gut

Spitzenspieler entwickeln große Konzentrationsfähigkeit, denn *sie wissen, dass faszinierende Nuancen in fast jeder Stellung versteckt sind.* Du musst hart arbeiten, sehr hart, und die ganze Partie hindurch Varianten berechnen und analysieren. Sei nicht oberflächlich – und behandle alle deine Gegner mit Respekt.

5) Greife mit Selbstvertrauen an

Wenn du eine vorteilhafte Stellung erreichst, dann sei mutig! Auch wenn Garry Kasparow dein Papa ist, *er kann eine verlorene Stellung nicht retten, wenn du den Angriff perfekt spielst*. Wenn du eine Chance bekommst, dann führe einen direkten Angriff gegen den gegnerischen König.

Weitere deutsche Titel von... GAMBIT

SCHACHTAKTIK FÜR KIDS

(Chandler) **128 Seiten** € 15,95

„Obwohl es sehr viele Taktikbücher gibt, habe ich keines für den Jugendspieler gesehen, dass so wohlüberlegt aufgebaut und so gut geschrieben ist.“ – **Daniel Lucas, KIDCHESS.COM**

„Als ein Lehrer von Schülern und Junioren habe ich mir schon lange ein umfassendes, aber kurzes und preiswertes Lehrbuch über Schachtaktik gewünscht ... endlich ein Buch, das diesen Anforderungen gerecht wird“ – **Bill Whited, CHESS COUNTRY**

„Wenn Sie sich tiefer in das Buch vorarbeiten, finden Sie Tricks, die sogar Großmeister übersehen könnten“ – **Stuart Solomon, CHESSVILLE.COM**

SCHACH VERSTEHEN ZUG UM ZUG

(Nunn) **272 Seiten** € 24,95

„In erster Linie ein Lehrbuch... Ich bin so von der Klarheit, Einfachheit und purer Instruktivität dieses Buches angetan, dass meine erste Reaktion wäre, es jedem Schüler zu geben, den ich kenne“ – **John Watson, TWIC**

„Dies ist ein großartiges Buch von einem der besten Schachautoren der Welt.“ – **Soren Seagaard, SEAGAARD REVIEWS**

„Die Analyse ist erstklassig, die Kommentare überzeugend und die Produktion ausgezeichnet.“ – **Randy Bauer, RANDY'S REVIEWS**

SCHACH FÜR KINDER

(Chandler & Milligan) **112 Seiten** € 13,95

„Ein attraktiv aufgemachtes Buch und benutzerfreundlich für Kids.“ – **John Donaldson, SILMAN'S REVIEWS**

„Endlich bekommen wir ein modernes Schachbuch, das unseren jungen Freunden nicht nur erklärt, wie man Schach spielt, sondern das auch so präsentiert ist, dass es die Erfahrung belebt und ihre Fantasie beflügelt“ – **Michael Blake, IECG NEWSLETTER**

„Ich habe im Laufe der Jahre unzählige Schachbücher für Kinder gesehen, aber dieses ist wahrscheinlich die schönste Anleitung, die ich je gesehen habe.“ – **Alan Sutton, EN PASSANT**